동아출판이 만든 진짜 기출예상문제집

특급기출

기말고사

중학 영어 3-2

How to Study

이 책의 구성과 특징

STEP A 영역별로 교과서 핵심 내용을 학습하고, 연습 문제로 실력을 다집니다. 실전 TEST로 학교 시험에 대비합니다.

Words 만점 노트
교과서 흐름대로 핵심 어휘와 표현을 학습합니다.

Words Plus 만점 노트
대표 어휘의 영어 뜻풀이 및 다의어, 반의어
등을 학습하며 어휘를 완벽히 이해합니다.

**Words 연습 문제 &
Words Plus 연습 문제**
다양한 유형의 연습 문제를 통해 어휘 실력을
다집니다.

Words 실전 TEST
학교 시험 유형의 어휘 문제를 풀며
실전에 대비합니다.

Listen & Speak 핵심 노트
교과서 속 핵심 의사소통 기능을
학습하고, 시험 포인트를 확인합니다.

Listen & Speak 만점 노트
교과서 속 모든 대화문의 심층 분석을
통해 대화문을 철저히 학습합니다.

Listen & Speak 연습 문제
빈칸 채우기와 대화 순서 배열하기를
통해 교과서 속 모든 대화문을 완벽히
이해합니다.

Listen & Speak 실전 TEST
학교 시험 유형의 Listen & Speak 문제를
풀며 실전에 대비합니다. 서술형 실전 문항으로
서술형 문제까지 대비합니다.

Grammar 핵심 노트
교과서 속 핵심 문법을 명쾌한 설명과
시험 포인트로 이해하고, Quick Check로
명확히 이해했는지 점검합니다.

Grammar 연습 문제
핵심 문법별로 연습 문제를 풀며
문법의 기본을 다집니다.

Grammar 실전 TEST
학교 시험 유형의 문법 문제를 풀며
실전에 대비합니다. 서술형 실전 문항으로
서술형 문제까지 대비합니다.

Reading 만점 노트
교과서 속 읽기 지문을
심층 분석하여 시험에
나올 내용을 완벽히
이해하도록 합니다.

Reading 연습 문제
빈칸 채우기, 바른 어휘·어법 고르기, 틀린 문장
고치기, 배열로 문장 완성하기 등 다양한 형태의
연습 문제를 풀며 읽기 지문을 완벽히 이해하고,
시험에 나올 내용에 완벽히 대비합니다.

Reading 실전 TEST
학교 시험 유형의 읽기 문제를
풀며 실전에 대비합니다. 서술형
실전 문항으로 서술형 문제까지
대비합니다.

**기타 지문 만점 노트 &
기타 지문 실전 TEST**
학교 시험에 나올 만한 각 영역의
기타 지문들을 학습하고 실전
문제를 풀며 시험에 빈틈없이
대비합니다.

STEP B　내신 만점을 위한 고득점 TEST 구간으로, 다양한 유형과 난이도의 학교 시험에 완벽히 대비합니다.

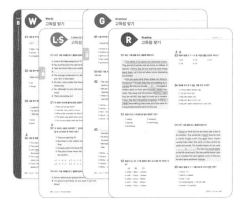

고득점을 위한 연습 문제
- Listen & Speak 영작하기
- Reading 영작하기

영작 완성 연습 문제를 통해, 대화문과
읽기 지문을 완벽히 암기합니다.

고득점 맞기 TEST
- Words 고득점 맞기　　• Listen & Speak 고득점 맞기
- Grammar 고득점 맞기　　• Reading 고득점 맞기

고난도 문제를 각 영역별로 풀며 실전에 대비합니다.
수준 높은 서술형 실전 문항으로 서술·논술형 문제까지
영역별로 완벽히 대비합니다.

서술형 100% TEST
다양한 유형의 서술형 문제를
통해 학교 시험에서 비중이
확대되고 있는 서술형 평가에
철저히 대비합니다.

내신 적중 모의고사　　학교 시험과 유사한 모의고사로 실전 감각을 기르며, 내신에 최종적으로 대비합니다.

[1~3회] 대표 기출로 내신 적중 모의고사
학교 시험에 자주 출제되는 대표적인 기출 유형의
모의고사를 풀며 실전에 최종적으로 대비합니다.

[4회] 고난도로 내신 적중 모의고사
학교 시험에서 변별력을 높이기 위해 출제되는
고난도 문제 유형의 모의고사를 풀며 실전에
최종적으로 대비합니다.

오답 공략
모의고사에서 틀린 문제를 표시한 후, 부족한
영역과 학습 내용을 점검하여 내신 대비를
완벽히 마무리합니다.

Contents 차례

Special Lesson **Picture the Future**

정답 및 해설

The future belongs to those who believe in the beauty of their dreams.

- Eleanor Roosevelt -

Lesson 7

Feel the Wonder

의사소통 기능	궁금함 표현하기	A: **I wonder** where the bus stop is. (나는 버스 정류장이 어디에 있는지 궁금해.) B: It's in front of the police station. (그곳은 경찰서 앞에 있어.)
	보고하기	A: Is there anything interesting? (뭔가 재미있는 게 있니?) B: **This article says** scientists have discovered a new planet. (이 기사에 따르면 과학자들이 새로운 행성을 발견했대.)
언어 형식	소유격 관계대명사	This small fish **whose** favorite food is clams uses a tool to open them. (가장 좋아하는 먹이가 조개인 이 작은 물고기는 조개를 열기 위해 도구를 사용한다.)
	시간을 나타내는 접속사	Humpback whales stand on their tails **while** they sleep. (혹등고래는 잠을 자는 동안 꼬리로 서 있는다.)

주요 학습 내용

학습 단계 PREVIEW

 **Words**

만점 노트

Listen & Speak

□□ article☆	명 (신문·잡지의) 기사	□□ scenery	명 경치, 풍경
□□ autumn leaves	단풍	□□ someday	부 언젠가
□□ average	형 평균의	□□ temperature	명 기온
□□ be covered with	~으로 덮여 있다	□□ the South Pole☆	(지구의) 남극
□□ camel	명 낙타	□□ this time of year	이맘때는, 이맘때쯤이면
□□ complete	동 완료하다 형 완전한	□□ weather forecast☆	일기 예보
□□ discover☆	동 발견하다	□□ wonder☆	동 궁금하다, 궁금해하다
□□ go without	~ 없이 지내다		명 경이, 경탄, 놀라움
□□ planet	명 행성		

Reading

□□ appear	동 나타나다 (↔ disappear)	□□ nearby☆	부 가까이에, 근처에
□□ blow	동 (입으로) 불다 (blow–blew–blown)	□□ ocean☆	명 대양, 바다
□□ breath	명 숨, 호흡	□□ probably	부 아마도 (= perhaps)
□□ breathe☆	동 숨을 쉬다	□□ serve	동 (음식을) 제공하다, 차려 주다
□□ calculate☆	동 계산하다	□□ smash☆	동 때려 부수다, 깨뜨리다
□□ clam	명 조개	□□ species☆	명 (분류상의) 종
□□ completely	부 완전히	□□ spot☆	동 발견하다, 찾아내다
□□ deep	형 깊은		(spot–spotted–spotted)
□□ distance	명 거리	□□ surface☆	명 수면, 표면
□□ dive	동 (물속으로) 뛰어들다	□□ take a look at	~을 (한번) 보다
□□ fall asleep	잠들다	□□ tail☆	명 (동물의) 꼬리
□□ fool☆	동 속이다, 기만하다	□□ tightly	부 단단히, 꽉
□□ give up	포기하다	□□ tool☆	명 도구
□□ hide	동 숨다, 숨기다 (hide–hid–hidden)	□□ under	전 ~ 아래에
□□ in the end	마침내, 결국	□□ up to	~까지
□□ millions of	수많은	□□ whale	명 고래

Language Use

□□ abroad	부 해외에(서)	□□ mop	동 대걸레로 닦다
□□ foreigner	명 외국인	□□ shiny	형 빛나는, 반짝거리는
□□ friendly	형 친절한, 상냥한	□□ vacuum	동 진공청소기로 청소하다
□□ monster	명 괴물	□□ wish	명 소원, 소망

Think and Write • Project

□□ Arctic	명 북극 (지방)	□□ octopus	명 문어
□□ enemy	명 적, 적군	□□ round	형 둥근, 원형의
□□ fact	명 사실	□□ several	형 몇몇의
□□ fat	명 지방	□□ surround	동 둘러싸다

Words

연습 문제

A 다음 단어의 우리말 뜻을 쓰시오.

01 tightly

02 scenery

03 completely

04 mop

05 breath

06 vacuum

07 several

08 Arctic

09 nearby

10 spot

11 tool

12 friendly

13 fool

14 discover

15 clam

16 tail

17 wonder

18 appear

19 probably

20 smash

B 다음 우리말에 해당하는 영어 단어를 쓰시오.

21 (입으로) 불다

22 행성

23 평균의

24 (분류상의) 종

25 숨다, 숨기다

26 수면, 표면

27 숨을 쉬다

28 (음식을) 제공하다

29 적, 적군

30 거리

31 깊은

32 계산하다

33 기온

34 해외에(서)

35 둘러싸다

36 언젠가

37 고래

38 둥근, 원형의

39 일기 예보

40 (지구의) 남극

C 다음 영어 표현의 우리말 뜻을 쓰시오.

01 millions of

02 up to

03 in the end

04 take a look at

05 go without

06 give up

07 be covered with

08 this time of year

영어 뜻풀이

☐☐	Arctic	북극 (지방)	the area around the North Pole
☐☐	blow	(입으로) 불다	to send out air from the mouth
☐☐	breathe	숨을 쉬다	to move air into and out of your lungs
☐☐	calculate	계산하다	to find a number, answer, etc. by using mathematical processes
☐☐	clam	조개	a type of sea creature with a shell in two parts that can close together
☐☐	discover	발견하다	to see, find, or become aware of something for the first time
☐☐	distance	거리	the amount of space between two places or things
☐☐	dive	뛰어들다, 다이빙하다	to jump into water, especially with your arms and head going in first
☐☐	forecast	예측, 예보	a statement about what you think is going to happen in the future
☐☐	hide	숨다	to go to or stay at a place where you cannot be seen or found
☐☐	million	100만, 수많은	the number 1,000,000
☐☐	serve	(음식을) 제공하다, 차려 주다	to give food or drink to someone, usually in a restaurant
☐☐	smash	때려 부수다, 깨뜨리다	to break something into many pieces
☐☐	species	(분류상의) 종	a set of animals or plants that have similar characteristics to each other
☐☐	spot	발견하다, 찾아내다	to see or notice someone or something that is difficult to see or find
☐☐	surface	수면, 표면	the upper layer of an area of land or water
☐☐	tightly	단단히, 꽉	closely and firmly
☐☐	tool	도구	a piece of equipment you use with your hands for a particular task
☐☐	whale	고래	a very large mammal that lives in the sea
☐☐	wonder	경이, 경탄, 놀라움	a feeling of surprise and admiration for something very beautiful or new

단어의 의미 관계

- **유의어**
  completely = totally (완전히)
  fact = truth (사실)
  probably = perhaps (아마도)

- **반의어**
  appear (나타나다) ↔ disappear (사라지다)
  tightly (단단히, 꽉) ↔ loosely (느슨하게)

- **형용사 – 부사**
  easy (쉬운) – easily (쉽게)
  complete (완전한) – completely (완전히)
  tight (단단한, 꽉 끼는) – tightly (단단히, 꽉)

- **명사 – 형용사**
  friend (친구) – friendly (친절한, 상냥한)
  wonder (경탄, 놀라움) – wonderful (놀라운)

다의어

- **spot** 1. 통 발견하다, 찾아내다 2. 명 장소, 위치 3. 명 얼룩

  1. He could **spot** a police car behind him.
     그는 그의 뒤에서 경찰차를 발견할 수 있었다.
  2. This looks like a nice **spot** for a picnic.
     이곳은 소풍하기에 좋은 장소처럼 보인다.
  3. There were mud **spots** on my hat.
     내 모자에 진흙 얼룩이 있었다.

- **fool** 1. 통 속이다, 기만하다 2. 명 바보

  1. Don't be **fooled** by her appearance.
     그녀의 외모에 속지 마.
  2. I feel like a **fool** when I make a stupid mistake.
     나는 어리석은 실수를 할 때 내가 바보처럼 느껴진다.

- **complete** 1. 통 완료하다, 끝마치다 2. 형 완전한

  1. I need one more piece to **complete** the puzzle.
     나는 퍼즐을 완료하는 데 한 조각이 더 필요하다.
  2. The room was a **complete** mess.
     그 방은 완전 엉망진창이었다.

Words Plus
연습 문제

A 다음 뜻풀이에 알맞은 말을 [보기]에서 골라 쓴 후, 우리말 뜻을 쓰시오.

[보기]	smash	distance	serve	forecast	tool	tightly	dive	clam

1 _____ : closely and firmly : _____

2 _____ : the amount of space between two places or things : _____

3 _____ : to give food or drink to someone, usually in a restaurant : _____

4 _____ : a piece of equipment you use with your hands for a particular task : _____

5 _____ : to break something into many pieces : _____

6 _____ : a type of sea creature with a shell in two parts that can close together : _____

7 _____ : to jump into water, especially with your arms and head going in first : _____

8 _____ : a statement about what you think is going to happen in the future : _____

B 다음 짝 지어진 두 단어의 관계가 같도록 빈칸에 알맞은 말을 쓰시오.

1 fact : truth = perhaps : _____

2 loosely : tightly = _____ : disappear

3 tight : tightly = complete : _____

4 wonder : wonderful = friend : _____

C 다음 빈칸에 알맞은 말을 [보기]에서 골라 쓰시오.

[보기]	average	wonder	breath	spot	surface

1 I can't _____ any mistakes in this report.

2 Monica took a deep _____ to calm down.

3 The _____ age of the participants in the marathon was 35 years old.

4 Thomas saw a big fish swimming under the _____ of the water.

5 When my niece saw Santa Claus, her eyes were filled with _____.

D 다음 우리말과 같도록 빈칸에 알맞은 말을 쓰시오.

1 그 차는 6명까지 탈 수 있다. → The car holds _____ _____ six people.

2 나는 이 프로젝트가 끝날 때까지 포기하지 않을 것이다. → I won't _____ until this project is finished.

3 설악산은 이맘때 아주 아름답다. → Mt. Seorak is very beautiful _____ _____ _____.

4 일주일 동안 물 없이 지내는 것은 불가능하다. → It is impossible to _____ _____ water for a week.

5 이 사진을 한번 보고 Ann과 Lisa를 찾아봐.

→ _____ _____ _____ _____ this photo and find Ann and Lisa.

Words

실전 TEST

01 다음 중 단어의 품사가 <u>다른</u> 하나는?

① article ② breathe ③ clam

④ ocean ⑤ scenery

02 다음 영어 뜻풀이에 알맞은 단어는?

to go to or stay at a place where you cannot be seen or found

① hide ② dive ③ appear

④ vacuum ⑤ blow

03 다음 빈칸에 공통으로 들어갈 말로 알맞은 것은?

• Experience makes even _____s wise.
• Don't let his kind smile _____ you.

① land ② book ③ calculate

④ fool ⑤ forecast

04 다음 중 밑줄 친 부분의 우리말 뜻이 알맞지 <u>않은</u> 것은?

① Can I <u>take a look at</u> your old pictures?
(~을 찾다)

② Luke's novels gave pleasure to <u>millions of</u> readers.
(수많은)

③ If you want to achieve your goal, keep going and don't <u>give up</u>. (포기하다)

④ <u>In the end</u>, they decided to spend Christmas at home. (결국)

⑤ It is impossible for a person to <u>go without</u> food and water for forty days. (~ 없이 지내다)

05 다음 우리말과 같도록 할 때 빈칸에 들어갈 말로 알맞은 것은?

지구 표면의 거의 10%가 얼음으로 덮여 있다.
→ Nearly 10% of the Earth's _____ is covered by ice.

① fact ② surface ③ species

④ breath ⑤ Arctic

06 고난도 다음 문장의 밑줄 친 단어와 같은 의미로 쓰인 것은?

This is the best <u>spot</u> to take a picture.

① Olivia has an ink <u>spot</u> on her skirt.

② He knows a good <u>spot</u> to park the car.

③ I expected to <u>spot</u> a deer in the woods.

④ Remove the <u>spot</u> on your white blouse.

⑤ You can easily <u>spot</u> the colorful lanterns in the light festival.

07 다음 대화의 빈칸에 들어갈 말로 알맞은 것은?

A: What are you doing?
B: I'm trying to _____ how much money I'll need on vacation.

① dive ② mop ③ complete

④ surround ⑤ calculate

08 괄호 안의 우리말과 같도록 빈칸에 알맞은 말을 쓰시오.

The temperature went _____ _____ 37℃ yesterday.
(어제 기온이 섭씨 37도까지 올라갔다.)

L&S Listen & Speak
핵심 노트

1 궁금함 표현하기

A: **I wonder** where the bus stop is.   나는 버스 정류장이 어디에 있는지 궁금해.

B: It's in front of the police station.   그곳은 경찰서 앞에 있어.

I wonder ~.는 '나는 ~이 궁금하다.'라는 뜻으로 어떤 것에 대해 궁금함을 나타낼 때 사용하는 표현이다. I wonder 뒤에는 「의문사＋주어＋동사」의 의문사절이나 「if/whether＋주어＋동사」의 if절 또는 whether절이 이어진다.

e.g. • A: **I wonder** how high this mountain is. 나는 이 산이 얼마나 높은지 궁금해.

       B: It's about 2,000m high. 그것은 높이가 약 2,000미터야.

• A: **I wonder** how long the Amazon River is. 나는 아마존강이 얼마나 긴지 궁금해.

       B: It's about 7,000km long. 그것은 길이가 약 7,000킬로미터야.

• **I wonder** how long camels can go without water in the desert.

    나는 낙타들이 사막에서 물 없이 얼마나 오래 지낼 수 있는지 궁금해.

• **I wonder** if you can help me.

    나는 네가 나를 도와줄 수 있는지 궁금해.

• **I'm curious about** the art director of this movie.

    나는 이 영화의 미술 감독이 궁금해.

> **point** 시험 포인트
> I wonder 다음에 오는 의문사절이나 if/whether절의 어순에 유의하세요. 또한 I wonder 뒤에 이어지는 궁금해하는 내용의 답을 파악하는 문제도 자주 출제돼요.

2 보고하기

A: Is there anything interesting?   뭔가 재미있는 게 있니?

B: **This article says** scientists have discovered a new planet.   이 기사에 따르면 과학자들이 새로운 행성을 발견했대.

This article says ~.는 '이 기사에 따르면 ~.'이라는 뜻으로 어딘가에서 보거나 들은 내용을 상대방에게 보고하거나 전달할 때 사용하는 표현이다. 정보 제공자에 따라 This article 대신 The Internet, The book, People, Someone 등을 쓸 수 있다.

e.g. • **The weather forecast says** it'll be rainy in the afternoon.

    일기 예보에서 오후에 비가 올 거래.

• **The Internet says** the shortest hiking course takes about two hours.

    인터넷에 따르면 가장 짧은 등산 코스가 약 두 시간 정도 걸린대.

• **The book says** the blue whale is about 30m long.

    그 책에 따르면 대왕고래는 길이가 30미터 정도래.

• **People says** more foreigners are learning Korean.

    사람들에 따르면 더 많은 외국인들이 한국어를 배우고 있대.

> **point** 시험 포인트
> 보거나 들은 내용의 출처가 어디인지와 보고하거나 전달하는 내용이 무엇인지 파악하는 문제가 자주 출제돼요.

L&S
Listen & Speak
만점 노트

대화문 해석 보기 >> 16~17쪽

주요 표현
구문 해설

STEP
A

Listen and Speak 1-A

교과서 122쪽

B: We're ❶ almost ❷ at the top of the mountain.

G: ❸ I wonder how high this mountain is.

B: It's about 2,000m high.

G: Wow! This is a really high mountain.

B: Yes, it is. ❹ Let's keep going.

❶ ⑨ 거의

❷ ~의 꼭대기에

❸ I wonder ~.는 '나는 ~이 궁금하다.'라는 뜻으로, I wonder 뒤에 의문사가 이끄는 절이 뒤따르는 경우 「의문사(+형용사) +주어+동사」의 어순으로 씀

❹ Let's+동사원형 ~.: ~하자. keep+동명사: 계속 ~하다

Q1 소녀는 무엇을 궁금해하나요?

Listen and Speak 1-B

교과서 122쪽

B: Look at the baby penguins on TV. They're so cute.

G: Yes, but they ❶ look very cold out there.

B: Yeah, the South Pole is ❷ the coldest place on Earth.

G: ❸ I wonder how cold it is there.

B: ❹ The average temperature is about -58℃ in July and -26℃ in December.

G: Oh, then, July is ❺ colder than December there. Interesting!

B: Yes. ❻ Although it's very cold there, it doesn't snow much.

G: That's interesting, too!

❶ look+형용사: ~해 보이다 부사 very는 형용사 cold를 수식

❷ coldest는 형용사 cold의 최상급 the+형용사의 최상급: 가장 ~한

❸ 궁금함을 나타내는 표현으로, 「I wonder+의문사(how)+형 용사(cold)+주어(it)+동사(is) ~.」의 어순으로 쓰인 문장 it: 날씨를 나타내는 비인칭 주어 there = the South Pole(남극)

❹ 평균 기온

❺ 형용사의 비교급(colder)+than ~: ~보다 더 …한

❻ ⑩ (비록) ~이지만

Q2 남극은 12월과 7월 중 어느 달이 더 추운가요?

Q3 ❻이 포함된 문장을 해석해 보세요.

Listen and Speak 1-C

교과서 122쪽

A: We're finally here.

B: Yes, I'm so ❶ excited. Let's ❷ look around.

A: ❸ I wonder where the bus stop is.

B: It's ❹ in front of the police station.

A: You're right. Let's go.

❶ 주어 I가 감정을 느끼는 것이므로 과거분사 형태의 형용사인 excited 사용

❷ 둘러보다

❸ 「I wonder+의문사(where)+주어(the bus stop)+동사 (is).」의 어순으로 쓰인 문장

❹ ~ 앞에

Q4 Where is the bus stop?

Listen and Speak 2-A

교과서 123쪽

B: The weather is so nice outside.

G: Yeah. ❶ How about going on a picnic this afternoon?

B: Good idea. ❷ Can you check the weather?

G: Oh, no! ❸ The weather forecast says it'll be rainy in the afternoon.

B: Let's go another time, then.

❶ 「How about+동명사 ~?」는 '~하는 게 어떠니?'라는 뜻으 로, 제안할 때 사용하는 표현 / go on a picnic: 소풍을 가다

❷ Can you ~?는 상대방에게 요청할 때 사용하는 표현

❸ The weather forecast says ~.는 '일기 예보에 따르면 ~.'이라는 뜻으로, 보거나 들은 내용을 보고하거나 전달하는 표현 / says 뒤에 목적절을 이끄는 접속사 that이 생략됨 / it: 날씨를 나타내는 비인칭 주어

Q5 지금 날씨가 어떤가요?

Listen and Speak 2-B

B: Sumin, ❶ what are you going to do on Sunday?

G: I'm going to go hiking. ❷ Do you want to join me?

B: I'd love to. Where do you want to go?

G: ❸ I'm thinking of going to Namsan.

B: Oh, the scenery there is so beautiful ❹ this time of year.

G: Right. I heard ❺ that ❻ it's covered with red autumn leaves now.

B: Great. ❼ How long does the shortest hiking course take?

G: ❽ The Internet says it takes about two hours.

B: Okay, see you on Sunday!

❶ What are you going to do?: 너는 무엇을 할 거니? (계획을 묻는 표현) / 요일(Sunday) 앞에는 전치사 on을 사용

❷ 함께 하고 싶은지 묻는 표현

❸ I'm thinking of+동명사 ~.: 나는 ~할 생각이다.

❹ 이맘때는, 이맘때쯤이면

❺ 명사절을 이끄는 접속사로 생략 가능

❻ be covered with: ~으로 덮여 있다

❼ How long does ~ take?: ~이 얼마나 걸리니? (소요 시간을 묻는 표현)

❽ 인터넷에서 본 정보를 보고하거나 전달하는 표현

Q6 남산의 가장 짧은 등산 코스는 시간이 얼마나 걸리나요?

Q7 When are they going to Namsan? → They are going to Namsan _____.

Listen and Speak 2-C

A: ❶ What are you doing?

B: I'm reading the newspaper.

A: ❷ Is there anything interesting?

B: ❸ This article says scientists have discovered a new planet.

❶ 너는 무엇을 하고 있니? (현재진행형이 쓰인 의문문)

❷ Is there ~?: ~이 있니? / -thing으로 끝나는 대명사 (anything)는 형용사(interesting)가 뒤에서 수식함

❸ 기사에서 본 정보를 보고하거나 전달하는 표현 / that이 생략된 절에 「have+과거분사(discovered)」의 현재완료가 쓰임

Q8 B가 읽고 있는 기사의 내용은 무엇인가요?

Real Life Talk > Watch a Video

Suji: Check out this picture!

Tony: Wow! The camels are walking ❶ in a line in the desert.

Suji: Yeah. The desert looks very hot and dry.

Tony: ❷ I wonder how long camels can go without water in the desert.

Suji: Let's ❸ find out on the Internet.

Tony: Okay. ❹ The Internet says they can go about two weeks without water.

Suji: Wow, that's amazing! Camels are really interesting animals.

Tony: I ❺ want to travel with ❻ them in the desert someday.

❶ 한 줄로

❷ 궁금함을 나타내는 표현으로, 「I wonder+의문사(how)+형용사(long)+주어(camels)+동사(can go) ~.」의 어순으로 쓰인 문장

go without: ~ 없이 지내다

❸ 찾아보다, 발견하다

❹ 인터넷에서 본 정보를 보고하거나 전달하는 표현

they = camels

without 웹 ~ 없이

❺ want는 to부정사를 목적어로 취하는 동사

❻ = camels

Q9 What are the camels in the picture doing?

Q10 두 사람은 인터넷에서 무엇에 관해 찾아보았나요?

빈칸 채우기

우리말과 일치하도록 대화의 빈칸에 알맞은 말을 쓰시오.

1 Listen and Speak 1-A

B: We're almost _____ _____ _____ of the mountain.

G: _____ _____ _____ _____ this mountain is.

B: It's about 2,000m high.

G: Wow! This is a really high mountain.

B: Yes, it is. Let's _____ _____ .

교과서 122쪽

B: 우리는 산 정상에 거의 다 왔어.

G: 나는 이 산이 얼마나 높은지 궁금해.

B: 이 산은 높이가 약 2,000미터야.

G: 왜 이 산은 정말 높은 산이구나.

B: 응, 맞아. 계속 올라가자.

2 Listen and Speak 1-B

B: Look at the baby penguins on TV. They're so cute.

G: Yes, but they _____ _____ _____ out there.

B: Yeah, the South Pole is _____ _____ _____ on Earth.

G: I wonder _____ _____ _____ _____ there.

B: The average temperature is about -58℃ in July and -26℃ in December.

G: Oh, then, July _____ _____ _____ December there. Interesting!

B: Yes. _____ _____ _____ _____ there, it doesn't snow much.

G: That's interesting, too!

교과서 122쪽

B: 텔레비전에 나온 아기 펭귄들을 봐. 아주 귀여워.

G: 응, 하지만 그들은 저곳에서 매우 추워 보여.

B: 그래, 남극은 지구상에서 가장 추운 곳이야.

G: 나는 그곳이 얼마나 추운지 궁금해.

B: 평균 기온이 7월에는 약 섭씨 영하 58도이고, 12월에는 약 섭씨 영하 26도야.

G: 오, 그러면 그곳은 12월보다 7월이 더 춥구나. 흥미롭다!

B: 응. 비록 그곳은 매우 춥지만 눈은 많이 내리지 않아.

G: 그것도 흥미롭다!

3 Listen and Speak 1-C

A: We're finally here.

B: Yes, I'm so excited. Let's _____ _____ .

A: I wonder _____ _____ _____ _____ _____ .

B: It's _____ _____ _____ the police station.

A: You're right. Let's go.

교과서 122쪽

A: 우리는 마침내 여기에 왔어.

B: 그래, 나는 매우 신이 나. 우리 둘러보자.

A: 나는 버스 정류장이 어디에 있는지 궁금해.

B: 그곳은 경찰서 앞에 있어.

A: 네 말이 맞네. 가자.

4 Listen and Speak 2-A

B: The weather is so nice outside.

G: Yeah. _____ _____ _____ on a picnic this afternoon?

B: Good idea. _____ _____ _____ the weather?

G: Oh, no! _____ _____ _____ _____ it'll be rainy in the afternoon.

B: Let's go another time, then.

교과서 123쪽

B: 바깥 날씨가 아주 좋아.

G: 그래. 오늘 오후에 소풍 가는 게 어때?

B: 좋은 생각이야. 날씨를 확인해 줄래?

G: 오, 이런! 일기 예보에서 오후에 비가 올 거래.

B: 그러면 다음에 가자.

5 Listen and Speak 2-B

B: Sumin, what are you going to do on Sunday?

G: _____ _____ _____ _____ . Do you want
to join me?

B: _____ _____ _____ . Where do you want to go?

G: I'm _____ _____ _____ _____ Namsan.

B: Oh, the scenery there is so beautiful this time of year.

G: Right. I heard that _____ _____ _____ red autumn leaves
now.

B: Great. How long does the shortest hiking course take?

G: _____ _____ _____ it takes about two hours.

B: Okay, see you on Sunday!

해석

B: 수민아, 너는 일요일에 무엇을 할 거니?

G: 나는 등산을 갈 거야. 나와 함께 가겠니?

B: 그러고 싶어. 너는 어디로 가고 싶니?

G: 나는 남산에 가려고 생각 중이야.

B: 오, 매년 이맘때 그곳 경치는 아주 아름답지.

G: 맞아. 지금 빨간 단풍잎으로 덮여 있다고 들었어.

B: 좋아. 가장 짧은 등산 코스는 얼마나 걸리니?

G: 인터넷 정보에 따르면 약 두 시간 정도 걸린대.

B: 알겠어. 일요일에 봐!

6 Listen and Speak 2-C

A: _____ _____ _____ _____ ?

B: I'm reading the newspaper.

A: Is there _____ _____ ?

B: This article says scientists _____ _____ _____ _____
_____ .

A: 너는 무엇을 하고 있니?

B: 나는 신문을 읽고 있어.

A: 재미있는 내용이 있니?

B: 이 기사에 따르면 과학자들이 새로운 행성을 발견했대.

7 Real Life Talk > Watch a Video

Suji: Check out this picture!

Tony: Wow! The camels _____ _____ _____
_____ in the desert.

Suji: Yeah. The desert looks _____ _____ _____ _____ .

Tony: I wonder _____ _____ _____ _____
without water in the desert.

Suji: Let's find out on the Internet.

Tony: Okay. _____ _____ they can go about two weeks
without water.

Suji: Wow, that's amazing! Camels are really interesting animals.

Tony: I _____ _____ _____ with them in the desert someday.

수지: 이 사진을 봐!

Tony: 와! 낙타들이 사막에서 한 줄로 걸어가고 있네.

수지: 응. 사막은 매우 덥고 건조해 보여.

Tony: 나는 낙타들이 사막에서 물 없이 얼마나 오래 지낼 수 있는지 궁금해.

수지: 인터넷에서 찾아보자.

Tony: 그래. 인터넷 정보에 따르면 낙타는 물 없이 2주 정도 지낼 수 있대.

수지: 와, 굉장하다! 낙타는 정말 흥미로운 동물이구나.

Tony: 나는 언젠가 사막에서 그들과 함께 여행하고 싶어.

대화 순서 배열하기

자연스러운 대화가 되도록 순서를 바르게 배열하시오.

1 Listen and Speak 1-A

ⓐ Yes, it is. Let's keep going.
ⓑ We're almost at the top of the mountain.
ⓒ It's about 2,000m high.
ⓓ Wow! This is a really high mountain.
ⓔ I wonder how high this mountain is.

(   ) – (ⓔ   ) – (   ) – (   ) – (   )

2 Listen and Speak 1-B

교과서 122쪽

ⓐ Look at the baby penguins on TV. They're so cute.
ⓑ I wonder how cold it is there.
ⓒ Yeah, the South Pole is the coldest place on Earth.
ⓓ Yes. Although it's very cold there, it doesn't snow much.
ⓔ Yes, but they look very cold out there.
ⓕ The average temperature is about -58℃ in July and -26℃ in December.
ⓖ Oh, then, July is colder than December there. Interesting!
ⓗ That's interesting, too!

(ⓐ   ) – (ⓔ   ) – (   ) – (   ) – (   ) – (   ) – (ⓓ   ) – (   )

3 Listen and Speak 1-C

교과서 122쪽

ⓐ Yes, I'm so excited. Let's look around.
ⓑ You're right. Let's go.
ⓒ We're finally here.
ⓓ It's in front of the police station.
ⓔ I wonder where the bus stop is.

(ⓒ   ) – (   ) – (   ) – (   ) – (   )

4 Listen and Speak 2-A

교과서 123쪽

ⓐ Let's go another time, then.
ⓑ Yeah. How about going on a picnic this afternoon?
ⓒ Oh, no! The weather forecast says it'll be rainy in the afternoon.
ⓓ Good idea. Can you check the weather?
ⓔ The weather is so nice outside.

(   ) – (   ) – (   ) – (   ) – (   )

018 Lesson 7 Feel the Wonder

5 Listen and Speak 2-B

ⓐ I'd love to. Where do you want to go?
ⓑ The Internet says it takes about two hours.
ⓒ Sumin, what are you going to do on Sunday?
ⓓ Oh, the scenery there is so beautiful this time of year.
ⓔ Right. I heard that it's covered with red autumn leaves now.
ⓕ I'm thinking of going to Namsan.
ⓖ I'm going to go hiking. Do you want to join me?
ⓗ Okay, see you on Sunday!
ⓘ Great. How long does the shortest hiking course take?

(ⓒ) – (ⓖ) – ( ) – ( ) – ( ) – ( ) – (ⓘ) – ( ) – ( )

6 Listen and Speak 2-C

ⓐ This article says scientists have discovered a new planet.
ⓑ What are you doing?
ⓒ I'm reading the newspaper.
ⓓ Is there anything interesting?

( ) – ( ) – ( ) – ( )

7 Real Life Talk > Watch a Video

ⓐ I wonder how long camels can go without water in the desert.
ⓑ Let's find out on the Internet.
ⓒ Wow, that's amazing! Camels are really interesting animals.
ⓓ Check out this picture!
ⓔ Wow! The camels are walking in a line in the desert.
ⓕ Okay. The Internet says they can go about two weeks without water.
ⓖ I want to travel with them in the desert someday.
ⓗ Yeah. The desert looks very hot and dry.

(ⓓ) – ( ) – ( ) – (ⓐ) – ( ) – ( ) – ( ) – (ⓖ)

01 다음 대화의 빈칸에 들어갈 말로 알맞은 것은?

A: _____
B: It's about 2,000m high.

① I wonder how high this mountain is.
② What is the smallest country in the world?
③ I don't know how fast the cheetah can run.
④ I'm thinking of going to the beach this weekend.
⑤ The book says the blue whale is about 30m long.

02 자연스러운 대화가 되도록 순서대로 배열한 것은?

(A) What are you doing?
(B) Is there anything interesting?
(C) This article says scientists have discovered a new planet.
(D) I'm reading the newspaper.

① (A) – (C) – (D) – (B)
② (A) – (D) – (B) – (C)
③ (C) – (A) – (D) – (B)
④ (D) – (B) – (A) – (C)
⑤ (D) – (C) – (A) – (B)

03 다음 대화의 밑줄 친 우리말을 영어로 옮길 때 마지막에 오는 단어는?

A: 나는 도서관이 어디에 있는지 궁금해.
B: It's in front of the police station.

① is   ② the   ③ where
④ library   ⑤ wonder

04 다음 대화의 밑줄 친 ①~⑤ 중 흐름상 어색한 것은?

A: ①The weather is so nice outside.
B: Yeah. ②How about going on a picnic this afternoon?
A: ③Good idea. ④Can you check the weather?
B: Oh, no! ⑤The weather forecast says it'll be sunny in the afternoon.
A: Let's go another time, then.

①   ②   ③   ④   ⑤

[05-07] 다음 대화를 읽고, 물음에 답하시오.

Giho: Sally, ①look at the baby penguins on TV. They're so cute.
Sally: Yes, but they ②look very cold out there.
Giho: Yeah, the South Pole is ③the coldest place on Earth.
Sally: ④I wonder how cold is it there.
Giho: The average temperature is about -58℃ in July and -26℃ in December.
Sally: Oh, then, July is _____ December there. Interesting!
Giho: Yes. ⑤Although it's very cold there, it doesn't snow much.
Sally: That's interesting, too!

05 위 대화의 밑줄 친 ①~⑤ 중 어법상 틀린 것은?

①   ②   ③   ④   ⑤

06 위 대화의 빈칸에 들어갈 말로 알맞은 것은?

① warmer than   ② colder than
③ hotter than   ④ as warm as
⑤ as cold as

고_{난도} 07 위 대화를 읽고 답할 수 <u>없는</u> 질문은?

① What are they watching on TV?
② Where is the coldest place on Earth?
③ What does Sally wonder?
④ What is the average temperature in the South Pole in December?
⑤ Why doesn't it snow much in the South Pole?

[08-09] 다음 대화를 읽고, 물음에 답하시오.

Suji: Check out this picture!
Tony: Wow! The camels are walking in a line in the desert.
Suji: Yeah. The desert looks very hot and dry.
Tony: I wonder _____ camels can go without water in the desert.
Suji: Let's find out on the Internet.
Tony: Okay. The Internet says they can go about two weeks without water.
Suji: Wow, that's amazing! Camels are really interesting animals.
Tony: I want to travel with them in the desert someday.

08 위 대화의 빈칸에 들어갈 말로 알맞은 것은?

① how far
② how often
③ how high
④ how many
⑤ how long

09 위 대화의 내용과 일치하지 <u>않는</u> 것은?

① 사진 속 낙타들은 사막에서 한 줄로 걸어가고 있다.
② 두 사람은 궁금한 점을 동물에 관한 책에서 찾아보았다.
③ 두 사람이 찾은 정보에 따르면 낙타는 물 없이 2주 정도를 지낼 수 있다.
④ 수지는 낙타가 흥미로운 동물이라고 생각한다.
⑤ Tony는 언젠가 사막에서 낙타와 여행하고 싶어 한다.

10 다음 괄호 안의 말을 바르게 배열하여 대화의 빈칸에 알맞은 말을 쓰시오.

A: _____
(how, wonder, I, Jupiter, big, is)
B: The Internet says Jupiter is over 11 times bigger than Earth.

[11-12] 다음 대화를 읽고, 물음에 답하시오.

A: Sumin, what are you going to do on Sunday?
B: I'm going to go hiking. (1) _____
A: I'd love to. Where do you want to go?
B: I'm thinking of going to Namsan.
A: Oh, the scenery there is so beautiful this time of year.
B: Right. (2) _____
A: Great. How long does the shortest hiking course take?
B: (3) _____
A: Okay, see you on Sunday!

11 위 대화의 빈칸에 알맞은 말을 [보기]에서 골라 쓰시오.

[보기] • Do you want to join me?
• The Internet says it takes about two hours.
• I heard that it's covered with red autumn leaves now.

(1) _____
(2) _____
(3) _____

고_{난도} 12 다음 질문에 완전한 영어 문장으로 답하시오.

Q: What are they going to do on Sunday?
A: _____

G Grammar
핵심 노트

1 소유격 관계대명사

- This small fish **whose** favorite food is clams uses a tool
  선행사
  to open them.
- The man **whose** painting is in the museum is my uncle.
  선행사
- I met a girl **whose** name is the same as mine.
  선행사

가장 좋아하는 먹이가 조개인 이 작은 물고기는 조개를 열기 위해 도구를 사용한다.

미술관에 그림이 있는 그 남자는 우리 삼촌이다.

나는 나와 이름이 같은 소녀를 만났다.

소유격 (대)명사 대신 쓰여 소유격 역할을 하는 관계대명사를 소유격 관계대명사라고 하며, 선행사에 상관없이 whose를 사용한다. 소유격 관계대명사 whose는 생략할 수 없으며, whose가 이끄는 관계대명사절은 바로 앞의 선행사를 수식한다.

- I know the boy. His uncle is a famous movie star.
  → I know the boy **whose** uncle is a famous movie star.
  나는 삼촌이 유명한 영화배우인 소년을 안다.
- Robin has a cat. Its tail is long.
  → Robin has a cat **whose** tail is long.
  Robin은 꼬리가 긴 고양이 한 마리가 있다.

비교 의문사 whose(누구의)와 혼동하지 않도록 유의한다.

- **Whose** bag is this? 이것은 누구의 가방이니?
- I don't know **whose** keys they are. 나는 그것들이 누구의 열쇠인지 모른다.

point

시험 포인트
어떤 관계대명사가 쓰여야 하는지 묻는 문제가 자주 출제돼요. 주격 관계대명사, 목적격 관계대명사와 구별할 수 있도록 각 관계대명사의 쓰임을 정확하게 알아야 해요.

주격 관계대명사
- They are the people **who** take part in the 4 Deserts Race.
  그들은 '4 Deserts Race'에 참가하는 사람들이다.
  [중2 4과]

목적격 관계대명사
- Chris found the bicycle **that** he lost yesterday.
  Chris는 어제 잃어버린 자전거를 찾았다.
  [중2 7과]

QUICK CHECK

1 다음 괄호 안에서 알맞은 것을 고르시오.

(1) The girl (whose / who) arm is broken is Olivia.

(2) Ms. Brown is the teacher (whom / whose) I respect the most.

(3) I had dinner at the restaurant (which / whose) owner is French.

2 다음 문장에서 소유격 관계대명사 whose가 들어갈 위치를 고르시오.

(1) I met (ⓐ) an old man (ⓑ) hair (ⓒ) was (ⓓ) gray.

(2) The family (ⓐ) has (ⓑ) a dog (ⓒ) name (ⓓ) is Max.

(3) The woman (ⓐ) job (ⓑ) is (ⓒ) photographing famous people (ⓓ) is my neighbor.

2 시간을 나타내는 접속사

- Humpback whales stand on their tails **while** they sleep. 혹등고래는 잠을 잘 동안 꼬리로 서 있다.
- The tuskfish blows on the sand **until** a clam appears. tuskfish는 조개가 나타날 때까지 모래에 입김을 분다.
- We had dinner **after** we watched a movie. 우리는 영화를 본 후에 저녁을 먹었다.

(1) 시간을 나타내는 접속사에는 when(~할 때), before(~하기 전에), after(~한 후에), while(~하는 동안에), until(~할 때까지), since(~한 이후로) 등이 있다. 시간을 나타내는 접속사는 부사절을 이끌며, 접속사 뒤에는 「주어 + 동사 ~」로 이루어진 절이 이어진다.

- She always wears a hat **when** she works in the garden.
  그녀는 정원에서 일할 때 항상 모자를 쓴다.
- You should take a shower **after** you exercise.
  운동을 한 후에 너는 샤워를 해야 한다.
- Someone called **while** you were out. 네가 외출한 동안 누군가 전화를 했다.
- The children played **until** it got dark. 아이들은 어두워질 때까지 놀았다.
- I haven't heard from them **since** they went to Germany.
  나는 그들이 독일에 간 이후로 그들에게서 소식을 듣지 못했다.

(2) 시간을 나타내는 접속사가 이끄는 절은 주절의 앞이나 뒤에 올 수 있다. **주의!** until과 since가 이끄는 절은 주절의 앞에 잘 오지 않아요.

- You should take a shower **after** you exercise.
  After you exercise, you should take a shower.

(3) 시간을 나타내는 접속사가 이끄는 부사절은 미래의 의미일지라도 현재시제로 쓴다.

- **When** I *get* to the airport, I'll call you.
  내가 공항에 도착하면, 네게 전화할게.

시간을 나타내는 접속사 when
- **When** Rahul was in middle school, he acted in a school play.
  Rahul이 중학생이었을 때, 그는 학교 연극에서 연기를 했다.
  [중1 6과]

이유를 나타내는 접속사 since
- It couldn't be real gold **since** it was too light.
  그것은 너무 가벼웠기 때문에 진짜 금덩이가 없었다.
  [중3 4과]

QUICK CHECK

1 다음 괄호 안에서 문맥상 자연스러운 것을 고르시오.

(1) My sweater got smaller (when / until) I washed it in hot water.
(2) (Before / After) he packed his baggage, he left for a business trip.
(3) My dad has worked in a bank (while / since) I was young.

2 다음 문장에서 부사절에 밑줄을 치고, 밑줄 친 부분의 의미를 우리말로 쓰시오.

(1) Let's wait until the snow stops. _____
(2) Before I left the room, I turned off the lights. _____
(3) I was really happy when I passed the audition. _____

Grammar

연습 문제

STEP A

1 소유격 관계대명사

A 다음 괄호 안에서 알맞은 것을 고르시오.

1 I know a girl (whom / whose) dream is to be a famous dancer.

2 The wallet (which / whose) Joan found on the street isn't mine.

3 I met a child (that / whose) grandfather is a science teacher.

4 I like people (who / whose) are kind to others.

5 Bill saw a snake (whose / which) color was red.

B 다음 문장의 밑줄 친 부분이 어법상 틀렸으면 바르게 고쳐 쓰시오.

1 Mary has a cat that eyes are blue. → _____

2 I found the boy whose was walking his dogs. → _____

3 We talked about a man who son is a tennis player. → _____

4 A girl whose name is Emma is sitting on the bench. → _____

5 The fish whose my brother caught was very big. → _____

C 다음 두 문장을 관계대명사 whose를 사용하여 한 문장으로 연결하시오.

1 The woman called the police. Her bike was stolen.
→ The woman _____ .

2 Look at the octopus. Its head is round.
→ Look at the octopus _____ .

3 Do you know the student? His name is Paul Anderson.
→ Do you know _____ ?

D 다음 우리말과 같도록 괄호 안의 말을 바르게 배열하여 문장을 완성하시오.

1 나는 차가 고장 난 여자를 도왔다.
→ I helped _____ .
(car, down, a woman, whose, broke)

2 나는 가장 좋아하는 과목이 수학인 친구가 있다.
→ I have _____ .
(Math, whose, is, a friend, subject, favorite)

3 Rapunzel은 머리카락이 아주 긴 아름다운 공주이다.
→ Rapunzel is a _____ .
(is, very, beautiful, whose, princess, long, hair)

2 시간을 나타내는 접속사

A 다음 우리말과 같도록 [보기]에서 알맞은 접속사를 골라 쓰시오.

[보기]	after	before	until	since	while

1 우리는 12살 이후로 서로 알고 지내고 있다.

→ We have known each other _____ we were 12.

2 너는 내가 없는 동안 내 개를 돌봐 줄 수 있니?

→ Can you take care of my dog _____ I'm away?

3 나는 점심을 먹은 후에 Sam과 축구를 했다.

→ _____ I had lunch, I played soccer with Sam.

4 당근이 부드러워질 때까지 볶아라.

→ Fry the carrots _____ they become soft.

B 다음 괄호 안에서 문맥상 자연스러운 것을 고르시오.

1 Brush your teeth (before / after) you go to bed.

2 I waited in front of the door (because / until) someone came out.

3 She was listening to music (while / unless) she was driving to work.

C 다음 문장에서 어법상 또는 문맥상 틀린 부분을 찾아 바르게 고쳐 쓰시오.

1 When she will come home, she will clean the living room.   _____ → _____

2 During he lived in London, many friends visited him.   _____ → _____

3 My sister and I mopped the floor up to it looked shiny.   _____ → _____

D 다음 우리말과 같도록 괄호 안의 말을 바르게 배열하여 문장을 완성하시오.

1 Kevin이 내게 전화했을 때 나는 텔레비전을 보고 있었다.

→ _____, I was watching TV.

(Kevin, when, me, called)

2 그는 휴가에서 돌아온 이후로 바빴다.

→ He _____ from holiday.

(came back, has, since, busy, he, been)

3 우리는 놀이공원에 가기 전에 아침을 먹었다.

→ We had breakfast _____.

(we, to, before, the amusement park, went)

4 Sally는 언니가 거실을 진공청소기로 청소하는 동안 창문을 닦았다.

→ Sally _____.

(while, the living room, the windows, her sister, vacuumed, cleaned)

STEP A

01 다음 우리말을 영어로 옮길 때 빈칸에 들어갈 말로 알맞은 것은?

> 그들은 눈이 녹을 때까지 집에 머물렀다.
> → They stayed at home _____ the snow melted.

① as   ② until   ③ when
④ after   ⑤ since

[02-03] 다음 빈칸에 들어갈 말로 알맞은 것을 고르시오.

02 I saw Terry _____ I was waiting for the train.

① if   ② that   ③ until
④ while   ⑤ though

03 I have a friend _____ grandmother is a famous painter.

① that   ② who   ③ whom
④ which   ⑤ whose

[04-05] 다음 빈칸에 알맞은 말이 순서대로 짝 지어진 것을 고르시오.

04
• You should wait on the sidewalk _____ the traffic light is red.
• Wash vegetables carefully _____ you eat them.

① until – before   ② until – after
③ when – before   ④ when – unless
⑤ before – after

05
• I have two books _____ were written by Roald Dahl.
• I interviewed a woman _____ dog is more than 20 years old.

① whose – that   ② whose – which
③ which – who   ④ which – whose
⑤ who – whose

[06-07] 다음 우리말을 영어로 바르게 옮긴 것을 고르시오.

06 그는 7살 때 이후로 바이올린을 연주해 왔다.

① He has played the violin since he is 7.
② He has played the violin after he was 7.
③ He has played the violin until he was 7.
④ He has played the violin since he was 7.
⑤ He has played the violin before he was 7.

07 Joseph은 별명이 Spiderman인 남자를 만났다.

① Joseph met a man nickname was Spiderman.
② Joseph met a man his nickname was Spiderman.
③ Joseph met a man that nickname was Spiderman.
④ Joseph met a man which nickname was Spiderman.
⑤ Joseph met a man whose nickname was Spiderman.

08 다음 중 밑줄 친 When(when)의 쓰임이 나머지 넷과 다른 것은?

① I don't know <u>when</u> we can visit her.
② <u>When</u> I was young, I learned Spanish.
③ Brian was very small <u>when</u> he was born.
④ My eyes feel dry <u>when</u> I use my smartphone.
⑤ <u>When</u> it gets dark, you can see the stars shining.

09 다음 두 문장을 한 문장으로 바르게 연결한 것은?

This is the tiger. Its eyes are green.

① This is the tiger that eyes are green.
② This is the tiger which eyes are green.
③ This is the tiger whom eyes are green.
④ This is the tiger whose eyes are green.
⑤ This is the tiger whose its eyes are green.

10 다음 밑줄 친 부분 중 어법상 틀린 것은?

I ①<u>will help</u> you ②<u>with your work</u> ③<u>when</u> I ④<u>will finish</u> ⑤<u>mine</u>.

①   ②   ③   ④   ⑤

11 다음 우리말과 같도록 괄호 안의 단어들을 배열하여 문장을 완성할 때, 여섯 번째로 오는 단어는?

그 수의사는 다리가 부러진 나의 개를 치료했다.
(my, vet, leg, the, was, whose, broken, healed, dog)

① dog   ② leg   ③ whose
④ my   ⑤ was

12 다음 문장과 문맥상 의미가 같은 것은?

David takes a walk after he has breakfast.

① After David takes a walk, he has breakfast.
② David has breakfast before he takes a walk.
③ David takes a walk before he has breakfast.
④ David takes a walk and he has breakfast.
⑤ David takes a walk as he has breakfast.

13 다음 문장에서 어법상 틀린 부분을 찾아 바르게 고쳐 쓰시오.

The woman whom bag was stolen went to the police station.

_____ → _____

14 다음 중 빈칸에 들어갈 관계대명사가 나머지 넷과 다른 것은?

① I saw a cat _____ nose was very flat.
② I know the woman _____ hair is brown.
③ He is the author _____ books became hit movies.
④ Here are the sheep _____ wool is very expensive.
⑤ I like this desk _____ my uncle made for me.

15 다음 우리말과 같도록 할 때 빈칸에 들어갈 말로 알맞지 않은 것은?

나는 버스를 기다리는 동안 Jamie를 만났다.
→ I met Jamie ___①___ ___②___ ___③___ ___④___ ___⑤___ the bus.

① before   ② I   ③ was
④ waiting   ⑤ for

[16-17] 다음 빈칸에 공통으로 알맞은 말을 고르시오.

16
- Jason has lived in this town _____ he was 10.
- I came in the room quietly _____ I didn't want to wake the baby up.

① since   ② while   ③ when
④ until   ⑤ before

17
- They won't say _____ names are on the list.
- Daisy _____ uncle is a famous inventor is my best friend.

① what   ② who   ③ that
④ which   ⑤ whose

18 다음 중 어법상 틀린 문장은?

① Jessie learned French after she moved to Paris.
② We will go camping when the weather is nice.
③ Don't use your smartphone during you drive.
④ Let's keep walking until we find the hidden treasure.
⑤ I haven't seen him since I had lunch with him last Saturday.

19 다음 밑줄 친 부분을 어법상 바르게 고친 것 중 틀린 것은?

① I met a girl that name is Anna. (→ whom)
② Let's find the rabbit which fur is thick. (→ whose)
③ The turtle is an animal whose has a hard shell. (→ that)
④ The necklace whose she is wearing is made of gold. (→ which)
⑤ The reporter interviewed the swimmer whose won the gold medal. (→ who)

20 다음 중 밑줄 친 부분의 쓰임이 같은 것끼리 짝 지어진 것은?

ⓐ Do you know whose laptop that is?
ⓑ I know a boy whose dream is to be a famous ballet dancer.
ⓒ A reindeer is an animal whose horns look like branches.
ⓓ I wonder whose story was chosen for the school play.

① ⓐ, ⓑ   ② ⓐ, ⓒ   ③ ⓑ, ⓒ
④ ⓑ, ⓓ   ⑤ ⓒ, ⓓ

신유형
21 다음 두 문장에 대한 설명으로 틀린 것은?

ⓐ Paul helped a man whose arm was broken.
ⓑ When I get home, my dog always sits in front of the door.

① ⓐ의 whose는 a man을 선행사로 하는 소유격 관계대명사이다.
② ⓐ의 whose는 that으로 바꿔 쓸 수 있다.
③ ⓐ의 whose는 생략할 수 없다.
④ ⓑ의 When은 접속사로 쓰였다.
⑤ ⓑ는 주절과 부사절의 위치를 바꿔도 같은 의미를 나타낸다.

고난도
22 다음 중 어법상 옳은 문장의 개수는?

ⓐ Heat the butter until turns to brown.
ⓑ After he finished exercising, he took a shower.
ⓒ Pinocchio is a cute doll whose wish is to become a boy.
ⓓ The paintings whose Mr. Clark showed to me were beautiful.
ⓔ Close the windows before you leave the room.

① 0개   ② 1개   ③ 2개   ④ 3개   ⑤ 4개

서술형

23 다음 괄호 안의 말을 바르게 배열하여 문장을 다시 쓴 후, 문장을 우리말로 해석하시오.

(1) They played basketball (got, until, it, dark).

→ _____

→ 해석: _____

(2) She read a newspaper (was, the baby, while, sleeping).

→ _____

→ 해석: _____

(3) You have to eat something (you, this medicine, before, take).

→ _____

→ 해석: _____

24 다음 두 문장을 관계대명사를 사용하여 한 문장으로 바꿔 쓰시오.

(1) Ted has a dog. Its ears are very long.

→ Ted _____ .

(2) A girl is flying a drone. Her name is Melisa.

→ A girl _____ .

25 다음 우리말과 같도록 [조건]에 맞게 문장을 완성하시오.

[조건]　1. [보기]에서 알맞은 말을 골라 사용할 것
　　　　2. 시제를 정확히 쓸 것
　　　　3. 대소문자를 구별할 것

[보기]　　visit me　　go to bed　　work out

(1) Amy가 나를 방문했을 때, 나는 꽃에 물을 주고 있었다.

→ _____ ,
　I was watering the flowers.

(2) Emma는 운동한 후에 매우 피곤했다.

→ Emma felt very tired _____ .

(3) 지나는 잠자리에 들기 전에 양치질하는 것을 결코 잊지 않는다.

→ Jina never forgets to brush her teeth _____
　_____ .

26 다음 우리말과 같도록 [조건]에 맞게 영작하시오.

[조건]　　1. 알맞은 관계대명사를 사용할 것
　　　　　2. 괄호 안의 말을 이용할 것

(1) 머리카락이 길고 곱슬곱슬한 소녀는 Kate다.

→ _____
　(the girl, hair, curly)

(2) 나는 나를 위해 요리를 할 수 있는 로봇을 갖고 싶다.

→ _____
　(want, a robot, for)

(3) 깃털이 주황색인 앵무새를 봐.

→ _____
　(the parrot, feathers)

27 다음 그림을 보고, 각 상자에서 알맞은 말을 하나씩 골라 문장을 완성하시오.

until	vacuumed	cleaning
while	looked	very shiny
after	finished	the living room

(1) Jiho cleaned the window _____ his dad
　_____ .

(2) His younger sister mopped the floor _____
　it _____ .

(3) _____ they _____ ,
　his mom put flowers on the table.

STEP A

바다 아래에

01 우리 행성의 3분의 2는 대양들로 덮여 있다.

02 대양들은 신기한 것으로 가득 차 있으며 수많은 종의 서식지이다.

03 매일 우리는 그들에 관한 새로운 것들을 배우고 있다.

04 몇몇 흥미로운 바다 동물들을 알아보자.

05 좋은 꿈 꿔라

06 여러분은 그림 속 이 고래들이 무엇을 하고 있는지 추측할 수 있는가?

07 그것들은 무리를 지어 서 있는 것처럼 보인다.

08 그러나 그것들은 실제로는 잠을 자고 있다!

09 혹등고래는 잠을 자는 동안 꼬리로 서 있는다.

10 그것들은 수면 근처에서 잠을 잔다.

11 그것들은 물고기가 아니기 때문에 숨을 쉬기 위해 위로 나올 필요가 있다.

12 또한 그것들은 완전히 잠들지 않는다.

13 그것들은 잠에서 깨면 심호흡을 하러 물 밖으로 나왔다가 바다로 다시 뛰어든다.

14 맛있게 먹어라

15 만약 물고기가 똑똑하지 않다고 생각한다면 tuskfish를 한번 봐라.

Under the Sea

01 **3분의 2**
Two-thirds of our planet is covered by oceans.
주어: 분수+of+명사구 / 수동태: be동사+과거분사+by+행위자 / of 뒤의 명사(구)에 수 일치

02 (they)
They are full of wonder and are home to millions of species.
= Oceans — be full of: ~으로 가득 차다

03 Every day, we are learning new things about them.
현재진행형: be동사의 현재형+동사원형-ing

04 Let's find out about some interesting sea animals.
알아보다, 찾다

05 **Sweet Dreams**

06 Can you guess what these whales are doing in the picture?
간접의문문: 의문사(what)+주어(these whales)+동사(are doing) ~ (guess의 목적어 역할)

07 It looks like they are standing up in a group.
look like: ~처럼 보이다 (뒤에 절이 온 경우임)

08 But they are actually sleeping!

09 Humpback whales stand on their tails while they sleep.
~하는 동안에 (시간 접속사)

10 They sleep near the surface.
= Humpback whales

11 Since they are not fish, they need to come up to breathe.
~이기 때문에 (이유 접속사) / need to+동사원형: ~할 필요가 있다 / 부사적 용법의 to부정사 (목적)

12 Also, they don't fall asleep completely.
잠들다

13 When they wake up, they come out of the water for a deep breath
~할 때 (시간 접속사) / ⑲ 숨, 호흡 / ㉓ ~을 위해, ~하러

and dive back into the sea.

14 **Enjoy Your Meal**

15 (that) / ~을 (한번) 보다
If you think fish are not smart, take a look at the tuskfish.
만약 ~라면 (조건 접속사) / fish의 복수형 (fish는 단수형과 복수형이 동일함)

16
소유격 관계대명사
This small fish [whose favorite food is clams] uses a tool to open them. = clams
주어   동사   부사적 용법의 to부정사 (목적)

16 가장 좋아하는 먹이가 조개인 이 작은 물고기는 조개를 열기 위해 도구를 사용한다.

17
= clams
Clams usually hide under the sand, so they cannot be easily discovered.
웹 그래서   조동사가 포함된 수동태: 조동사+be+과거분사

17 조개는 대개 모래 아래에 숨어 있어서 쉽게 발견될 수 없다.

18
The tuskfish blows on the sand until a clam appears.
~할 때까지 (시간 접속사)

18 tuskfish는 조개가 나타날 때까지 모래에 입김을 분다.

19
웹 그래서
The clam is closed tightly, so the fish cannot eat it.
수동태: be동사+과거분사   = the clam

19 조개가 단단히 닫혀 있어서 물고기는 그것을 먹을 수 없다.

20 But the tuskfish doesn't give up.

20 그러나 tuskfish는 포기하지 않는다.

21
= The tuskfish
It smashes the clam against a rock.
smash A against B: A를 B에 내리치다

21 tuskfish는 조개를 바위에 내리친다.

22
In the end, the clam opens and dinner is served.
= dinner is ready

22 마침내 조개가 열리고 밥상이 차려진다.

23 One, Two, Three, Jump!

23 하나, 둘, 셋, 뛰어라!

24
지각동사(see)+목적어(a bird)+동사원형(fly)   fish의 단수형
You have probably seen a bird fly down to the sea to catch a fish.
현재완료: have+과거분사 (경험)   부사적 용법의 to부정사 (목적)

24 여러분은 아마 새가 물고기를 잡기 위해 바다로 날아 내려가는 것을 본 적이 있을 것이다.

25
But have you ever seen a fish jump out of the water to catch a bird?
Have you ever+과거분사 ~?: 너는 ~해 본 적이 있니?   부사적 용법의 to부정사 (목적)

25 그러나 물고기가 새를 잡기 위해 물 밖으로 뛰어오르는 것을 본 적이 있는가?

26
Well, birds have to be careful when a giant trevally is around.
have to+동사원형: ~해야 한다   ~할 때 (시간 접속사)

26 자, giant trevally가 주변에 있을 때 새들은 조심해야 한다.

27 This fish can grow up to 170cm and 80kg.

27 이 물고기는 170센티미터에 80킬로그램까지 자랄 수 있다.

28
동 속이다, 기만하다
But don't let its size fool you.
사역동사(let)+목적어(its size)+동사원형(fool): (목적어)가 ~하게 하다

28 그러나 그 크기에 속지 마라.

29 This fish is quick and smart.

29 이 물고기는 빠르고 똑똑하다.

30
and에 의해 병렬 연결
It can spot a flying bird and calculate its speed and distance.
현재분사 (명사 bird 수식)

30 그것은 날고 있는 새를 발견하고 그 새의 속도와 거리를 계산할 수 있다.

31
When the bird flies nearby, the giant trevally jumps out of the water and
~할 때 (시간 접속사)   out of+명사: ~ 밖으로
catches it.
= the bird

31 새가 가까이에 날고 있을 때, giant trevally는 물 밖으로 뛰어올라 새를 잡는다.

빈칸 채우기

STEP A

우리말 뜻과 일치하도록 교과서 본문의 문장을 완성하시오.

중요 문장

01 Two-thirds of our planet _____ _____ _____ oceans.

01 우리 행성의 3분의 2는 대양들로 덮여 있다.

02 They are full of wonder and are home to _____ _____ species.

02 대양들은 신기한 것으로 가득 차 있으며 수많은 종의 서식지이다.

03 Every day, we _____ _____ new things about them.

03 매일 우리는 그들에 관한 새로운 것들을 배우고 있다.

04 _____ _____ _____ about some interesting sea animals.

04 몇몇 흥미로운 바다 동물들을 알아보자.

05 Sweet _____

05 좋은 꿈 꿔라

06 _____ _____ _____ what these whales are doing in the picture?

06 여러분은 그림 속 이 고래들이 무엇을 하고 있는지 추측할 수 있는가?

07 It looks like they are standing up _____ _____ _____.

07 그것들은 무리를 지어 서 있는 것처럼 보인다.

08 But they _____ _____ _____!

08 그러나 그것들은 실제로는 잠을 자고 있다!

09 Humpback whales _____ _____ _____ _____ while they sleep.

09 혹등고래는 잠을 자는 동안 꼬리로 서 있는다.

10 They sleep _____ _____ _____.

10 그것들은 수면 근처에서 잠을 잔다.

11 Since they are not fish, they need to come up _____ _____.

11 그것들은 물고기가 아니기 때문에 숨을 쉬기 위해 위로 나올 필요가 있다.

12 Also, they _____ _____ _____ _____.

12 또한 그것들은 완전히 잠들지 않는다.

13 When they wake up, they _____ _____ _____ _____ _____ for a deep breath and dive back into the sea.

13 그것들은 잠에서 깨면 심호흡을 하러 물 밖으로 나왔다가 바다로 다시 뛰어든다.

14 _____ Your Meal

14 맛있게 먹어라

15 If you think fish are not smart, _____ _____ _____ _____ the tuskfish.

15 만약 물고기가 똑똑하지 않다고 생각한다면 tuskfish를 한번 봐라.

16 This small fish _____ _____ _____ _____ _____ uses a tool to open them.

16 가장 좋아하는 먹이가 조개인 이 작은 물고기는 조개를 열기 위해 도구를 사용한다.

17 Clams usually hide under the sand, so they _____ _____ _____ _____.

17 조개는 대개 모래 아래에 숨어 있어서 쉽게 발견될 수 없다.

18 The tuskfish blows on the sand _____ _____ _____ _____.

18 tuskfish는 조개가 나타날 때까지 모래에 입김을 분다.

19 The clam _____ _____ _____, so the fish cannot eat it.

19 조개가 단단히 닫혀 있어서 물고기는 그것을 먹을 수 없다.

20 But the tuskfish _____ _____ _____.

20 그러나 tuskfish는 포기하지 않는다.

21 It _____ the clam _____ a rock.

21 tuskfish는 조개를 바위에 내리친다.

22 _____ _____ _____, the clam opens and dinner is served.

22 마침내 조개가 열리고 밥상이 차려진다.

23 One, Two, Three, _____!

23 하나, 둘, 셋, 뛰어라!

24 You have probably seen a bird fly down to the sea _____ _____ _____ _____.

24 여러분은 아마 새가 물고기를 잡기 위해 바다로 날아 내려가는 것을 본 적이 있을 것이다.

25 But _____ _____ _____ _____ a fish jump out of the water to catch a bird?

25 그러나 물고기가 새를 잡기 위해 물 밖으로 뛰어오르는 것을 본 적이 있는가?

26 Well, birds _____ _____ _____ _____ when a giant trevally is around.

26 자, giant trevally가 주변에 있을 때 새들은 조심해야 한다.

27 This fish can _____ _____ _____ 170cm and 80kg.

27 이 물고기는 170센티미터에 80킬로그램까지 자랄 수 있다.

28 But don't _____ _____ _____ _____ you.

28 그러나 그 크기에 속지 마라.

29 This fish is _____ _____ _____.

29 이 물고기는 빠르고 똑똑하다.

30 It can spot a flying bird and calculate _____ _____ _____ _____.

30 그것은 날고 있는 새를 발견하고 그것(그새)의 속도와 거리를 계산할 수 있다.

31 _____ _____ _____ _____ _____, the giant trevally jumps out of the water and catches it.

31 새가 가까이에 날고 있을 때, giant trevally는 물 밖으로 뛰어올라 새를 잡는다.

R Reading

바른 어휘 · 어법 고르기

STEP A

글의 내용과 문장의 어법에 맞게 괄호 안에서 알맞은 어휘를 고르시오.

01   (Second-three / Two-thirds) of our planet is covered by oceans.

02   They are (full / empty) of wonder and are home to millions of species.

03   Every day, we are learning new things about (it / them).

04   Let's find out (about / at) some interesting sea animals.

05   Sweet (Dreams / Food)

06   Can you guess (what / that) these whales are doing in the picture?

07   It looks (as / like) they are standing up in a group.

08   But they are actually (slept / sleeping)!

09   Humpback whales stand on their tails (while / during) they sleep.

10   They sleep (near / far from) the surface.

11   (Until / Since) they are not fish, they need to come up to breathe.

12   Also, they don't fall (sleep / asleep) completely.

13   When they (wake up / sleep), they come out of the water for a deep breath and dive back into the sea.

14   (Cook / Enjoy) Your Meal

15   (If / Unless) you think fish are not smart, take a look at the tuskfish.

16   This small fish (whose / whom) favorite food is clams uses a tool to open them.

17   Clams usually hide under the sand, so they (can / cannot) be easily discovered.

18   The tuskfish blows on the sand (before / until) a clam appears.

19   The clam is closed tightly, so the fish cannot eat (it / them).

20   But the tuskfish (gives up / doesn't give up).

21   It (protects / smashes) the clam against a rock.

22   In the end, the clam opens and dinner (is served / serves).

23   One, Two, Three, (Dive / Jump)!

24   You have probably seen a bird (fly / to fly) down to the sea to catch a fish.

25   But have you ever (saw / seen) a fish jump out of the water to catch a bird?

26   Well, birds have to be (careful / carefully) when a giant trevally is around.

27   This fish can grow (up / up to) 170cm and 80kg.

28   But don't let its size (fool / fooled) you.

29   This fish is (slow / quick) and smart.

30   It can spot a flying bird and calculate (its / their) speed and distance.

31   When the bird flies nearby, the giant trevally jumps out of the water and (catches / catch) it.

Reading
틀린 문장 고치기

밑줄 친 부분이 내용이나 어법상 바르면 ○, 어색하면 ×에 표시하고 고쳐 쓰시오.

01 Two-thirds of our planet <u>covered</u> by oceans. ○ ×

02 They are full of wonder and <u>is</u> home to millions of species. ○ ×

03 Every day, we are learning new things about <u>them</u>. ○ ×

04 Let's <u>finding out</u> about some interesting sea animals. ○ ×

05 Sweet <u>Dreams</u> ○ ×

06 Can you guess what these whales <u>is</u> doing in the picture? ○ ×

07 It <u>looks</u> they are standing up in a group. ○ ×

08 But they <u>are actually sleeping</u>! ○ ×

09 Humpback whales stand on their <u>back</u> while they sleep. ○ ×

10 They sleep <u>near</u> the surface. ○ ×

11 <u>Although</u> they are not fish, they need to come up to breathe. ○ ×

12 Also, they don't fall asleep <u>complete</u>. ○ ×

13 <u>Before</u> they wake up, they come out of the water for a deep breath and dive back into the sea. ○ ×

14 <u>Enjoys</u> Your Meal ○ ×

15 <u>As</u> you think fish are not smart, take a look at the tuskfish. ○ ×

16 This small fish whose favorite food is clams <u>uses</u> a tool to open them. ○ ×

17 Clams usually hide under the sand, so they <u>cannot be easily discover</u>. ○ ×

18 The tuskfish blows on the sand until a clam disappears. ○ ✕

19 The clam is open tightly, so the fish cannot eat it. ○ ✕

20 But the tuskfish doesn't give up. ○ ✕

21 It smashes the clam against a rock. ○ ✕

22 In the end, the clam opens and dinner serves. ○ ✕

23 One, Two, Three, Jump! ○ ✕

24 You have probably seen a bird fly down to the sea catch a fish. ○ ✕

25 But have you ever seen a fish jumps out of the water to catch a bird? ○ ✕

26 Well, birds have to be careful when a giant trevally is around. ○ ✕

27 This fish can grows up to 170cm and 80kg. ○ ✕

28 But don't let its size fooling you. ○ ✕

29 This fish is quick and smart. ○ ✕

30 It can spot a flying bird and calculates its speed and distance. ○ ✕

31 When the bird flies nearby, the giant trevally jumps out of the water and catches it. ○ ✕

R 배열로 문장 완성하기

정답 보기 >> 30~31쪽

STEP A

주어진 단어를 바르게 배열하여 문장을 쓰시오.

01 우리 행성의 3분의 2는 대양들로 덮여 있다. (of / oceans / our planet / by / two-thirds / is covered)

→

02 그것들(대양들)은 신기한 것으로 가득 차 있으며 수많은 종의 서식지이다.

(are / home / wonder / are / full of / and / species / they / to / millions of)

→

03 매일 우리는 그들에 관한 새로운 것들을 배우고 있다. (new things / every day, / are learning / about them / we)

→

04 몇몇 흥미로운 바다 동물들을 알아보자. (sea animals / about / some interesting / find out / let's)

→

05 좋은 꿈 꿔라 (Dreams / Sweet)

→

06 여러분은 그림 속 이 고래들이 무엇을 하고 있는지 추측할 수 있는가?

(these whales / can / what / are doing / in the picture / guess / you)

→

07 그것들은 무리를 지어 서 있는 것처럼 보인다. (it / in a group / are standing up / looks like / they)

→

08 그러나 그것들은 실제로는 잠을 자고 있다! (are / but / actually sleeping / they)

→

09 혹등고래는 잠을 자는 동안 꼬리로 서 있다. (sleep / while / stand / humpback whales / on their tails / they)

→

10 그것들은 수면 근처에서 잠을 잔다. (near / sleep / they / the surface)

→

11 그것들은 물고기가 아니기 때문에 숨을 쉬기 위해 위로 나올 필요가 있다.

(come up / they / since / they / not / need to / to breathe / are / fish,)

→

12 또한 그것들은 완전히 잠들지 않는다. (fall asleep / also, / completely / they / don't)

→

13 그것들은 잠에서 깨면 심호흡을 하러 물 밖으로 나왔다가 바다로 다시 뛰어든다.

(and / when / into the sea / out of the water / they / wake up, / they / dive back / come / for a deep breath)

→

14 맛있게 먹어라 (Your / Enjoy / Meal)

→

15 만약 물고기가 똑똑하지 않다고 생각한다면 tuskfish를 한번 봐라.

(you / take a look at / if / fish / smart, / are not / the tuskfish / think)

→

16 가장 좋아하는 먹이가 조개인 이 작은 물고기는 그것들(조개)을 열기 위해 도구를 사용한다.

(whose / a tool / this small fish / uses / to open / favorite food / is / them / clams)

→

17 조개는 대개 모래 아래에 숨어 있어서 쉽게 발견될 수 없다.

(cannot / hide / clams / under the sand, / they / be easily discovered / so / usually)

→

18 tuskfish는 조개가 나타날 때까지 모래에 입김을 분다. (appears / until / the tuskfish / blows / a clam / on the sand)

→

19 조개가 단단히 닫혀 있어서 물고기는 그것을 먹을 수 없다. (it / cannot / is closed / the clam / eat / tightly, / so / the fish)

→

20 그러나 tuskfish는 포기하지 않는다. (doesn't / the tuskfish / but / give up)

→

21 그것(tuskfish)은 조개를 바위에 내리친다. (the clam / it / a rock / smashes / against)

→

22 마침내 조개가 열리고 밥상이 차려진다. (the clam / and / is served / in the end, / opens / dinner)

→

23 하나, 둘, 셋, 뛰어라! (One, / Jump / Three, / Two,)

→

24 여러분은 아마 새가 물고기를 잡기 위해 바다로 날아 내려가는 것을 본 적이 있을 것이다.

(to catch / a bird / you / a fish / have probably seen / fly down / to the sea)

→

25 그러나 물고기가 새를 잡기 위해 물 밖으로 뛰어오르는 것을 본 적이 있는가?

(jump / to catch / have you ever seen / a bird / a fish / out of the water / but)

→

26 자, giant trevally가 주변에 있을 때 새들은 조심해야 한다.

(when / birds / well, / be careful / a giant trevally / around / is / have to)

→

27 이 물고기는 170센티미터에 80킬로그램까지 자랄 수 있다. (170cm and 80kg / grow / this fish / up to / can)

→

28 그러나 그 크기에 속지 마라. (fool / its size / don't / let / you / but)

→

29 이 물고기는 빠르고 똑똑하다. (smart / quick / is / and / this fish)

→

30 그것은 날고 있는 새를 발견하고 그것(그 새)의 속도와 거리를 계산할 수 있다.

(spot / and / it / its speed and distance / can / a flying bird / calculate)

→

31 새가 가까이에 날고 있을 때, giant trevally는 물 밖으로 뛰어올라 새를 잡는다.

(jumps / the giant trevally / nearby, / flies / when / the bird / catches / it / out of the water / and)

→

[01-03] 다음 글을 읽고, 물음에 답하시오.

Two-thirds of our planet (A) is / are covered by oceans. They are full ___ⓐ___ wonder and are home to millions ___ⓑ___ species. Every day, we are (B) learned / learning new things about them. Let's find out about some interesting sea animals.

01 윗글의 (A)와 (B)에서 알맞은 것을 골라 쓰시오.

(A) _____ (B) _____

02 윗글의 빈칸 ⓐ와 ⓑ에 공통으로 들어갈 말로 알맞은 것은?

① in ② at ③ of
④ for ⑤ with

03 윗글 다음에 이어질 내용으로 가장 알맞은 것은?

① 바닷속의 신기한 지형
② 흥미로운 바다 동물들
③ 바다 동물의 진화 과정
④ 바다에 얽힌 신화와 전설
⑤ 인류가 바다를 이용해 온 예

[04-06] 다음 글을 읽고, 물음에 답하시오.

Can you guess what these whales are doing in the picture? (①) It looks like they are standing up in a group. (②) Humpback whales stand on their tails while they sleep. (③) They sleep near the surface. ___ⓐ___ they are not fish, they need to come up to breathe. (④) Also, they don't fall asleep completely. (⑤) When they wake up, they come out of the water for a deep breath and dive back into the sea.

04 윗글의 ①~⑤ 중 주어진 문장이 들어갈 알맞은 곳은?

But they are actually sleeping!

① ② ③ ④ ⑤

05 윗글의 빈칸 ⓐ에 들어갈 알맞은 접속사는?

① While ② Before ③ Since
④ Unless ⑤ Although

06 윗글의 혹등고래에 대한 내용과 일치하지 않는 것은?

① 잠을 자는 동안 꼬리로 서 있다.
② 수면 근처에서 잠을 잔다.
③ 숨을 쉬기 위해 물 밖으로 나와야 한다.
④ 완전히 잠들지 않는다.
⑤ 잠에서 깨자마자 물속 깊이 헤엄쳐 내려간다.

[07-11] 다음 글을 읽고, 물음에 답하시오.

If you think fish are not smart, take a look at the tuskfish. This small fish ___ⓐ___ favorite food is clams uses a tool to open them. Clams usually hide under the sand, so they cannot be easily (A) covered / discovered. The tuskfish blows on the sand until a clam (B) appears / disappears. The clam is closed tightly, so the fish cannot eat ⓑit. But the tuskfish ___ⓒ___. It smashes the clam against a rock. In the end, the clam (C) opens / is closed and dinner is served.

07 윗글의 빈칸 ⓐ에 들어갈 말로 알맞은 것은?

① who ② that ③ which
④ what ⑤ whose

고난도

08 윗글의 (A)~(C)에서 문맥상 알맞은 말이 바르게 짝 지어진 것은?

	(A)	(B)	(C)

① discovered – disappears – is closed

② covered   – appears   – opens

③ discovered – appears   – opens

④ covered   – disappears – is closed

⑤ discovered – appears   – is closed

09 윗글의 밑줄 친 ⓑit이 가리키는 것은?

① a rock   ② dinner

③ the sand   ④ the clam

⑤ the tuskfish

10 윗글의 빈칸 ⓒ에 들어갈 말로 알맞은 것은?

① doesn't give up

② spreads the sand

③ doesn't use a tool

④ doesn't want to eat it

⑤ tries to hide the clam

11 윗글을 읽고 tuskfish에 관해 알 수 있는 것은?

① 서식 환경

② 평균 수명

③ 이용하는 도구

④ 하루에 먹는 먹이의 양

⑤ 천적으로부터 자신을 보호하는 방법

[12-16] 다음 글을 읽고, 물음에 답하시오.

You ①have probably seen a bird fly down to the sea to catch a fish. But have you ever seen a fish ②to jump out of the water to catch a bird? Well, birds ___(A)___ when a giant trevally is around. This fish ③can grow up to 170cm and 80kg. But don't let ⓐits size fool you. This fish is quick and smart. ⓑIt can spot a ④flying bird and calculate ⓒits speed and distance. ⑤When the bird flies nearby, the giant trevally jumps out of the water and catches ⓓit.

고난도

12 윗글의 밑줄 친 ①~⑤ 중 어법상 틀린 것은?

①   ②   ③   ④   ⑤

13 윗글의 빈칸 (A)에 들어갈 말로 알맞은 것은?

① have to be careful

② use an interesting tool

③ can catch the fish easily

④ have no natural enemies

⑤ should communicate with each other

14 윗글의 밑줄 친 ⓐ~ⓓ 중 giant trevally를 가리키는 것끼리 짝 지어진 것은?

① ⓐ, ⓑ   ② ⓐ, ⓑ, ⓓ   ③ ⓑ, ⓒ

④ ⓑ, ⓒ, ⓓ   ⑤ ⓒ, ⓓ

15 다음 영어 뜻풀이에 해당하는 단어를 윗글에서 찾아 쓰시오.

> to find a number, answer, etc. by using mathematical processes

→ _____

16 윗글을 읽고 giant trevally에 대해 바르게 이해하지 <u>못한</u> 사람은?

① 민주: 물고기인데 물 밖으로 뛰어오를 수 있네.

② 세준: 170센티미터에 80킬로그램까지 자랄 수 있다니 큰 물고기구나.

③ 서희: 크기가 큰데도 느리지 않아.

④ 가연: 날고 있는 새의 속도와 거리를 계산할 수 있어.

⑤ 준수: 새를 유인해서 물속으로 뛰어들게 하는 게 정말 신기해.

[17-21] 다음 글을 읽고, 물음에 답하시오.

Can you guess what these whales are doing in the picture? It ①<u>looks like</u> they are standing up in a group. But they are actually sleeping! Humpback whales stand on their tails ___(A)___ they sleep. They sleep near the surface. Since they are not fish, they need to come up ⓐ<u>to breathe</u>. Also, they ②<u>don't fall asleep completely</u>. When they wake up, they come out of the water for a deep breath and dive back into the sea.

If you think fish are not smart, ③<u>take a look at the</u> tuskfish. This small fish whose favorite food is clams ___ⓑ___ a tool to open them. Clams usually hide under the sand, so they cannot be easily discovered. The tuskfish blows on the sand ___(B)___ a clam appears. The clam is closed tightly, so the fish cannot eat it. But the tuskfish ④<u>doesn't give up</u>. It smashes the clam against a rock. ⑤<u>In the end</u>, the clam opens and dinner is served.

17 윗글의 밑줄 친 ①~⑤의 우리말 뜻이 알맞지 <u>않은</u> 것은?

① ~처럼 보이다

② 완전히 잠들지 않는다

③ ~을 돌보다

④ 포기하지 않는다

⑤ 마침내

18 윗글의 빈칸 (A)와 (B)에 알맞은 접속사가 순서대로 짝 지어진 것은?

	(A)	(B)		(A)	(B)
①	before	– after	②	unless	– until
③	while	– until	④	unless	– after
⑤	while	– though			

19 윗글의 밑줄 친 ⓐto breathe와 쓰임이 같은 것은?

① She wants some bread <u>to eat</u>.

② It is important <u>to protect</u> nature.

③ Jina's dream is <u>to become</u> a pilot.

④ They all agreed <u>to go</u> to the beach.

⑤ I went to the library <u>to return</u> some books.

20 윗글의 빈칸 ⓑ에 들어갈 use의 형태로 알맞은 것은?

① used

② uses

③ is used

④ are used

⑤ are using

21 윗글을 읽고 답할 수 <u>없는</u> 질문은?

① Where do humpback whales sleep?

② Why do humpback whales come out of the water?

③ How many hours do humpback whales sleep a day?

④ Where do clams usually hide?

⑤ How does the tuskfish open the clam?

22 다음 글에 나온 혹등고래가 자는 모습을 우리말로 설명하시오.

> Can you guess what these whales are doing in the picture? It looks like they are standing up in a group. But they are actually sleeping! Humpback whales stand on their tails while they sleep. They sleep near the surface. Since they are not fish, they need to come up to breathe.

→ _____

[23-24] 다음 글을 읽고, 물음에 답하시오.

> If you think fish are not smart, take a look at the tuskfish. 가장 좋아하는 먹이가 조개인 이 작은 물고기는 그것들을 열기 위해 도구를 사용한다. Clams usually hide under the sand, so they cannot be easily discovered. The tuskfish blows on the sand until a clam appears. The clam is closed tightly, so the fish cannot eat it. But the tuskfish doesn't give up. It smashes the clam against a rock. In the end, the clam opens and dinner is served.

고/난도
23 윗글의 밑줄 친 우리말과 같도록 [조건]에 맞게 문장을 쓰시오.

> [조건]　1. 알맞은 관계대명사를 사용할 것
> 　　　　2. 괄호 안의 단어를 사용할 것

→ _____

_____

(small, food, clams, a tool)

24 다음 질문에 완전한 영어 문장으로 답하시오.

(1) Where do clams usually hide?

　→ _____

(2) How does the tuskfish open the clam?

　→ _____

[25-27] 다음 글을 읽고, 물음에 답하시오.

> You have probably seen a bird fly down to the sea to catch a fish. ⓐ그러나 물고기가 새를 잡기 위해 물 밖으로 뛰어오르는 것을 본 적이 있는가? Well, birds have to be careful when a giant trevally is around. This fish can grow up to 170cm and 80kg. ⓑBut don't let its size fool you. This fish is quick and smart. It can spot a flying bird and calculate its speed and distance. When the bird flies nearby, the giant trevally jumps out of the water and catches it.

25 윗글의 밑줄 친 ⓐ의 우리말과 같도록 주어진 말을 바르게 배열하여 문장을 완성하시오.

> have, catch, but, you, a fish, ever, to, seen, jump, the water, a bird, out of

　→ _____

_____

고/난도
26 윗글의 밑줄 친 ⓑ와 의미가 통하도록 다음 문장의 빈칸에 알맞은 말을 쓰시오.

→ The fish is very _____,
　but it is _____.

27 How does the giant trevally catch a flying bird? Answer in English.

　→ _____

_____

만점 노트

After You Read_A

I learned about oceans today. ❶ Two-thirds of our planet is covered by oceans. ❷ They are home to ❸ millions of species. ❹ There are many interesting facts about sea animals. ❺ For example, humpback whales stand on their tails ❻ while they sleep, and they sleep ❼ near the surface.

나는 오늘 대양에 대해 배웠다. 우리 행성의 3분의 2는 대양으로 덮여 있다. 대양은 수많은 종의 서식지이다. 바다 동물들에 관한 재미있는 사실이 많이 있다. 예를 들어, 혹등고래는 잠을 자는 동안 꼬리로 서 있고, 수면 근처에서 잠을 잔다.

❶ Two-thirds: 3분의 2 / 주어가 「분수＋of＋명사」인 경우 동사는 of 뒤의 명사의 수에 일치시킨다.
❷ = Oceans
❸ 수많은
❹ There are＋복수 명사(many interesting facts) ~.: ~이 있다.
❺ 예를 들어 (= For instance)
❻ ~하는 동안에 (시간 접속사)
❼ (전) ~에서 가까이

Think and Write_Step 1_동영상 Script

Beluga whale: Hello, I'm a beluga whale. I live in the Arctic Ocean. ❶ It's very cold. So my skin is very thick and ❷ about half of my body is fat. I also have a round head. ❸ When I'm hungry, I usually eat fish and clams. I'm white ❹ all over, so people also ❺ call me the white whale. ❻ When I ❼ was born, I was gray. But ❽ when I grew up, my body became white! I can make several sounds. I use these sounds to talk to other whales. Yes, we can communicate!

Octopus: Hello, I'm an octopus. I live on the ocean floor. ❾ I'm different from other ocean animals ❿ in many ways. I have no bones so I can move around easily in the ocean. I have eight arms. My favorite food is small fish. I can change the color of my skin ⓫ to hide from my enemies. ⓬ When I meet an enemy, I ⓭ shoot out dark black ink and swim away. Oh, one more thing. The color of my blood is blue.

Beluga 고래: 안녕하세요, 저는 Beluga 고래예요. 저는 북극해에 살아요. 북극해는 매우 추워요. 그래서 제 피부는 매우 두껍고 제 몸의 절반 정도는 지방이랍니다. 저는 또한 동그란 머리를 가졌어요. 저는 배가 고플 때 주로 물고기와 조개를 먹어요. 저는 온몸이 하얘서, 사람들은 저를 흰고래라고도 불러요. 태어났을 때 저는 회색이었어요. 하지만 자라자 제 몸은 흰색이 되었어요! 저는 몇몇 소리를 낼 수 있어요. 저는 이러한 소리들을 다른 고래들과 이야기할 때 사용해요. 맞아요, 우리는 의사소통을 할 수 있어요!

문어: 안녕하세요, 저는 문어예요. 저는 바다 바닥에 살아요. 저는 많은 면에서 다른 바다 동물들과 다르답니다. 저는 뼈가 없어서 바다에서 쉽게 돌아다닐 수 있어요. 저는 팔이 8개예요. 제가 가장 좋아하는 먹이는 작은 물고기예요. 저는 적으로부터 숨기 위해 피부색을 바꿀 수 있어요. 적을 만나면 저는 먹물을 내뿜고 헤엄쳐 가 버리지요. 오, 한 가지 더 있어요. 제 피 색깔은 파란색이에요.

❶ = The Arctic Ocean
❷ about (부) 약, 대략 / 주어가 「half＋of＋명사(my body)」인 경우 동사는 of 뒤의 명사의 수에 일치시킨다.
❸, ❻, ❽, ⓬ ~할 때 (시간 접속사)
❹ 전체에 걸쳐, 도처에
❺ call＋목적어(me)＋목적격보어(the white whale): (목적어)를 ~라고 부르다
❼ be born: 태어나다
❾ be different from: ~과 다르다
❿ 많은 면에서
⓫ '~하기 위해서'라는 의미의 목적을 나타내는 부사적 용법의 to부정사
⓭ 내뿜다

My Fun Animal: Beluga whale

I will introduce the beluga whale. It lives in the Arctic Ocean. It has a round head. It usually eats fish and clams. An interesting fact ❶ about the beluga whale is ❷ that it is white all over. ❸ That's why people call ❹ it the white whale. ❺ When it is born, it is gray. But ❻ when it grows up, its body becomes white! I ❼ want to see this animal ❽ with my own eyes!

My Fun Animal: Octopus

I will introduce the octopus. It lives on the ocean floor. It has no bones so it can move around easily in the ocean. It usually eats small fish. An interesting fact ❾ about the octopus is ❿ that it can change the color of its skin ⓫ to hide from its enemies. ⓬ When it meets an enemy, it shoots out dark black ink and swims away. I ⓭ want to see this animal with my own eyes!

나의 재미있는 동물: Beluga 고래

저는 Beluga 고래를 소개할게요. 그것은 북극해에 살아요. 그것은 동그란 머리를 가졌어요. 그것은 주로 물고기와 조개를 먹어요. Beluga 고래에 관한 흥미로운 사실은 온몸이 하얗다는 거예요. 그것이 사람들이 Beluga 고래를 흰고래라고 부르는 이유예요. Beluga 고래는 태어날 때 회색이에요. 하지만 자라면, 몸은 흰색이 돼요! 저는 제 눈으로 이 동물을 보고 싶어요!

나의 재미있는 동물: 문어

저는 문어를 소개할게요. 그것은 바다 바닥에서 살아요. 그것은 뼈가 없어서 바다에서 쉽게 돌아다닐 수 있어요. 그것은 주로 작은 물고기를 먹어요. 문어에 관한 흥미로운 사실은 적으로부터 숨기 위해 문어가 피부색을 바꿀 수 있다는 거예요. 그것은 적을 만나면, 먹물을 내뿜고 헤엄쳐 가 버리지요. 저는 제 눈으로 이 동물을 보고 싶어요!

❶. ❾ (전) ~에 관한
❸ That's why ~.: (그것이) ~한 이유이다.
❺. ❻. ⓬ ~할 때 (시간 접속사)
❽ 내 두 눈으로

❷. ❿ 보어로 쓰인 명사절을 이끄는 접속사
❹ = the beluga whale
❼. ⓭ want는 to부정사를 목적어로 취하는 동사
⓫ 부사적 용법의 to부정사 (목적)

- The Pacific Ocean is ❶ the largest and deepest ocean.
- The Atlantic Ocean is ❷ the second largest ocean.
- The Indian Ocean has ❸ the greatest number of plant and animal species.
- The Southern Ocean is a really cold ocean. You can find penguins there.
- The Arctic Ocean is ❹ the smallest of the five oceans.

· 태평양은 가장 크고 깊은 대양이다.
· 대서양은 두 번째로 큰 대양이다.
· 인도양에는 가장 많은 식물과 동물 종이 있다.
· 남극해는 정말 추운 대양이다. 그곳에서 펭귄을 발견할 수 있다.
· 북극해는 다섯 개의 대양 중 가장 작다.

❶ 형용사 large와 deep의 최상급 표현이 and로 연결되어 있음
❷ the+서수(second)+형용사의 최상급(largest): ~ 번째로 …한
❸ 가장 많은
❹ the smallest: 형용사 small의 최상급 표현 / of: ~ 중에서 (최상급에서 범위를 한정함)

Arctic Ocean

This is the smallest of the five oceans. It is very cold. It ❶ is surrounded by ❷ Europe, Asia and North America. Polar bears live around here!

북극해

이것은 다섯 개의 대양 중에서 가장 작다. 이 대양은 매우 춥다. 이 대양은 유럽, 아시아, 북아메리카에 둘러싸여 있다. 북극곰이 여기 주변에 산다!

❶ be surrounded by: ~에 둘러싸여 있다
❷ A, B and C로 열거함

STEP
A

[01-02] 다음 글을 읽고, 물음에 답하시오.

> I learned about oceans today. 우리 행성의 3분의 2는 대양으로 덮여 있다. They are home to millions of species. There are many interesting facts about sea animals. _____, humpback whales stand on their tails while they sleep, and they sleep near the surface.

서술형 **1**

01 윗글의 밑줄 친 우리말과 같도록 괄호 안의 단어들을 이용하여 문장을 완성하시오.

→ _____ by oceans.
　(of, planet, cover)

02 윗글의 빈칸에 들어갈 말로 알맞은 것은?

① However　　② Instead　　③ As a result
④ In addition　　⑤ For example

[03-05] 다음 글을 읽고, 물음에 답하시오.

> Hello, I'm a beluga whale. I live in the Arctic Ocean. It's very cold. So my skin is very thick and about half of my body is fat. (①) I also have a round head. (②) When I'm hungry, I usually eat fish and clams. (③) I'm white all over, so people also call me the white whale. (④) When I was born, I was gray. (⑤) I can make several sounds. I use these sounds to talk to other whales. Yes, we can _____!

03 윗글의 ①~⑤ 중 주어진 문장이 들어갈 알맞은 곳은?

> But when I grew up, my body became white!

①　　　②　　　③　　　④　　　⑤

04 윗글의 빈칸에 들어갈 말로 알맞은 것은?

① jump high
② communicate
③ catch fish easily
④ be friends with humans
⑤ travel up to 130km a day

05 윗글의 beluga 고래에 대한 내용과 일치하지 <u>않는</u> 것은?

① 매우 추운 바다에 산다.
② 피부가 매우 두껍다.
③ 동그란 머리를 가졌다.
④ 주로 물고기와 조개를 먹는다.
⑤ 태어났을 때부터 온몸이 하얗다.

[06-08] 다음 글을 읽고, 물음에 답하시오.

> Hello, I'm an octopus. I live on the ocean floor. I'm different ___ⓐ___ other ocean animals in many ways. (so, bones, move around, I, have, no, I, can, easily) in the ocean. I have eight arms. My favorite food is small fish. I can change the color of my skin to hide ___ⓑ___ my enemies. When I meet an enemy, I shoot out dark black ink and swim away. Oh, one more thing. The color of my blood is blue.

06 윗글의 빈칸 ⓐ와 ⓑ에 공통으로 들어갈 말로 알맞은 것은?

① on　　　②of　　　③ in
④ with　　　⑤ from

서술형 **2**

07 윗글의 괄호 안의 말을 바르게 배열하여 쓰시오.

→ _____

08 윗글을 읽고 문어에 대해 알 수 <u>없는</u> 것은?

① 사는 곳
② 평균 수명
③ 피의 색깔
④ 가장 좋아하는 먹이
⑤ 천적을 방어하는 방법

[09-10] 다음 글을 읽고, 물음에 답하시오.

I will ①<u>introduce</u> the beluga whale. It lives in the Arctic Ocean. It has a round head. It ②<u>usually eats</u> fish and clams. An interesting fact about the beluga whale is that it is white ③<u>all over</u>. That's ④<u>because</u> people call it the white whale. _____ⓐ_____ it is born, it is gray. But _____ⓑ_____ it grows up, its body becomes white! I want to see this animal ⑤<u>with my own eyes</u>!

09 윗글의 밑줄 친 ①~⑤ 중 흐름상 <u>어색한</u> 것은?

①   ②   ③   ④   ⑤

10 윗글의 빈칸 ⓐ와 ⓑ에 공통으로 알맞은 접속사는?

① If(if)
② When(when)
③ While(while)
④ Before(before)
⑤ Though(though)

[11-12] 다음 글을 읽고, 물음에 답하시오.

I will introduce the octopus. It lives on the ocean floor. It has no bones so it can move around easily in the ocean. It usually eats small fish. An interesting fact <u>about</u> the octopus is that it can change the color of its skin to hide from its enemies. When it meets an enemy, it shoots out dark black ink and swims away. I want to see this animal with my own eyes!

고
산도
11 윗글의 밑줄 친 about과 의미가 같은 것끼리 짝 지어진 것은?

ⓐ The repair of my bike will cost <u>about</u> $50.
ⓑ I'm looking for books <u>about</u> climate change.
ⓒ Fry the onion and garlic for <u>about</u> two minutes.
ⓓ When are you going to start the history project <u>about</u> Hangeul?

① ⓐ, ⓑ
② ⓐ, ⓒ
③ ⓐ, ⓑ, ⓓ
④ ⓑ, ⓓ
⑤ ⓒ, ⓓ

서술형 3
12 What does the octopus do when it meets an enemy? Answer in English.

→ _____

[13-14] 다음 글을 읽고, 물음에 답하시오.

Arctic Ocean

This is the (A)(small) of the five oceans. It is very cold. It (B)(surround) by Europe, Asia and North America. Polar bears live around here!

서술형 4
13 윗글의 (A)와 (B)의 괄호 안의 말을 알맞은 형태로 바꿔 쓰시오.

(A) _____   (B) _____

고
산도
14 윗글을 읽고 답할 수 있는 질문은?

① How large is the Arctic Ocean?
② How deep is the Arctic Ocean?
③ Do people live in the Arctic Ocean?
④ Which animals live around the Arctic Ocean?
⑤ How many islands are found in the Arctic Ocean?

Words

고득점 맞기

01 다음 중 짝 지어진 두 단어의 관계가 [보기]와 <u>다른</u> 것은?

> [보기]　　　　　　easy – easily

① tight – tightly　　　② final – finally
③ actual – actually　　④ friend – friendly
⑤ complete – completely

02 다음 영어 뜻풀이의 빈칸에 들어갈 말로 알맞은 것은?

> blow: to send out _____ from the mouth

① air　　　② water　　　③ food
④ things　　⑤ pieces

03 다음 영어 뜻풀이에 <u>모두</u> 해당하는 단어는?

> • a particular area or place
> • to see or notice someone or something that is difficult to see or find

① store　　　② spot　　　③ park
④ land　　　⑤ matter

04 다음 중 밑줄 친 부분의 쓰임이 알맞지 <u>않은</u> 것은?

① The ship can carry <u>up of</u> 10 tons.
② The weather is very cold <u>this time of year</u>.
③ Let's <u>take a look at</u> some wild animals that live in the jungle.
④ The super star receives <u>millions of</u> fan letters every month.
⑤ Clare didn't <u>give up</u> her dream and practiced playing the piano every day.

05 다음 빈칸에 들어가지 <u>않는</u> 단어는?

> • After I _____ the living room, my sister mopped the floor.
> • The master _____ all the vases except one with a hammer.
> • Dean _____ deeply before he started to speak again.
> • The scientists _____ how to predict an earthquake.

① smashed　　② vacuumed　　③ breathed
④ served　　　⑤ discovered

06 다음 빈칸에 공통으로 들어갈 단어를 주어진 철자로 시작하여 쓰시오.

> • Don't be such a _____!
> • The boy tries to _____ other people about his age.
> • Like a _____, I told my secret to everybody.

→ f_____

07 다음 대화의 빈칸에 들어갈 말로 알맞은 것은?

> A: Do you know where she _____ the treasure?
> B: No, but I've heard she made a map. If we find the map, we can find the treasure.

① dived　　　② hid　　　③ wondered
④ appeared　　⑤ completed

08 괄호 안의 우리말과 같도록 빈칸에 알맞은 말을 쓰시오.

> How long can camels _____ _____ water?
> (낙타는 얼마 동안 물 없이 지낼 수 있니?)

09 다음 밑줄 친 단어와 바꿔 쓸 수 있는 것은?

I completely forgot that it's Sam's birthday today.

① nearby   ② tightly   ③ friendly
④ probably   ⑤ totally

12 다음 중 단어의 영어 뜻풀이가 알맞지 <u>않은</u> 것은?

① surface: the upper layer of an area of land or water
② clam: a type of sea creature with a shell in two parts that can close together
③ calculate: to find a number, answer, etc. by using mathematical processes
④ smash: to jump into water, especially with your arms and head going in first
⑤ wonder: a feeling of surprise and admiration for something very beautiful or new

[10-11] 다음 빈칸에 들어갈 말이 순서대로 짝 지어진 것을 고르시오.

10 ⓐ My car is parked _____, so we can walk there.
ⓑ Dessert will be _____ after you finish your meals.
ⓒ Computers can _____ the total price much faster than we can.

① nearby – served – calculate
② abroad – surrounded – appear
③ nearby – surrounded – calculate
④ abroad – served – appear
⑤ nearby – served – appear

13 다음 빈칸에 들어갈 말을 [보기]에서 골라 쓰시오.

[보기]	distance	fact	enemy
	wonder	speed	species
	planet	tail	whale

(1) Measure the _____ between the two points.
(2) Some plant and animal _____ are found only in the Amazon rainforest.
(3) Her eyes grew with _____ when she saw the Grand Canyon.

11 ⓐ The temperature in July goes up _____ 42℃ in this area.
ⓑ Take a closer look _____ this painting.
ⓒ Ann spent the afternoon looking _____ the town.

① for – at – with
② for – for – with
③ to – at – around
④ to – for – around
⑤ to – at – with

고산도 신유형
14 다음 영어 뜻풀이에 해당하는 단어가 쓰인 문장은?

a piece of equipment you use with your hands for a particular task

① Heat the oven to a temperature of 230℃.
② This tool can be used in a variety of ways.
③ Mr. Brown's wish is to run his own restaurant.
④ Everyone should take part in protecting our planet.
⑤ The pond's surface was covered with red autumn leaves.

Listen & Speak
영작하기

정답 보기 >> 14~15쪽

우리말과 일치하도록 대화를 바르게 영작하시오.

STEP B

1 Listen and Speak 1-A

B: _____

G: _____

B: _____

G: _____

B: _____

해석   교과서 122쪽

B: 우리는 산 정상에 거의 다 왔어.
G: 나는 이 산이 얼마나 높은지 궁금해.
B: 그것(이 산)은 높이가 약 2,000미터야.
G: 와! 이것(이 산)은 정말 높은 산이구나.
B: 응, 맞아. 계속 올라가자.

2 Listen and Speak 1-B

B: _____

G: _____

B: _____

G: _____

B: _____

G: _____

B: _____

G: _____

교과서 122쪽

B: 텔레비전에 나온 아기 펭귄들을 봐. 아주 귀여워.
G: 응, 하지만 그들은 저곳에서 매우 추워 보여.
B: 그래. 남극은 지구상에서 가장 추운 곳이야.
G: 나는 그곳이 얼마나 추운지 궁금해.
B: 평균 기온이 7월에는 약 섭씨 영하 58도이고 12월에는 약 섭씨 영하 26도야.
G: 오, 그러면 그곳은 12월보다 7월이 더 춥구나. 흥미롭다!
B: 응. 비록 그곳은 매우 춥지만 눈은 많이 내리지 않아.
G: 그것도 흥미롭다!

3 Listen and Speak 1-C

A: _____

B: _____

A: _____

B: _____

A: _____

교과서 122쪽

A: 우리는 마침내 여기에 왔어.
B: 그래, 나는 매우 신이 나. 우리 둘러보자.
A: 나는 버스 정류장이 어디에 있는지 궁금해.
B: 그곳은 경찰서 앞에 있어.
A: 네 말이 맞네. 가자.

4 Listen and Speak 2-A

B: _____

G: _____

B: _____

G: _____

B: _____

교과서 123쪽

B: 바깥 날씨가 아주 좋아.
G: 그래. 오늘 오후에 소풍 가는 게 어때?
B: 좋은 생각이야. 날씨를 확인해 줄래?
G: 오, 이런! 일기 예보에서 오후에 비가 올 거래.
B: 그러면 다음에 가자.

5 Listen and Speak 2-B

교과서 123쪽

B: _____

G: _____

B: _____

G: _____

B: _____

G: _____

B: _____

G: _____

B: _____

해석

B: 수민아, 너는 일요일에 무엇을 할 거니?

G: 나는 등산을 갈 거야. 나와 함께 가겠니?

B: 그러고 싶어. 넌 어디로 가고 싶니?

G: 나는 남산에 가려고 생각 중이야.

B: 오, 매년 이맘때 그곳 경치는 아주 아름답지.

G: 맞아. 지금 빨간 단풍잎으로 덮여 있다고 들었어.

B: 좋아. 가장 짧은 등산 코스는 얼마나 걸리니?

G: 인터넷 정보에 따르면 약 두 시간 정도 걸린대.

B: 알겠어, 일요일에 봐!

6 Listen and Speak 2-C

교과서 123쪽

A: _____

B: _____

A: _____

B: _____

A: 너는 무엇을 하고 있니?

B: 나는 신문을 읽고 있어.

A: 재미있는 내용이 있니?

B: 이 기사에 따르면 과학자들이 새로운 행성을 발견했대.

7 Real Life Talk > Watch a Video

교과서 124쪽

Suji: _____

Tony: _____

Suji: _____

Tony: _____

Suji: _____

Tony: _____

Suji: _____

Tony: _____

수지: 이 사진을 봐!

Tony: 와! 낙타들이 사막에서 한 줄로 걸어가고 있네.

수지: 응. 사막은 매우 덥고 건조해 보여.

Tony: 나는 낙타들이 사막에서 물 없이 얼마나 오래 지낼 수 있는지 궁금해.

수지: 인터넷에서 찾아보자.

Tony: 그래. 인터넷 정보에 따르면 그들은(낙타는) 물 없이 2주 정도 지낼 수 있대.

수지: 와, 굉장하다! 낙타는 정말 흥미로운 동물이구나.

Tony: 나는 언젠가 사막에서 그들과 함께 여행하고 싶어.

STEP B

[01-02] 다음 대화를 읽고, 물음에 답하시오.

A: Look at the baby penguins on TV. They're so cute.

B: Yes, but they look very cold out there.

A: Yeah, the South Pole is the coldest place on Earth.

B: _____

A: The average temperature is about -58℃ in July and -26℃ in December.

B: Oh, then, July is colder than December there. Interesting!

A: Yes. Although it's very cold there, it doesn't snow much.

B: That's interesting, too!

01 위 대화의 빈칸에 들어갈 말로 알맞은 것은?

① How can we go there?

② I wonder how cold it is there.

③ What other animals live there?

④ The book says polar bears are endangered.

⑤ I'm curious about why the South Pole is so cold.

02 위 대화의 내용과 일치하면 T, 일치하지 않으면 F로 표시할 때, 순서대로 짝 지어진 것은?

ⓐ They are watching TV.

ⓑ December is the coldest month in the South Pole.

ⓒ It snows a lot in the South Pole.

ⓓ They don't know where the coldest place in the world is.

① T – T – F – F ② T – F – T – F ③ T – F – F – F

④ F – T – F – F ⑤ F – F – T – T

[03-04] 다음 대화를 읽고, 물음에 답하시오.

A: Sumin, what are you going to do on Sunday?

B: I'm going to go hiking. Do you want to join me, Brian?

A: I'd love to. (①)

B: I'm thinking of going to Namsan. (②)

A: Oh, the scenery there is so beautiful this time of year. (③)

B: Right. I heard that it's covered with red autumn leaves now. (④)

A: Great. How long does the shortest hiking course take?

B: The Internet says it takes about two hours. (⑤)

A: Okay, see you on Sunday!

03 위 대화의 ①~⑤ 중 주어진 문장이 들어갈 알맞은 곳은?

Where do you want to go?

①   ②   ③   ④   ⑤

04 위 대화를 바르게 이해하지 못한 사람은?

① 시윤: 두 사람은 일요일에 만나겠네.

② 민재: 지금 계절은 가을이구나.

③ 보라: 수민이는 원하는 정보를 인터넷에서 찾았어.

④ 지우: Brian은 남산에 대해 아는 것이 전혀 없구나.

⑤ 세진: 남산의 가장 짧은 등산 코스가 약 두 시간 정도 걸리네.

05 다음 중 짝 지어진 대화가 자연스럽지 않은 것은?

① A: I wonder what the smallest country is in the world.

B: Let's find out on the Internet.

② A: This mountain is about 2,000m high.

B: Wow! It is a really high mountain.

③ A: I wonder where the bus stop is.

B: You can take the No. 1005 bus.

④ A: What is the longest river in the world?

B: I think it's the Amazon River.

⑤ A: Is there anything interesting in the newspaper?

B: This article says scientists have discovered a new planet.

서술형

06 다음 대화의 빈칸에 알맞은 말을 [보기]에서 골라 쓰시오.

A: (1) _____

B: Yeah. How about going on a picnic this afternoon?

A: (2) _____ Can you check the weather?

B: Oh, no! (3) _____

A: Let's go another time, then.

[보기]
- Good idea.
- Let's keep going.
- The weather is so nice outside.
- The weather is very cold outside.
- The weather forecast says it'll be rainy in the afternoon.
- The newspaper says the weather was good yesterday.

07 다음 대화의 밑줄 친 우리말을 [조건]에 맞게 영작하시오.

[조건]　1. 괄호 안의 단어들 중 필요 없는 두 단어는 빼고 사용할 것

2. 대소문자를 구별하고 문장 부호를 정확히 쓸 것

A: <u>나는 에베레스트산이 얼마나 높은지 궁금해.</u>

B: The Internet says it is about 8,850m high.

→ _____

(how, I, long, wonder, Mt. Everest, high, is, what)

08 다음 기사 정보를 읽고, 대화를 완성하시오.

The blue whale is the largest animal in the world. It is about 30m long.

A: Which is (1) _____?

B: It's the blue whale.

A: I wonder (2) _____ it is.

B: The article says (3) _____

_____.

A: That's amazing!

[09-10] 다음 대화를 읽고, 물음에 답하시오.

Suji: Check out this picture!

Tony: Wow! The camels are walking in a line in the desert.

Suji: Yeah. The desert looks very hot and dry.

Tony: I wonder how long camels can go without water in the desert.

Suji: Let's find out on the Internet.

Tony: Okay. The Internet says they can go about two weeks without water.

Suji: Wow, that's amazing! Camels are really interesting animals.

Tony: I want to travel with them in the desert someday.

09 다음 질문에 완전한 영어 문장으로 답하시오.

Q: What are the camels in the picture doing?

A: _____

10 위 대화의 내용과 일치하도록 다음 글을 완성하시오.

Tony wonders how long camels can go without water in the desert. According to (1) _____, camels (2) _____ _____. Tony wants to (3) _____.

01 다음 빈칸에 들어갈 수 <u>없는</u> 것은?

> Lucy is a pianist whose _____.

① house is in Busan
② brother is a composer
③ pet is a colorful parrot
④ her concerts are always sold out
⑤ portrait is in the gallery

[02-03] 다음 빈칸에 알맞은 말이 순서대로 짝 지어진 것을 고르시오.

02
- The novels _____ J. K. Rowling wrote are read in many countries.
- We are looking for students _____ can do volunteer work on Sundays.
- Helen is the girl _____ sneakers are red and white.

① whose – who – that
② whose – which – which
③ that – who – which
④ which – who – whose
⑤ which – that – whom

03
- _____ you were out, someone knocked on the door.
- Do not start eating _____ the food is served to everyone.
- We have to protect our planet _____ it's too late.

① While – until – before
② Unless – since – after
③ While – since – before
④ Unless – until – before
⑤ While – until – after

04 다음 두 문장을 한 문장으로 바르게 연결한 것은?

> Chris is my neighbor. His dog is very big.

① Chris is my neighbor that dog is very big.
② Chris is my neighbor what dog is very big.
③ Chris is my neighbor whom dog is very big.
④ Chris is my neighbor whose dog is very big.
⑤ Chris is my neighbor whose his dog is very big.

05 다음 우리말을 영어로 옮길 때, 사용하지 <u>않는</u> 단어를 <u>모두</u> 고르면?

> 내가 롤러스케이트 한 켤레를 산 후에 Joan이 내게 그것을 타는 법을 보여 줄 것이다.
> → _____ a pair of roller skates, Joan will show me how to ride them.

① I   ② after   ③ will
④ buy   ⑤ before

06 다음 중 밑줄 친 부분을 생략할 수 <u>없는</u> 것을 <u>모두</u> 고르면?

① Look at the boy <u>whose</u> hair is blond.
② Mary is wearing a hat <u>which</u> her mom made.
③ Do you remember <u>what</u> you had for dinner?
④ The picture <u>which</u> you're looking at is my favorite.
⑤ The people <u>who</u> live in this village are very friendly.

07 다음 [보기]의 밑줄 친 when과 쓰임이 같은 것은?

> [보기]   The bell rang <u>when</u> I turned on the radio.

① Could you tell me <u>when</u> to arrive?
② <u>When</u> does your new song come out?
③ I want to know <u>when</u> the bridge was built.
④ He asked me <u>when</u> the summer vacation started.
⑤ My voice becomes very low <u>when</u> I speak in public.

08 다음 밑줄 친 부분 중 어법상 옳은 것은?

① I know a girl that mother is a famous scientist.

② Don't put off until tomorrow which you can do today.

③ The bicycle what I bought last week is already broken.

④ The horse whose nose is white belongs to Mr. Moore.

⑤ Have you seen a man whom looks like the person in this photo?

09 다음 중 두 문장의 밑줄 친 부분의 의미가 같은 것은?

① He met many foreigners while he was abroad.
While Kelly is outgoing, her twin sister is shy.

② The baby kept crying until his mom arrived.
Let's wait inside the building until the rain stops.

③ They have been friends since they were 12.
We canceled the picnic since Peter had a bad cold.

④ I wonder if Robert knows the truth.
If you have any questions, feel free to contact us.

⑤ Do you remember when the car accident happened?
When my eyes are tired, I close them for a moment.

10 다음 대화의 밑줄 친 ①~⑤ 중 어법상 틀린 것은?

A: Did you go to the flea market ①which was held in Green Park?

B: Yes, I did. ②There were lots of useful items ③that were almost new.

A: Great. Did you get anything from the market?

B: Yes, I did. I bought a blue backpack ④which pocket was very big. What about you?

A: Well, I wanted ⑤to go there, but I couldn't. I had to take care of my little brother.

11 다음 중 빈칸에 whose를 쓸 수 없는 것은?

① Do you know _____ smartphone it is?

② Look at the car _____ is covered with dust.

③ Shrek is a friendly monster _____ body is green.

④ The boy _____ eyes are green is Jane's cousin.

⑤ Would you show me a shirt _____ sleeves are short?

12 다음 중 어법상 틀린 문장끼리 짝 지어진 것은?

ⓐ We went to a town whose bus system was convenient.

ⓑ A shoplifter is a person whose steals things from a shop.

ⓒ Can you take care of my cats during I'm in the hospital?

ⓓ After Rosa read the fantasy novels, she lent them to Colin.

① ⓐ, ⓑ   ② ⓑ, ⓒ   ③ ⓑ, ⓓ

④ ⓑ, ⓒ, ⓓ   ⑤ ⓒ, ⓓ

13 다음 중 문장에 대한 설명을 바르게 말하지 못한 사람을 모두 고르면?

① Look at the monkey whose tail is 13cm long.
→ 보미: 선행사가 동물인 the monkey이므로 whose를 which로 바꿔야 해.

② I'll tell them the news after they will finish their work.
→ 지원: 시간의 부사절은 미래의 의미를 현재시제로 나타내므로 will을 삭제해야 해.

③ Emma waited outside until the department store opened.
→ 가람: until은 '~할 때까지'라는 의미의 시간을 나타내는 접속사야.

④ Since this Tuesday is a holiday, we don't have to go to school.
→ 민서: Since는 When으로 바꿔 써도 같은 의미를 나타내.

⑤ This donation will be used for families whose homes were destroyed by the storm.
→ 준민: whose는 소유격 관계대명사로 whose가 이끄는 관계대명사절이 선행사 families를 수식해.

서술형

14 다음 두 문장을 관계대명사를 사용하여 한 문장으로 연결하여 쓰시오.

(1) I met a boy. His dream is to be a scientist.

→ _____

(2) Can you see the man? His arm is broken.

→ _____

(3) I'm looking for a book. I borrowed it from Bill yesterday.

→ _____

(4) Look at the spiders. Their shapes are all similar.

→ _____

15 다음 우리말과 같도록 [조건]에 맞게 문장을 완성하시오.

> [조건]　　1. [보기]의 접속사 중 하나를 골라 사용할 것
> 　　　　　2. 괄호 안의 말을 이용할 것
> 　　　　　3. 시제를 정확하게 쓸 것

> [보기]　　after　　if　　when　　because
> 　　　　　until　　while　　since　　before

(1) 내가 너에게 멈추라고 말할 때까지 계속 가.
(keep, go, tell, stop)

→ _____

_____

(2) 그녀는 스페인을 떠난 후에 자신의 이름을 바꾸었다.
(change, name, leave)

→ _____

_____

(3) 나는 태어난 이후로 서울에서 살아 왔다. (live, be born)

→ _____

_____

(4) Lucas가 정원에서 꽃에 물을 줄 때 나는 설거지를 했다.
(wash, the dishes, water, the flowers)

→ _____

_____

16 다음 중 어법상 틀린 문장을 모두 찾아 기호를 쓴 후, 문장을 바르게 고쳐 쓰시오. ^{고/난도}

> ⓐ The woman we met yesterday is a lawyer.
> ⓑ I want to visit the British Museum while I will be in London.
> ⓒ Our soccer team won the every game after Jacob joined our team.
> ⓓ Charlotte is a wise spider whose best friend is Wilbur.
> ⓔ The present whose my aunt sent to me hasn't arrived yet.

(　　) → _____

_____

(　　) → _____

_____

17 주어진 [조건]에 맞게 다음 대화를 완성하시오.

> [조건]　　1. 괄호 안의 말을 바르게 배열할 것
> 　　　　　2. (1)과 (3)은 [보기]의 접속사 중 하나를 골라 사용할 것
> 　　　　　3. (2)는 알맞은 관계대명사를 사용할 것

> [보기]　　after　　　while　　　since

A: I'm home, Mom.

B: Oh, Mike. I fell asleep for a while. Did you go out with Lucky?

A: Yes, Mom. (1) _____, (were, you, sleeping) I walked Lucky around the park.

B: Sounds great! You're a good boy.

A: In the park, (2) _____. (a dog, I, were, saw, short, very, legs) It was really cute.

B: Great. Will you have lunch now?

A: Well, (3) _____.

(I'll, lunch, I, have, take, a shower)

다음 우리말과 일치하도록 각 문장을 바르게 영작하시오.

01 _____

우리 행성의 3분의 2는 대양들로 덮여 있다.

02 _____

☆ 그것들(대양들)은 신기한 것으로 가득 차 있으며 수많은 종의 서식지이다.

03 _____

매일 우리는 그들에 관한 새로운 것들을 배우고 있다.

04 _____

몇몇 흥미로운 바다 동물들을 알아보자.

05 _____

좋은 꿈 꿔라

06 _____

여러분은 그림 속 이 고래들이 무엇을 하고 있는지 추측할 수 있는가?

07 _____

그것들은 무리를 지어 서 있는 것처럼 보인다.

08 _____

그러나 그것들은 실제로는 잠을 자고 있다!

09 _____

☆ 혹등고래는 잠을 자는 동안 꼬리로 서 있는다.

10 _____

그것들은 수면 근처에서 잠을 잔다.

11 _____

그것들은 물고기가 아니기 때문에 숨을 쉬기 위해 위로 나올 필요가 있다.

12 _____

또한 그것들은 완전히 잠들지 않는다.

13 _____

☆ 그것들은 잠에서 깨면 심호흡을 하러 물 밖으로 나왔다가 바다로 다시 뛰어든다.

14 _____

맛있게 먹어라

15 _____

만약 물고기가 똑똑하지 않다고 생각한다면 tuskfish를 한번 봐라.

16

_____

☆ 가장 좋아하는 먹이가 조개인 이 작은 물고기는 그것들(조개)을 열기 위해 도구를 사용한다.

17

_____

조개는 대개 모래 아래에 숨어 있어서 쉽게 발견될 수 없다.

18

_____

☆ tuskfish는 조개가 나타날 때까지 모래에 입김을 분다.

19

_____

조개가 단단히 닫혀 있어서 물고기는 그것을 먹을 수 없다.

20

_____

그러나 tuskfish는 포기하지 않는다.

21

_____

☆ 그것(tuskfish)은 조개를 바위에 내리친다.

22

_____

마침내 조개가 열리고 밥상이 차려진다.

23

_____

하나, 둘, 셋, 뛰어라!

24

_____

여러분은 아마 새가 물고기를 잡기 위해 바다로 날아 내려가는 것을 본 적이 있을 것이다.

25

_____

그러나 물고기가 새를 잡기 위해 물 밖으로 뛰어오르는 것을 본 적이 있는가?

26

_____

☆ 자, giant trevally가 주변에 있을 때 새들은 조심해야 한다.

27

_____

이 물고기는 170센티미터에 80킬로그램까지 자랄 수 있다.

28

_____

그러나 그 크기에 속지 마라.

29

_____

이 물고기는 빠르고 똑똑하다.

30

_____

그것은 날고 있는 새를 발견하고 그것(새)의 속도와 거리를 계산할 수 있다.

31

_____

☆ 새가 가까이에 날고 있을 때, giant trevally는 물 밖으로 뛰어올라 그것(새)을 잡는다.

고득점 맞기

[01-04] 다음 글을 읽고, 물음에 답하시오.

①Two-thirds of our planet are covered by oceans. They are full of wonder and are home to millions of species. ②Every day, we are learning new things about them. Let's find out about some interesting sea animals.

③Can you guess what these whales are doing in the picture? ④It looks likely they are standing up in a group. But they are actually ____ⓐ____! Humpback whales stand on their tails (A) until / while they sleep. They sleep near the surface. (B) Since / After they are not fish, they need to come up to breathe. ⑤Also, they don't fall asleep completely. (C) When / Unless they wake up, they come out of the water for a deep breath and dive back into the sea.

01 윗글의 빈칸 ⓐ에 들어갈 말로 알맞은 것은?

① eating
② sleeping
③ playing
④ swimming
⑤ breathing

02 윗글의 (A), (B), (C)에 알맞은 말이 순서대로 짝 지어진 것은?

	(A)	(B)	(C)
①	while	After	Unless
②	until	Since	Unless
③	while	Since	When
④	until	After	When
⑤	while	Since	Unless

고
산도 신
유형

03 윗글의 밑줄 친 ①~⑤ 중 어법상 <u>틀린</u> 문장의 개수는?

① 0개
② 1개
③ 2개
④ 3개
⑤ 4개

04 윗글을 읽고 알 수 없는 것을 <u>모두</u> 고르면?

① 지구에서 대양이 차지하는 비율
② 가장 깊은 바다의 깊이
③ 혹등고래의 잠자는 모습
④ 혹등고래가 물고기가 아닌 이유
⑤ 혹등고래가 잠에서 깨면 물 밖으로 나오는 이유

[05-09] 다음 글을 읽고, 물음에 답하시오.

①Since you think fish are not smart, take a look at the tuskfish. This small fish ②which favorite food is clams ③uses a tool ⓐto open them. Clams usually hide under the sand, so they cannot be easily discovered. The tuskfish blows on the sand _____ⓑ_____. The clam ④is closed tightly, so the fish cannot eat it. But the tuskfish doesn't give up. It smashes the clam against a rock. In the end, the clam opens and dinner ⑤serves.

05 윗글의 밑줄 친 ①~⑤를 바르게 고치지 <u>못한</u> 것은?

① Since → If
② which → whose
③ uses → use
④ is closed tightly → 고칠 필요 없음
⑤ serves → is served

06 윗글의 밑줄 친 ⓐto open과 쓰임이 같은 것은?

① Kevin wishes to make his dream come true someday.

② I have something to tell you about the school festival.

③ It's difficult for me to wake up early on Sundays.

④ The badminton player practiced very hard to win the competition.

⑤ My club members decided to do wall paintings as volunteer work.

07 윗글의 빈칸 ⓑ에 들어갈 말로 알맞은 것은?

① while a clam is moving

② until a clam appears

③ after a clam disappears

④ unless a clam passes by

⑤ because a clam has hard shells

신유형

08 다음 영어 뜻풀이에 해당하는 단어 중 윗글에서 찾을 수 없는 것은?

① to send out air from the mouth

② to break something into many pieces

③ the upper layer of an area of land or water

④ to see, find, or become aware of something for the first time

⑤ a piece of equipment you use with your hands for a particular task

09 윗글의 내용과 일치하는 것은?

① The tuskfish is a giant fish.

② The tuskfish doesn't like eating clams.

③ Clams are usually found between rocks.

④ It is impossible for tuskfish to find clams.

⑤ The tuskfish uses a rock to open clams.

[10-12] 다음 글을 읽고, 물음에 답하시오.

You have probably seen a bird fly down to the sea to catch a fish. But have you ever seen a fish jump out of the water to catch a bird? (①) Well, birds have to be careful when a giant trevally is around. (②) This fish can grow up to 170cm and 80kg. (③) This fish is quick and smart. (④) It can spot a flying bird and calculate its speed and distance. (⑤) When the bird flies nearby, the giant trevally jumps out of the water and catches it.

10 윗글의 ①~⑤ 중 주어진 문장이 들어갈 알맞은 곳은?

> But don't let its size fool you.

①   ②   ③   ④   ⑤

11 윗글의 밑줄 친 spot과 의미가 같은 것은?

① There was a big spot on the curtain.

② We're looking for a good spot for the picnic.

③ You should wash the spot from the T-shirt.

④ I think this is the best spot to hold a flea market.

⑤ I could spot you easily in the audience because you were wearing a big hat.

고난도

12 윗글을 읽고 답할 수 없는 질문은?

① How big can the giant trevally grow?

② What can the giant trevally calculate?

③ What is the giant trevally's favorite food?

④ How does the giant trevally catch the bird?

⑤ Why do birds have to be careful when a giant trevally is around?

서술형

[13-14] 다음 글을 읽고, 물음에 답하시오.

(can, whales, what, these, guess, doing, are, you) in the picture? It looks like they are standing up in a group. But they are actually sleeping! Humpback whales stand on their tails while they sleep. They sleep near the surface. Since they are not fish, they need to come up to breathe. Also, they don't fall asleep completely. When they wake up, they come out of the water for a deep breath and dive back into the sea.

13 윗글의 괄호 안의 단어들을 바르게 배열하여 문장을 완성하시오.

→ _____

14 다음 질문에 완전한 영어 문장으로 답하시오.

Q: Why do humpback whales come out of the water when they wake up?

A: _____

[15-16] 다음 글을 읽고, 물음에 답하시오.

If you think fish are not smart, take a look at the tuskfish. This small fish which favorite food is clams uses a tool to open them. Clams usually hide under the sand, so they cannot easily discover. The tuskfish blows on the sand until a clam appears. The clam is closed tightly, so the fish cannot eat it. But the tuskfish doesn't give up. It smashes the clam against a rock. In the end, the clam opens and dinner is served.

고
난도
15 윗글에서 어법상 틀린 문장을 두 개 찾아 문장을 바르게 고쳐 쓰시오.

(1) _____

(2) _____

16 윗글의 내용과 일치하도록 다음 대화를 완성하시오.

A: Have you heard of the tuskfish?

B: No, I haven't. Can you tell me about it?

A: Sure. (1) _____
is clams.

B: Clams? Well, clams usually hide under the sand. How does the tuskfish find a clam?

A: This fish (2) _____
_____.

B: That's interesting!

A: Yeah. But the clam is closed tightly, so the fish (3) _____.

B: Oh, the tuskfish is very smart!

고
난도
17 다음 글을 읽고, giant trevally에 대한 표를 완성하시오.

Have you ever seen a fish jump out of the water to catch a bird? Well, birds have to be careful when a giant trevally is around. This fish can grow up to 170cm and 80kg. But don't let its size fool you. This fish is quick and smart. It can spot a flying bird and calculate its speed and distance. When the bird flies nearby, the giant trevally jumps out of the water and catches it.

Giant Trevally

how big	(1) It can _____.
how smart	(2) It can spot a flying bird and _____.
how to catch the bird	(3) _____

서술형 100% TEST

01 다음 빈칸에 알맞은 단어를 [조건]에 맞게 쓰시오.

You need to _____ through the nose, not through the mouth.

[조건] 1. The word starts with "b."
2. The word has 7 letters.
3. The word means "to move air into and out of your lungs."

02 ^고/_{난도} 주어진 문장의 밑줄 친 단어를 포함하는 문장을 [조건]에 맞게 영작하시오.

[조건] 1. 주어진 문장의 spot과 같은 의미로 쓸 것
2. 주어와 동사를 포함한 완전한 문장으로 쓸 것

It is not easy to spot stars at night in a city.

→ _____

03 다음 문장의 빈칸에 알맞은 말을 [보기]에서 골라 쓴 후, 문장을 우리말로 해석하시오.

[보기]   millions of   go without
all over   in the end   up to

(1) How long can humans _____ food?
→ 해석: _____
(2) The trees can grow _____ 30 meters.
→ 해석: _____
(3) This medicine can save _____ lives.
→ 해석: _____

04 다음 지도를 보고, 괄호 안의 단어를 사용하여 대화의 빈칸에 알맞은 문장을 쓰시오.

A: We're finally here.
B: Yes, I'm so excited. Let's look around.
A: _____
(wonder, where)
B: It's between the café and the bakery.
A: You're right. Let's go.

05 ^고/_{난도} 다음 대화의 밑줄 친 우리말을 [조건]에 맞게 영작하여 대화를 완성하시오.

[조건] 1. 괄호 안의 말을 사용할 것
2. (1)에는 총 8단어의 문장을 쓸 것
3. (2)에는 축약형을 포함한 총 10단어의 문장을 쓸 것

A: The weather is so nice outside.
B: Yeah. (1) 오늘 오후에 소풍 가는 게 어때? (how, going)
A: Good idea. Can you check the weather?
B: Oh, no! (2) 일기 예보에 따르면 오후에 비가 내릴 거래.
(the weather forecast, it'll, rainy, in)
A: Let's go another time, then.

(1) _____
(2) _____

06 다음 대화의 내용과 일치하도록 아래 글을 완성하시오.

> A: Look at the baby penguins on TV. They're so cute.
> B: Yes, but they look very cold out there.
> A: Yeah, the South Pole is the coldest place on Earth.
> B: I wonder how cold it is there.
> A: The average temperature is about -58℃ in July and -26℃ in December.
> B: Oh, then, July is colder than December there. Interesting!
> A: Yes. Although it's very cold there, it doesn't snow much.
> B: That's interesting, too!
>
> ▼
>
> The coldest place on Earth is (1) _____. The average temperature is about -58℃ (2) _____ and -26℃ (3) _____. The interesting thing is that July is (4) _____ December there. Also, (5) _____ though it's very cold there.

07 다음 괄호 안의 말을 바르게 배열하여 대화를 완성하시오.

> A: Check out this picture!
> B: Wow! (1) _____ _____ (are, in the desert, the camels, in a line, walking)
> A: Yeah. The desert looks very hot and dry.
> B: (2) _____ _____ (how long, I, camels, go, wonder, water, without, in the desert, can)
> A: Let's find out on the Internet.

08 다음 인터넷 정보와 일치하도록 아래 대화를 완성하시오.

> Do you know which planet is the biggest in the solar system? The answer is Jupiter. It is over 11 times bigger than Earth. How amazing!

> A: Which is the biggest planet in the solar system?
> B: It's Jupiter.
> A: I wonder (1) _____.
> B: The Internet (2) _____ _____.
> A: That's amazing!

09 다음 문장을 어법상 바르게 고쳐 다시 쓰시오.

(1) Dean is the student who nickname is Smile Prince.
   → _____
(2) I want to ride a horse tail is black.
   → _____
(3) We're looking for the girl whose is wearing a blue hat.
   → _____

10 자연스러운 문장이 되도록 빈칸에 알맞은 말을 자유롭게 쓰시오.

(1) When I was young, _____.
(2) _____ until it got dark.
(3) _____ after I have dinner.

11 다음 [조건]에 맞게 문장을 완성하시오.

> [조건]　1. [보기]에서 알맞은 말을 하나씩 골라 사용할 것
> 　　　　2. 알맞은 관계대명사를 사용할 것

> [보기]　I do in my free time
> 　　　　hobby is rock-climbing
> 　　　　top is covered with snow
> 　　　　was written by Shakespeare

(1) I met a woman _____

_____.

(2) Drawing is _____

_____.

(3) Look at the mountain _____

_____.

(4) He bought a book _____

_____.

12 다음 우리말과 같도록 [조건]에 맞게 영작하시오.

> [조건]　1. 괄호 안의 말을 사용할 것
> 　　　　2. (1), (2)는 알맞은 관계대명사를 사용할 것
> 　　　　3. (3), (4)는 알맞은 접속사를 사용할 것

(1) 몸이 파란색인 Genie는 요술램프 속에 산다.

(body, in a magic lamp)

→ _____

(2) 스마트폰을 도난당한 그 학생은 경찰을 불렀다.

(stolen, called, the police)

→ _____

(3) 나는 숙제를 마친 후에 Bill과 테니스를 칠 것이다.

(finish, play)

→ _____

(4) 우리는 그가 이탈리아에 간 이후로 그에게서 소식을 듣지 못했다.

(heard, went, Italy)

→ _____

13 다음 글의 밑줄 친 우리말과 같도록 [조건]에 맞게 문장을 완성하시오.

Can you guess what these whales are doing in the picture? It looks like they are standing up in a group. But they are actually sleeping! (1) 혹등고래는 그들이 잠을 자는 동안 그들의 꼬리로 서 있다. They sleep near the surface. (2) 그들은 물고기가 아니기 때문에 숨을 쉬기 위해 위로 나올 필요가 있다. Also, they don't fall asleep completely. When they wake up, they come out of the water for a deep breath and dive back into the sea.

> [조건]　1. [보기]에서 알맞은 접속사를 하나씩 골라 사용할 것
> 　　　　2. 괄호 안의 말을 사용할 것

> [보기]　if　after　since　while　until　though

(1) Humpback whales _____

_____. (stand on, tails)

(2) _____, they

_____. (need, come up)

[14-16] 다음 글을 읽고, 물음에 답하시오.

If you think fish are not smart, take a look at the tuskfish. (small fish, favorite food, are, a tool, this, whose, clams, uses, which, is) to open them. Clams usually hide under the sand, so they cannot be easily discovered. The tuskfish blows on the sand until a clam appears. The clam is closed tightly, so the fish cannot eat it. But the tuskfish doesn't give up. It smashes the clam against a rock. In the end, the clam opens and dinner is served.

14 윗글의 괄호 안의 말 중 필요 없는 두 개를 빼고 바르게 배열하여 문장을 완성하시오.

→ _____

_____ to open them.

15 Why cannot be clams easily discovered?
Answer in English.

→ _____

16 tuskfish가 조개를 여는 방법을 우리말로 설명하시오.

→ _____

고
난도
17 다음 글의 내용과 일치하도록 아래 대화를 완성하시오.

You have probably seen a bird fly down to the sea to catch a fish. But have you ever seen a fish jump out of the water to catch a bird? Well, birds have to be careful when a giant trevally is around. This fish can grow up to 170cm and 80kg. But don't let its size fool you. This fish is quick and smart. It can spot a flying bird and calculate its speed and distance. When the bird flies nearby, the giant trevally jumps out of the water and catches it.

▼

A: Have you decided on a topic for the science report?
B: Yes. I will introduce a big fish, the giant trevally.
A: I've never heard of it. How big is it?
B: (1) _____
A: Oh, that's big for a fish. Why is it interesting?
B: It can catch a flying bird.
A: Wow! How does the fish catch the bird?
B: (2) _____
_____
A: That's amazing!

18 다음 글을 읽고, 주어진 질문에 완전한 영어 문장으로 답하시오.

Hello, I'm a beluga whale. I live in the Arctic Ocean. It's very cold. So my skin is very thick and about half of my body is fat. I also have a round head. When I'm hungry, I usually eat fish and clams. I'm white all over, so people also call me the white whale. When I was born, I was gray. But when I grew up, my body became white! I can make several sounds. I use these sounds to talk to other whales. Yes, we can communicate!

(1) Q: Where does the beluga whale live?
A: _____
(2) Q: What does the beluga whale usually eat?
A: _____
(3) Q: What color was the beluga whale when it was born?
A: _____
(4) Q: What do beluga whales use to communicate with each other?
A: _____

19 다음 글에서 어법상 틀린 부분을 모두 찾아 바르게 고쳐 쓰시오.

Arctic Ocean
This is the small of the five oceans. It is very cold. It surrounds by Europe, Asia and North America. Polar bears live around here!

(1) _____ → _____
(2) _____ → _____

01 다음 중 품사의 종류가 <u>다른</u> 하나는? [3점]

① shiny   ② friendly   ③ average

④ probably   ⑤ several

02 다음 중 영어 뜻풀이가 알맞지 <u>않은</u> 것은? [4점]

① smash: to break something into many pieces

② distance: the amount of space between two places or things

③ tool: a piece of equipment you use with your hands for a particular task

④ spot: to find a number, answer, etc. by using mathematical processes

⑤ wonder: a feeling of surprise and admiration for something very beautiful or new

03 다음 빈칸에 공통으로 들어갈 말로 알맞은 것은? [3점]

> • The animal can eat _____ to 30 kilograms of leaves every day.
> • I failed auditions many times but I didn't give _____ my dreams.

① at   ② up   ③ for

④ on   ⑤ with

04 다음 빈칸에 들어가지 <u>않는</u> 단어는? [4점]

> • Are there any good restaurants _____?
> • Let's _____ out all the candles on the cake.
> • The sun began to _____ from behind the clouds.
> • The train can run at a(n) _____ speed of 200 kilometers per hour.

① blow   ② dive   ③ appear

④ average   ⑤ nearby

05 다음 대화의 빈칸에 들어갈 말로 알맞은 것은? [4점]

> A: We're finally here.
> B: Yes, I'm so excited. Let's look around.
> A: _____
> B: It's next to the school.
> A: You're right. Let's go.

① I wonder where the museum is.

② I'm curious about how old the school is.

③ I don't know when the museum is closed.

④ Can you tell me where the school is?

⑤ The article says the exhibition will be held in the museum next week.

[06-07] 다음 대화를 읽고, 물음에 답하시오.

> A: Sally, look at the baby penguins on TV. They're so cute.
> B: Yes, but they look very cold out there.
> A: Yeah, the South Pole is the coldest place on Earth.
> B: I wonder how cold it is there.
> A: The average temperature is about -58℃ in July and -26℃ in December.
> B: Oh, then, July _____ December there. Interesting!
> A: Yes. Although it's very cold there, it doesn't snow much.
> B: That's interesting, too!

서술형**1**

06 위 대화의 빈칸에 알맞은 말을 괄호 안의 단어를 이용하여 세 단어로 쓰시오. [4점]

→ _____ (cold)

07 위 대화의 내용과 일치하지 <u>않은</u> 것은? [4점]

① They are looking at the baby penguins on TV.

② The coldest place on Earth is the South Pole.

③ The average temperature in July in the South Pole is about -58℃.

④ Sally wonders how cold it is in the South Pole.

⑤ It snows a lot in the South Pole.

08 자연스러운 대화가 되도록 (A)~(E)를 순서대로 배열한 것은? [4점]

> (A) Good idea. Can you check the weather?
> (B) The weather is so nice outside.
> (C) Oh, no! The weather forecast says it'll be rainy in the afternoon.
> (D) Yeah. How about going on a picnic this afternoon?
> (E) Let's go another time, then.

① (A)-(B)-(D)-(C)-(E)   ② (B)-(A)-(C)-(E)-(D)
③ (B)-(D)-(A)-(C)-(E)   ④ (E)-(A)-(C)-(B)-(D)
⑤ (E)-(C)-(A)-(D)-(B)

[09-11] 다음 대화를 읽고, 물음에 답하시오.

> A: Sumin, what are you going to do on Sunday?
> B: ①I'm going to go hiking. Do you want to join me?
> A: ②I'd love to, but I can't. Where do you want to go?
> B: ③I'm thinking of going to Namsan.
> A: Oh, the scenery there is so beautiful this time of year.
> B: Right. ④I heard that it's covered with red autumn leaves now.
> A: Great. How long does the shortest hiking course take?
> B: ⑤The Internet says it takes about two hours.
> A: Okay, see you on Sunday!

09 위 대화의 밑줄 친 ①~⑤ 중 흐름상 어색한 것은? [4점]

①   ②   ③   ④   ⑤

10 다음 질문에 완전한 영어 문장으로 답하시오. [4점]

> When are they going to Namsan?

→ _____

11 위 대화를 통해 알 수 <u>없는</u> 것을 <u>모두</u> 고르면? [4점]

① 현재 계절

② 현재 남산의 경치

③ 남산의 등산 코스의 개수

④ 남산의 가장 짧은 등산 코스의 소요 시간

⑤ 인터넷에서 찾은 남산까지 가는 방법

12 다음 빈칸에 들어갈 말로 알맞은 것은? [3점]

> I'm looking for a rabbit _____ fur is white.

① that   ② who   ③ what
④ which   ⑤ whose

13 다음 중 문맥상 자연스럽지 <u>않은</u> 문장은? [4점]

① He doesn't speak while he has a meal.

② Steam the shrimps until they change color.

③ Don't forget to brush your teeth after you go to bed.

④ They have known each other since they were seven.

⑤ When I finished my homework, it was dark outside.

서술형 3

14 다음 우리말과 같도록 [조건]에 맞게 문장을 쓰시오. [각 3점]

> [조건]
> 1. 알맞은 관계대명사를 사용할 것
> 2. 괄호 안의 말을 이용할 것
> 3. 시제를 정확히 쓸 것

(1) 나는 취미가 사진을 찍는 것인 소년을 만났다.

→ _____

(a boy, hobby, taking pictures)

(2) 나는 주인이 캐나다인인 식당에서 점심을 먹었다.

→ _____

(have, owner, Canadian)

서술형 4

15 괄호 안의 접속사를 사용하여 두 문장을 한 문장으로 바꿔 쓰시오. [각 2점]

(1) She hurt her knee. She was playing baseball.
(while)

→ _____

(2) You should wash your hands. You have meals.
(before)

→ _____

(3) The clerk had to wait. The last customer left.
(until)

→ _____

[16-20] 다음 글을 읽고, 물음에 답하시오.

> Can you guess what these whales are doing in the picture? 그것들은 무리를 지어 서 있는 것처럼 보인다. But they are actually sleeping! Humpback whales stand on their tails ____(A)____ they sleep. They sleep near the surface. ____(B)____ they are not fish, they need to come up ⓐto breathe. Also, they don't fall asleep completely. ____(C)____ they wake up, they come out of the water for a deep breath and dive back into the sea.

서술형 5

16 윗글의 밑줄 친 우리말을 괄호 안의 단어들을 바르게 배열하여 영어 문장으로 쓰시오. [4점]

→ _____

(it, up, looks, they, standing, like, are, a, in, group)

17 윗글의 빈칸 (A), (B), (C)에 알맞은 접속사가 순서대로 짝지어진 것은? [4점]

    (A)   (B)   (C)

① while – Since – Although
② after – If – When
③ while – Since – When
④ after – Since – Although
⑤ while – If – When

18 윗글의 밑줄 친 ⓐto breathe와 쓰임이 다른 것은? [3점]

① They did their best to win the prize.
② He went to the bakery to buy some bread.
③ Ann turned on the computer to check her email.
④ Our team practiced hard not to make any mistakes.
⑤ I need some help since there are many things to do.

서술형 6

19 다음 질문에 완전한 영어 문장으로 답하시오. [4점]

> Where do humpback whales sleep?

→ _____

20 윗글을 읽고 혹등고래에 대해 알 수 있는 것은? [3점]

① 몸 길이
② 평균 수명
③ 수면 시간
④ 잠자는 모습
⑤ 주로 먹는 먹이

[21-22] 다음 글을 읽고, 물음에 답하시오.

If you think ⓐfish are not smart, take a look at the tuskfish. ⓑThis small fish whose favorite food is clams use a tool to open them. Clams usually hide under the sand, so they cannot be easily discovered. ⓒThe tuskfish blows on the sand until a clam appears. The clam is closed tightly, so ⓓthe fish cannot eat ⓔit. But the tuskfish doesn't give up. ⓕIt smashes the clam against a rock. In the end, the clam opens and dinner is served.

21 윗글의 밑줄 친 ⓐ~ⓕ 중 가리키는 대상이 같은 것끼리 짝 지어진 것은? [3점]

① ⓐ, ⓑ, ⓒ   ② ⓐ, ⓒ, ⓓ, ⓕ

③ ⓑ, ⓒ, ⓓ, ⓕ   ④ ⓑ, ⓒ, ⓔ

⑤ ⓑ, ⓓ, ⓔ, ⓕ

서술형 **7**

22 윗글에서 어법상 틀린 문장을 찾아 바르게 고쳐 쓰시오. [5점]

→ _____

_____

[23-24] 다음 글을 읽고, 물음에 답하시오.

You have probably seen a bird fly down to the sea to catch a fish. But have you ever seen a fish jump out of the water to catch a bird? Well, birds have to be ___ⓐ___ when a giant trevally is around. This fish can grow up to 170cm and 80kg. But don't let its size fool you. This fish is quick and ___ⓑ___. It can spot a flying bird and calculate its speed and distance. When the bird flies nearby, the giant trevally jumps out of the water and catches it.

23 윗글의 빈칸 ⓐ와 ⓑ에 알맞은 말이 순서대로 짝 지어진 것은? [4점]

① helpful – stupid   ② careful – stupid

③ helpful – smart   ④ careful – smart

⑤ harmful – smart

24 윗글의 giant trevally에 대한 내용과 일치하지 않는 것은? [4점]

① 새를 잡을 수 있다.

② 크기가 큰 물고기이다.

③ 새를 속여서 수면 가까이로 오게 만든다.

④ 움직이는 속도가 빠르다.

⑤ 물 밖으로 뛰어오를 수 있다.

서술형 **8**

25 다음 글을 읽고 답할 수 있는 질문을 골라 기호를 쓴 후, 완전한 영어 문장으로 답하시오. [5점]

My Fun Animal: Octopus

I will introduce the octopus. It lives on the ocean floor. It has no bones so it can move around easily in the ocean. It usually eats small fish. An interesting fact about the octopus is that it can change the color of its skin to hide from its enemies. When it meets an enemy, it shoots out dark black ink and swims away. I want to see this animal with my own eyes!

ⓐ How many arms does the octopus have?

ⓑ Why does the octopus eat small fish?

ⓒ What color is the octopus' blood?

ⓓ What does the octopus do to hide from its enemies?

(   ) → _____

모의고사

01 다음 영어 뜻풀이의 빈칸에 들어갈 말로 알맞은 것은? [4점]

> hide: to go to or stay at a place where _____
> _____

① you can take a rest
② you can feel refreshed
③ you can buy what you want
④ you cannot be seen or found
⑤ you cannot talk about a particular subject

02 다음 빈칸에 공통으로 들어갈 말로 알맞은 것은? [4점]

> • Mina and David found a good _____ to plant the tree.
> • Can you _____ the difference between these two pictures?

① fool   ② spot   ③ land
④ book   ⑤ tear

03 다음 밑줄 친 부분의 우리말 뜻이 알맞지 <u>않은</u> 것은? [3점]

① Boston is so beautiful <u>this time of year</u>.
　　　　　　　　　　　　(이맘때쯤이면)
② Ms. Anderson decided to <u>give up</u> the new project.
　　　　　　　　　　　　(포기하다)
③ This tool is used by <u>millions of</u> people every day.
　　　　　　　　　　　　(수많은)
④ It is impossible for us to <u>go without</u> air.
　　　　　　　　　　　　(~ 없이 지내다)
⑤ Yesterday was the hottest day this year. The temperature went <u>up to</u> 43℃. (~ 이상으로)

서술형**1**

04 다음 괄호 안의 말을 사용하여 대화의 빈칸에 알맞은 말을 쓰시오. [4점]

> A: We're almost at the top of the mountain.
> B: _____
> 　(wonder, this mountain)
> A: It's about 2,000m high.
> B: Wow! This is a really high mountain.

[05-06] 다음 대화를 읽고, 물음에 답하시오.

> A: Sumin, what are you going to do on Sunday?
> B: I'm going to go hiking. (①)
> A: I'd love to. Where do you want to go?
> B: I'm thinking of going to Namsan. (②)
> A: Oh, the scenery there is so beautiful this time of year. (③)
> B: Right. I heard that it's covered with red autumn leaves now. (④)
> A: Great. How long does the shortest hiking course take?
> B: The Internet says it takes about two hours. (⑤)
> A: Okay, see you on Sunday!

05 위 대화의 ①~⑤ 중 주어진 문장이 들어갈 알맞은 곳은? [4점]

> Do you want to join me?

①　　　②　　　③　　　④　　　⑤

06 위 대화를 읽고 답할 수 <u>없는</u> 질문은? [4점]

① What are they going to do on Sunday?
② How is the scenery in Namsan this time of year?
③ What season is it now?
④ Where can you enjoy the most beautiful scenery of Namsan?
⑤ How long does the shortest hiking course in Namsan take?

07 다음 중 짝 지어진 대화가 자연스럽지 <u>않은</u> 것은? [4점]

① A: Although it's very cold in the South Pole, it doesn't snow much.

   B: That's interesting!

② A: How about going on a picnic this afternoon?

   B: Good idea. Can you check the weather?

③ A: I wonder where the bus stop is.

   B: You can take No. 1005 bus.

④ A: Which is the biggest planet in the solar system?

   B: It is Jupiter.

⑤ A: Is there anything interesting in the newspaper?

   B: This article says a whale family was seen in the East Sea.

서술형 2

08 다음 [조건]에 맞게 대화를 완성하시오. [4점]

[조건] • 괄호 안의 단어 중 필요 없는 두 단어는 빼고 나머지 단어를 배열하여 문장을 쓸 것

A: I wonder how long the Amazon River is.

B: _____

(7,000km, the, Internet, is, about, long, hears, they, says, it,)

[09-10] 다음 대화를 읽고, 물음에 답하시오.

Suji: Check out this picture!

Tony: Wow! The camels are walking in a line in the desert.

Suji: Yeah. The desert looks very hot and dry.

Tony: I wonder how long camels can go without water in the desert.

Suji: _____

Tony: Okay. The Internet says they can go about two weeks without water.

Suji: Wow, that's amazing! Camels are really interesting animals.

Tony: I want to travel with them in the desert someday.

09 위 대화의 빈칸에 들어갈 말로 알맞은 것은? [4점]

① They are riding the camels.

② Let's find out on the Internet.

③ How about asking the science teacher about it?

④ Have you learned about it in the science class?

⑤ Why don't you borrow the book in the library?

서술형 3

10 위 대화의 내용과 일치하도록 다음 인터넷 Q&A를 완성하시오. [4점]

Interesting Facts about Camels

Q: How long can camels go without water in the desert?

A: _____

   _____

11 다음 단어들을 자연스러운 문장이 되도록 배열할 때, 여섯 번째로 오는 단어는? [3점]

at, is, man, look, the, whose, blond, hair

① man   ② is   ③ hair

④ whose   ⑤ blond

12 다음 우리말과 같도록 할 때 빈칸에 들어갈 말로 알맞은 것은? [4점]

내가 퇴근해서 집에 도착하면 네게 전화할게.

→ I'll call you _____ .

① since I get home from work

② when I get home from work

③ until I get home from work

④ when I'll get home from work

⑤ until I'll get home from work

세술형4

13 다음 두 문장을 관계대명사를 사용하여 한 문장으로 연결하여 쓰시오. [각 3점]

(1) I have a cat. Its name is Dubu.

→ _____

(2) He's the writer. His new book became a bestseller.

→ _____

14 다음 중 어법상 옳은 것끼리 짝 지어진 것은? [4점]

ⓐ I want to invent a robot whose can talk.

ⓑ I'm going to buy a bike whose color is red.

ⓒ Do you know the boy that name is Eric?

ⓓ Before she goes to the movies, she will finish her work.

① ⓐ, ⓒ　　　② ⓐ, ⓓ　　　③ ⓑ, ⓒ

④ ⓑ, ⓓ　　　⑤ ⓒ, ⓓ

세술형5

15 다음 우리말과 같도록 [조건]에 맞게 문장을 쓰시오. [각 3점]

[조건]　1. 알맞은 접속사를 사용할 것
　　　　2. 괄호 안의 말을 이용하고, 시제에 유의할 것

(1) 비가 멈출 때까지 안에서 놀자. (let's, the rain, stop)

→ _____

(2) 나는 저녁을 먹은 후에 음악을 들었다.
(listen, music, have)

→ _____

16 다음 두 문장에 대한 설명으로 틀린 것은? [4점]

ⓐ I have liked her since we first met.

ⓑ I have a friend whose uncle lives in London.

① ⓐ의 have liked는 '계속'의 의미를 나타내는 현재완료이다.

② ⓐ의 since는 because로 바꿔 쓸 수 있다.

③ ⓑ의 whose는 소유격 관계대명사이다.

④ ⓑ의 whose는 that으로 바꿔 쓸 수 없다.

⑤ ⓑ의 whose uncle lives in London이 앞의 a friend를 수식한다.

[17-18] 다음 글을 읽고, 물음에 답하시오.

Can you guess what these whales are doing in the picture? It looks like they are standing ___ⓐ___ in a group. But they are actually sleeping! Humpback whales stand on their tails while they sleep. They sleep near the surface. Since they are not fish, they need to come up to breathe. Also, they don't fall asleep completely. When they wake ___ⓑ___, they come out of the water for a deep breath and dive back into the sea.

17 윗글의 빈칸 ⓐ와 ⓑ에 공통으로 알맞은 것은? [3점]

① by　　　② up　　　③ away

④ back　　　⑤ down

세술형6

18 윗글의 내용과 일치하지 않는 것을 모두 골라 기호를 쓴 후, 문장을 바르게 고쳐 쓰시오. [4점]

ⓐ Humpback whales are playing in the picture.

ⓑ Humpback whales sleep near the surface.

ⓒ Humpback whales always fall asleep completely.

ⓓ Humpback whales need to come out of the water to breathe.

(　　) → _____

(　　) → _____

[19-21] 다음 글을 읽고, 물음에 답하시오.

If you think fish are not smart, take a look at the tuskfish. This small fish ___ⓐ___ favorite food is clams uses a tool to open them. Clams usually hide under the sand, so they _____ⓑ_____.
The tuskfish blows on the sand until a clam appears. The clam is closed tightly, so the fish cannot eat it. But the tuskfish doesn't give up. It smashes the clam against a rock. In the end, the clam opens and dinner is served.

19 윗글의 빈칸 ⓐ에 알맞은 관계대명사는? [3점]

① what   ② who   ③ whose

④ which   ⑤ that

20 윗글의 빈칸 ⓑ에 들어갈 말로 알맞은 것은? [4점]

① can swim away very fast

② cannot move themselves

③ cannot be easily discovered

④ can get the food in the sand

⑤ cannot close their shells tightly

21 윗글의 내용과 일치하도록 다음 글의 빈칸에 알맞은 말을 쓰시오. [5점]

> (1) _____, the tuskfish's favorite food, are closed tightly. But the tuskfish doesn't (2) _____. It uses (3) _____ to open the clam.

[22-24] 다음 글을 읽고, 물음에 답하시오.

> You have probably seen a bird fly down to the sea to catch a fish. 그러나 당신은 물고기가 새를 잡기 위해 물 밖으로 뛰어오르는 것을 본 적이 있는가? Well, birds have to be careful when ①a giant trevally is around. ②This fish can grow up to 170cm and 80kg. But don't let ③its size fool you. This fish is quick and smart. ④It can spot a flying bird and calculate ⑤its speed and distance. When the bird flies nearby, the giant trevally jumps out of the water and catches it.

22 윗글의 밑줄 친 우리말을 [조건]에 맞게 영어 문장으로 쓰시오. [4점]

> [조건]
> 1. 주어진 단어를 바르게 배열할 것
> 2. 필요 없는 두 개를 뺄 것
> 3. 대소문자를 구별하고 문장 부호를 정확히 쓸 것

> have, out of, catch, but, you, a fish, ever, to, are, seen, the water, a bird, jump, from

→ _____

_____

23 윗글의 밑줄 친 ①~⑤ 중 가리키는 대상이 <u>다른</u> 것은? [3점]

①   ②   ③   ④   ⑤

24 윗글을 읽고 giant trevally에 대해 알 수 있는 것은? [4점]

① 크기   ② 이동 거리   ③ 천적

④ 수면 자세   ⑤ 평균 수명

25 다음 글의 빈칸 ①~⑤에 들어갈 말로 알맞지 <u>않은</u> 것은? [4점]

> Hello, I'm a beluga whale. I live in the Arctic Ocean. It's very cold. So my skin is very ___①___ and about half of my body is fat. I also have a round head. When I'm ___②___, I usually eat fish and clams. I'm ___③___ all over, so people also call me the white whale. When I was born, I was gray. But when I ___④___, my body became white! I can make several sounds. I use these sounds to talk to other whales. Yes, we can ___⑤___!

① thick   ② hungry   ③ gray

④ grew up   ⑤ communicate

모의고사

01 주어진 단어의 영어 뜻풀이에 해당하지 <u>않는</u> 것은? [4점]

| smash | Arctic | forecast | calculate |

① the area around the North Pole
② to break something into many pieces
③ to find a number, answer, etc. by using mathematical processes
④ to see, find, or become aware of something for the first time
⑤ a statement about what you think is going to happen in the future

02 다음 빈칸에 알맞은 말이 순서대로 짝 지어진 것은? [3점]

- This machine can make up _____ three copies at one time.
- It was not easy for me to go _____ my smartphone for a week.

① to – for
② to – without
③ with – with
④ with – without
⑤ on – with

03 다음 중 밑줄 친 단어의 쓰임이 알맞지 <u>않은</u> 것은? [3점]

① John held the baby <u>tightly</u> in his arms.
② I turned my face away to <u>discover</u> my tears.
③ There were three <u>shiny</u> gold coins in the box.
④ Mars is the fourth <u>planet</u> from the Sun.
⑤ Let's <u>calculate</u> how much it will cost to give a party for grandma.

서술형**1**

04 다음 대화의 빈칸에 알맞은 말을 쓰시오. [3점]

A: _____ how big Jupiter is.
B: It's over 11 times bigger than Earth.

서술형**2**

05 다음 우리말과 같도록 괄호 안의 말을 이용하여 대화를 완성하시오. [각 3점]

A: The highest mountain in the world is Mt. Everest.
B: (1) 나는 그것이 얼마나 높은지 궁금해.
A: (2) 신문에 따르면 에베레스트산은 높이가 약 8,850미터야.
B: That's amazing!

(1) _____
(wonder, how, high)
(2) _____
_____
(the newspaper, say, high)

[06-08] 다음 대화를 읽고, 물음에 답하시오.

Tim: Look at the baby penguins on TV. They're ①<u>so cute</u>.
Mina: Yes, but they look very cold out there.
Tim: Yeah, the South Pole is the ②<u>coldest</u> place on Earth.
Mina: I wonder how cold it is there.
Tim: The average temperature is about -58℃ in July and -26℃ in December.
Mina: Oh, then, July is ③<u>warmer</u> than December there. Interesting!
Tim: Yes. ④<u>Although</u> it's very cold there, it doesn't snow much.
Mina: That's ⑤<u>interesting</u>, too!

06 위 대화의 밑줄 친 ①~⑤ 중 흐름상 어색한 것은? [4점]

①   ②   ③   ④   ⑤

서술형**3**

07 위 대화의 내용과 일치하도록 빈칸에 알맞은 말을 쓰시오. [4점]

Mina wondered _____ it is in _____ and Tim gave her the answer.

08 위 대화를 읽고 답할 수 있는 질문은? [4점]

① What are the baby penguins doing on TV?
② Where is the coldest place on Earth?
③ How many species live in the South Pole?
④ What is the average temperature in March in the South Pole?
⑤ Why doesn't it snow much in the South Pole?

[09-10] 다음 대화를 읽고, 물음에 답하시오.

> A: Sumin, what are you going to do on Sunday?
> B: I'm going to go hiking. Do you want to join me?
> A: _____ Where do you want to go?
> B: I'm thinking of going to Namsan.
> A: Oh, the scenery there is so beautiful this time of year.
> B: Right. I heard that it's covered with red autumn leaves now.
> A: Great. How long does the shortest hiking course take?
> B: The Internet says it takes about two hours.
> A: Okay, see you on Sunday!

09 위 대화의 빈칸에 들어갈 수 있는 것끼리 짝 지어진 것은? [4점]

ⓐ I'd love to.	ⓑ I agree.
ⓒ I'm afraid I can't.	ⓓ Of course.
ⓔ No, thank you.	ⓕ I'd love to, but I can't.

① ⓐ, ⓑ   ② ⓐ, ⓓ   ③ ⓑ, ⓒ, ⓔ
④ ⓑ, ⓓ, ⓕ   ⑤ ⓒ, ⓓ, ⓕ

서술형 4

10 위 대화의 내용과 일치하도록 다음 글을 완성하시오. [5점]

> They are going to (1) _____ to Namsan on Sunday. It is covered with (2) _____ now. The shortest hiking course in Namsan (3) _____ _____.

11 다음 빈칸에 공통으로 들어갈 말로 알맞은 것은? [3점]

> • Austin was only 17 _____ he won the gold medal.
> • Can you remember _____ you sent the package?

① after   ② until   ③ since
④ while   ⑤ when

12 다음 빈칸에 알맞은 말이 순서대로 짝 지어진 것은? [3점]

> • The boy _____ bike was stolen was very upset.
> • The police arrested the thief _____ stole the bike yesterday.

① that – who   ② who – what
③ whose – who   ④ who – whose
⑤ whose – which

13 다음 중 어법상 틀린 것은? [4점]

① I have a friend who favorite number is 1.
② She couldn't understand what the teacher was saying.
③ They stood in front of the door until I came out.
④ The jacket whose zipper was broken is not mine.
⑤ After I finish my homework, I will go shopping.

14 다음 우리말을 영어로 잘못 옮긴 것을 모두 고르면? [4점]

① 나는 어렸을 때 롤러코스터 타는 것을 좋아했다.
   → I liked to ride the roller coaster when I was young.
② 그는 대학을 떠난 이후로 축구를 하지 않았다.
   → He hasn't played soccer since he left university.
③ 내가 병원에 입원해 있는 동안 Simpson 선생님이 내 수업을 맡았다.
   → Ms. Simpson took my classes for me until I was in the hospital.
④ 나는 꼬리가 긴 개를 키우고 싶다.
   → I want to raise a dog whose tail is long.
⑤ 과학 캠프에 내가 모르는 학생들이 많이 있다.
   → There are many students whose I don't know in the science camp.

15 다음 중 빈칸에 whose가 들어갈 수 <u>없는</u> 것은? [3점]

① They have a cat _____ eyes are different colors.

② Can you tell me _____ painting was chosen for the prize?

③ I met a child _____ mom works in the bank.

④ Did you see the letter _____ came this morning?

⑤ The girl _____ name is Melisa is waiting for you.

서술형 **5**

16 다음 [조건]에 맞게 각 문장을 완성하시오. [각 2점]

[조건]　1. 각 상자에서 알맞은 말을 하나씩 골라 쓸 것
　　　　2. 중복하여 사용하지 말 것

until	spring comes
when	the snow melted
since	he came back from holiday

(1) I haven't met him _____ .

(2) I stayed at home _____ .

(3) _____ , I will plant lots of trees and flowers.

[17-18] 다음 글을 읽고, 물음에 답하시오.

①Two-thirds of our planet is covered by oceans. They are full of wonder and are home to ②millions of species. Every day, we are learning new things about them. Let's find out about some interesting sea animals.

Can you guess what these whales are doing in the picture? It looks like they are standing up ③in a group. But they are actually sleeping! Humpback whales stand on their tails while they sleep. They sleep near the surface. ④Since they are not fish, they need to come up to breathe. Also, they ⑤don't fall asleep completely. When they wake up, they come out of the water for a deep breath and dive back into the sea.

17 윗글의 밑줄 친 ①~⑤의 우리말 뜻이 알맞지 <u>않은</u> 것은? [3점]

① 우리 행성의 3분의 2　　② 수많은 종들

③ 무리를 지어　　　　　　④ ～한 이후로

⑤ 완전히 잠들지 않는다

서술형 **6**

18 다음 질문에 완전한 영어 문장으로 답하시오. [4점]

What do humpback whales do when they wake up?

→ _____

_____

[19-20] 다음 글을 읽고, 물음에 답하시오.

If you think fish are not smart, take a look at the tuskfish. This small fish whose favorite food is clams uses a tool to (A)open / close them. Clams usually hide under the sand, so they cannot be easily discovered. The tuskfish blows on the sand until a clam (B)appears / disappears. The clam is closed tightly, so the fish cannot eat it. But the tuskfish doesn't (C)give up / succeed. It smashes the clam against a rock. In the end, the clam opens and dinner is served.

19 윗글의 (A)~(C)에서 문맥상 알맞은 말이 바르게 짝 지어진 것은? [4점]

　　(A)　　　(B)　　　　　(C)

① open – appears – succeed

② close – disappears – give up

③ open – appears – give up

④ close – appears – succeed

⑤ open – disappears – give up

20 윗글을 읽고 알 수 <u>없는</u> 것은? [4점]

① tuskfish는 크기가 작다.

② tuskfish는 조개를 먹기 위해 도구를 사용한다.

③ 조개는 대개 모래 아래에 숨어 있다.

④ tuskfish는 모래에 입김을 불어 조개를 찾는다.

⑤ tuskfish의 서식지는 바위 사이에 있다.

[21-23] 다음 글을 읽고, 물음에 답하시오.

> You have probably seen a bird fly down to the sea to catch a fish. But have you ever seen a fish jump out of the water to catch a bird? Well, birds have to be careful when a giant trevally is around. This fish can grow up to 170cm and 80kg. ⓐBut don't let its size to fool you. This fish is quick and smart. It can ⓑspot a flying bird and calculate its speed and distance. When the bird flies nearby, the giant trevally jumps out of the water and catches it.

서술형**7**

21 윗글의 밑줄 친 문장 ⓐ를 어법상 바르게 고쳐 쓰시오. [4점]

→ _____

22 윗글의 밑줄 친 ⓑspot의 영어 뜻풀이로 알맞은 것은? [4점]

① a particular area or place

② to break something into many pieces

③ to go to or stay at a place where you cannot be seen or found

④ a small mark on something, especially one that is made by a liquid

⑤ to see or notice someone or something that is difficult to see or find

23 윗글의 giant trevally에 관한 내용과 일치하는 것은? [4점]

① It doesn't eat any birds.

② It can be eaten by a flying bird.

③ It is very slow.

④ It is too big to jump out of the water.

⑤ It can catch a flying bird.

[24-25] 다음 글을 읽고, 물음에 답하시오.

> **My Fun Animal: Beluga whale**
> I will introduce the beluga whale. (①) It lives in the Arctic Ocean. (②) It has a round head. It usually eats fish and clams. (③) An interesting fact about the beluga whale is that it is white all over. (④) When it is born, it is gray. (⑤) But when it grows up, its body becomes white! I want to see this animal with my own eyes!

24 윗글의 ①~⑤ 중 주어진 문장이 들어갈 알맞은 곳은? [4점]

> That's why people call it the white whale.

①   ②   ③   ④   ⑤

서술형**8**

25 윗글의 내용과 일치하도록 다음 대화를 완성하시오. [각 2점]

> A: I learned about the beluga whale today.
> B: Oh, it lives (1) _____, right?
> A: Right! It has a round head and usually eats (2) _____.
> B: I see. What else did you learn about it?
> A: When it is born, it is gray. But (3) _____ _____!
> B: That's interesting!

01 다음 영어 뜻풀이에 해당하는 단어가 쓰인 문장은? [4점]

> the amount of space between two places or things

① The sea turtle is an endangered species.
② We have to buy several tools to fix the bike.
③ What's the distance between Seoul and Busan?
④ The temperature dropped to -10℃ this morning.
⑤ Monica watched the fireworks with wonder and amazement.

02 다음 중 밑줄 친 단어가 같은 의미로 쓰인 것은? [4점]

① The project was a complete success.
Did you complete the work by yourself?
② Can you return the book I lent you last month?
She needs to book a ticket for Jeju-do right now.
③ The land is so dry that plants can't survive there.
Did you see the bird land on the river over there?
④ I felt like a fool when I realized my mistake.
The man tried to fool everyone about the accident.
⑤ How could you spot me from the distance?
If you spot any mistakes in the article, mark them with a pencil.

서술형 **1**
03 다음 우리말과 같도록 빈칸에 알맞은 말을 쓰시오. [각 2점]

(1) 뒤뜰의 잔디가 내 무릎까지 자랐다.
→ The grass in the backyard grew _____ _____ my knee.

(2) 마침내, 정말 막상막하였음에도 불구하고 우리 팀이 경기에서 이겼다.
→ _____ _____ _____, our team won the game although it was really close.

서술형 **2**
04 다음 정보를 보고, 아래 대화를 완성하시오. [4점]

> The blue whale is about 30m long.

A: The blue whale is the largest animal in the world.
B: I wonder how (1) _____.
A: The book (2) _____.

[05-07] 다음 대화를 읽고, 물음에 답하시오.

> A: Look at the baby penguins on TV. They're so cute.
> B: Yes, but they look very cold out there.
> A: Yeah, the South Pole is the coldest place on Earth.
> B: I wonder how cold it is there.
> A: The average temperature is about -58℃ in July and -26℃ in December.
> B: Oh, then, _____ there. Interesting!
> A: Yes. Although it's very cold there, it doesn't snow much.
> B: That's interesting, too!

05 위 대화의 빈칸에 들어갈 말로 알맞은 것은? [4점]

① July is warmer than December
② July is colder than December
③ December is as warm as July
④ July is not as cold as December
⑤ December is the coldest month

서술형 **3**
06 위 대화의 내용과 일치하도록 다음 문장을 완성하시오. [4점]

> The South Pole is _____ on Earth, but it _____ much.

서술형 **4**
07 다음 질문에 완전한 영어 문장으로 답하시오. [4점]

> How cold is it in the South Pole?

→ _____

[08-09] 다음 대화를 읽고, 물음에 답하시오.

> Suji: Check out this picture!
> Tony: Wow! The camels are walking in a line in the desert.
> Suji: Yeah. The desert looks very hot and dry.
> Tony: _____ in the desert.
> Suji: Let's find out on the Internet.
> Tony: Okay. The Internet says they can go about two weeks without water.
> Suji: Wow, that's amazing! Camels are really interesting animals.
> Tony: I want to travel with them in the desert someday.

서술형**5**

08 위 대화의 빈칸에 알맞은 말을 [조건]에 맞게 쓰시오. [4점]

> [조건] 1. 괄호 안의 단어들과 대화 속 표현을 사용할 것
>   2. 총 9단어로 쓸 것

→ _____

　(wonder, how, long)

09 위 대화의 내용과 일치하는 문장의 개수는? [4점]

> ⓐ They look for the answer to their question in a book.
> ⓑ Camels can live for three weeks without water in the desert.
> ⓒ Suji thinks camels are really interesting animals.
> ⓓ Tony is traveling with camels in the desert now.

① 0개　② 1개　③ 2개　④ 3개　⑤ 4개

10 다음 빈칸에 알맞은 말이 순서대로 짝 지어진 것은? [4점]

> • Look at the mountain _____ top is covered with snow.
> • Most people _____ Emma invited to her house didn't show up.
> • Let me show you _____ I bought at the mall.

① whose – who – whose　② which – whose – which
③ whose – whom – what　④ which – whom – what
⑤ whose – whose – what

11 다음 중 밑줄 친 whose의 쓰임이 나머지와 다른 하나는? [3점]

① Tell me about the fairy whose wings are pink.
② Jack has a cousin whose hobby is to play soccer.
③ We found the architect whose garden is very large.
④ I don't know whose gloves are left on the desk.
⑤ What is the name of the girl whose bag is white?

12 각 문장에 대한 설명으로 알맞지 않은 것은? [3점]

① Ants are insects that live in large groups.
　→ that은 주격 관계대명사로 which로 바꿔 쓸 수 있다.
② He has lived in that house since he moved here.
　→ since는 '~한 이후로'라는 의미의 접속사이다.
③ We'll visit the museum after we will walk the dog.
　→ 시간의 부사절은 미래의 의미일지라도 현재시제로 나타내므로 will walk의 will을 삭제해야 한다.
④ The novelist whose stories are full of imagination is my favorite writer.
　→ whose는 '누구의'라는 의미의 의문사이다.
⑤ Look at the building whose rooftop has a beautiful garden.
　→ Look at the building.과 Its rooftop has a beautiful garden.의 두 문장을 관계대명사로 연결한 문장이다.

서술형**6**

13 자연스러운 문장이 되도록 빈칸에 알맞은 말을 자유롭게 쓰시오. [각 2점]

(1) While I listened to music, _____.
(2) _____ since I was ten.
(3) I have a friend whose _____.

서술형**7**

14 다음 중 밑줄 친 부분이 어법상 틀린 문장을 골라 바르게 고쳐 쓴 후, 그 이유를 우리말로 쓰시오. [4점]

> ⓐ I mopped the floor during David watered the plants.
> ⓑ We have to wait until he arrives.
> ⓒ Before you make a decision, think carefully.
> ⓓ Do you know the old man whose last name is Smith?

(　　) → _____

이유: _____

15 다음 밑줄 친 부분을 어법상 바르게 고친 것 중 <u>틀린</u> 것은? [4점]

> • Winter is the season ①<u>whose</u> comes after fall.
> • There are lots of people ②<u>who</u> houses were destroyed by the typhoon.
> • The man ③<u>whose</u> painting is in the museum is my neighbor.
> • I will take care of your cats until you ④<u>will get</u> back from holiday.
> • I ⑤<u>have played</u> the piano since I was ten.

① → which   ② → that
③ → 고칠 필요 없음   ④ → get
⑤ → 고칠 필요 없음

[16-18] 다음 글을 읽고, 물음에 답하시오.

> ⓐTwo-thirds of our planet are covered by oceans. ⓑThey are full of wonder and are home to millions of species. Every day, we are learning new things about them. Let's find out about some interesting sea animals.
>
> ⓒCan you guess that these whales are doing in the picture? ⓓIt looks like they are standing up in a group. But they are actually sleeping! Humpback whales stand on their tails while they sleep. They sleep near the surface. ⓔSince they are not fish, they need to come up to breathe. Also, they don't fall asleep completely. When they wake up, they come out of the water for a deep breath and dive back into the sea.

16 윗글의 밑줄 친 ⓐ~ⓔ 중 어법상 틀린 것끼리 짝 지어진 것은? [4점]

① ⓐ, ⓑ   ② ⓐ, ⓒ   ③ ⓑ, ⓒ
④ ⓒ, ⓓ   ⑤ ⓒ, ⓔ

서술형 **8**

17 윗글에서 다음 영어 뜻풀이에 해당하는 단어를 찾아, 그 단어를 사용한 문장을 자유롭게 쓰시오. [4점]

> a set of animals or plants that have similar characteristics to each other

→ _____

18 윗글을 <u>잘못</u> 이해한 사람을 <u>모두</u> 고르면? [4점]

① **Ray:** Two-thirds of the Earth is covered by oceans.
② **Amy:** Oceans are home to millions of species.
③ **Taeho:** While humpback whales sleep, they stand on their heads.
④ **Jina:** Humpback whales sleep far from the surface.
⑤ **Joe:** When humpback whales wake up, they come out of the water to breathe.

[19-21] 다음 글을 읽고, 물음에 답하시오.

> If you think fish are not smart, take a look at the tuskfish. ①This small fish whose favorite food is clams uses a tool to open them. ②Clams usually hide under the sand, so they cannot be easily discovered. (A)tuskfish는 조개가 나타날 때까지 모래에 입김을 분다. ③The clam is closed tightly, so the fish cannot eat it. ④But the tuskfish doesn't give up. It smashes the clam against a rock. ⑤In the end, the clam opens and dinner is served.

19 윗글의 밑줄 친 문장 ①~⑤에 대한 설명으로 알맞지 <u>않은</u> 것은? [3점]

① whose를 다른 관계대명사로 바꿔 쓸 수 없다.
② so의 앞과 뒤의 절의 위치를 바꿔 쓸 수 있다.
③ it은 the clam을 가리킨다.
④ 이 문장은 tuskfish가 조개를 여는 것을 포기하지 않는다는 의미를 나타낸다.
⑤ dinner is served는 dinner is ready와 같은 의미를 나타낸다.

서술형**9**

20 윗글의 밑줄 친 우리말 (A)와 같도록 [조건]에 맞게 영작하시오. [4점]

> [조건] 1. 알맞은 접속사를 사용할 것
> 2. 괄호 안의 말을 사용할 것
> 3. 총 10단어로 쓸 것

→ _____

(the tuskfish, on the sand, a clam)

21 윗글을 읽고 알 수 없는 것을 모두 고르면? [4점]

① what the tuskfish's favorite food is
② how long clams are closed
③ why clams cannot be discovered easily
④ how the tuskfish opens clams
⑤ how many clams the tuskfish can eat

[22-23] 다음 글을 읽고, 물음에 답하시오.

> You have probably seen a bird fly down to the sea to catch a fish.
> (A) This fish can grow up to 170cm and 80kg.
> (B) But have you ever seen a fish jump out of the water to catch a bird?
> (C) But don't let its size fool you.
> (D) Well, birds have to be careful when a giant trevally is around.
> This fish is quick and smart. It can spot a flying bird and calculate its speed and distance. When the bird flies nearby, the giant trevally jumps out of the water and catches it.

22 자연스러운 글이 되도록 (A)~(D)를 순서대로 배열한 것은? [4점]

① (A) – (C) – (B) – (D) ② (B) – (A) – (C) – (D)
③ (B) – (D) – (A) – (C) ④ (D) – (A) – (B) – (C)
⑤ (D) – (B) – (C) – (A)

서술형**10**

23 윗글을 읽고 답할 수 있는 질문을 모두 골라 기호를 쓴 후, 완전한 영어 문장으로 답하시오. [5점]

> ⓐ What is the giant trevally's favorite food?
> ⓑ What can the giant trevally calculate?
> ⓒ How big can the giant trevally grow?
> ⓓ How does the giant trevally catch a bird?
> ⓔ How high can the giant trevally jump out of the water?

(　　) → _____
(　　) → _____
(　　) → _____

[24-25] 다음 글을 읽고, 물음에 답하시오.

> Hello, I'm an octopus. I live on the ocean floor. I'm different from other ocean animals in many ways. I have no bones so I can move around easily in the ocean. I have eight arms. My favorite food is small fish. I can change the color of my skin to hide from my enemies. When I meet an enemy, I shoot out dark black ink and swim away. Oh, one more thing. The color of my blood is blue.

24 윗글의 밑줄 친 문장의 내용으로 언급되지 않은 것은? [3점]

① 뼈가 없어서 바다에서 쉽게 돌아다닐 수 있다.
② 팔에 있는 빨판은 사물에 쉽게 달라붙는다.
③ 적으로부터 숨기 위해 피부색을 바꿀 수 있다.
④ 적을 만나면 먹물을 쏘고 헤엄쳐 가 버린다.
⑤ 피 색깔은 파란색이다.

서술형**11**

25 윗글의 내용과 일치하도록 [1]의 빈칸에 알맞은 말을 쓴 다음, [1]의 두 문장을 관계대명사를 사용하여 한 문장으로 바꿔 [2]에 쓰시오. [5점]

[1] The octopus lives on _____.
　　Its favorite food is _____.

[2] _____
　　_____

내신 적중 모의고사
오답 공략

● 틀린 문항을 표시해 보세요.

〈제1회〉 대표 기출로 내신 **적중** 모의고사　　　총점 _____ / 100

문항	영역	문항	영역	문항	영역
01	p.8(W)	10	p.15(L&S)	19	pp.30-31(R)
02	p.10(W)	11	p.15(L&S)	20	pp.30-31(R)
03	p.8(W)	12	p.22(G)	21	pp.30-31(R)
04	p.8(W)	13	p.23(G)	22	pp.30-31(R)
05	p.14(L&S)	14	p.22(G)	23	pp.30-31(R)
06	p.14(L&S)	15	p.23(G)	24	pp.30-31(R)
07	p.14(L&S)	16	pp.30-31(R)	25	p.45(M)
08	p.14(L&S)	17	pp.30-31(R)		
09	p.15(L&S)	18	pp.30-31(R)		

〈제2회〉 대표 기출로 내신 **적중** 모의고사　　　총점 _____ / 100

문항	영역	문항	영역	문항	영역
01	p.10(W)	10	p.15(L&S)	19	pp.30-31(R)
02	p.10(W)	11	p.22(G)	20	pp.30-31(R)
03	p.8(W)	12	p.23(G)	21	pp.30-31(R)
04	p.14(L&S)	13	p.22(G)	22	pp.30-31(R)
05	p.15(L&S)	14	pp.22-23(G)	23	pp.30-31(R)
06	p.15(L&S)	15	p.23(G)	24	pp.30-31(R)
07	p.13(L&S)	16	pp.22-23(G)	25	p.44(M)
08	p.13(L&S)	17	pp.30-31(R)		
09	p.15(L&S)	18	pp.30-31(R)		

〈제3회〉 대표 기출로 내신 **적중** 모의고사　　　총점 _____ / 100

문항	영역	문항	영역	문항	영역
01	p.10(W)	10	p.15(L&S)	19	pp.30-31(R)
02	p.8(W)	11	p.23(G)	20	pp.30-31(R)
03	p.8(W)	12	p.22(G)	21	pp.30-31(R)
04	p.13(L&S)	13	pp.22-23(G)	22	pp.30-31(R)
05	p.13(L&S)	14	pp.22-23(G)	23	pp.30-31(R)
06	p.14(L&S)	15	p.22(G)	24	p.45(M)
07	p.14(L&S)	16	p.23(G)	25	p.45(M)
08	p.14(L&S)	17	pp.30-31(R)		
09	p.15(L&S)	18	pp.30-31(R)		

〈제4회〉 고난도로 내신 **적중** 모의고사　　　총점 _____ / 100

문항	영역	문항	영역	문항	영역
01	p.10(W)	10	p.22(G)	19	pp.30-31(R)
02	p.10(W)	11	p.22(G)	20	pp.30-31(R)
03	p.8(W)	12	pp.22-23(G)	21	pp.30-31(R)
04	p.13(L&S)	13	pp.22-23(G)	22	pp.30-31(R)
05	p.14(L&S)	14	pp.22-23(G)	23	pp.30-31(R)
06	p.14(L&S)	15	pp.22-23(G)	24	p.44(M)
07	p.14(L&S)	16	pp.30-31(R)	25	p.44(M)
08	p.15(L&S)	17	pp.30-31(R)		
09	p.15(L&S)	18	pp.30-31(R)		

● 부족한 영역을 점검해 보고 어떻게 더 학습할지 학습 계획을 적어 보세요.

오답 공략	
부족한 영역	
학습 계획	

오답 공략	
부족한 영역	
학습 계획	

오답 공략	
부족한 영역	
학습 계획	

오답 공략	
부족한 영역	
학습 계획	

Up to You

주요 학습 내용		
의사소통 기능	후회 표현하기	A: Oh, no! You got caught in the rain. (오, 저런! 너 비를 맞았구나.) B: **I should have taken** an umbrella. (나는 우산을 가져왔어야 했어.)
	기원하는 말 하기	A: I'm going to sing in the school festival. (나는 학교 축제에서 노래를 부를 거야.) B: **I hope you** move the audience. (나는 네가 관중을 감동시키길 바라.)
언어 형식	분사구문	**Reading the article**, he dropped his cup in surprise. (기사를 읽으며 그는 놀라서 컵을 떨어뜨렸다.)
	과거완료	The article said Alfred Nobel **had died** in France from a heart attack. (기사에는 Alfred Nobel이 심장 마비로 프랑스에서 죽었다고 쓰여 있었다.)

학습 단계 PREVIEW

STEP A	Words	Listen & Speak	Grammar	Reading	기타 지문
STEP B	Words	Listen & Speak	Grammar	Reading	서술형 100% TEST
내신 적중 모의고사	제 1 회	제 2 회	제 3 회	제 4 회	

Words

만점 노트

☆ 자주 출제되는 어휘

* 완벽히 외운 단어는 □ 안에 √표 해 봅시다.

Listen & Speak

□□	audience	명 청중, 관중	□□ keep in touch with☆	~와 연락하고 지내다
□□	chain	통 (사슬로) 묶다(매다)	□□ moment	명 순간, 잠깐
□□	due☆	형 ~하기로 되어 있는(예정된)	□□ move☆	통 감동시키다
□□	fault	명 잘못	□□ participate in	~에 참가하다(참여하다)
□□	get caught in the rain	비를 만나다(맞다)	□□ put off☆	미루다, 연기하다
□□	give up	포기하다	□□ regret☆	통 후회하다
□□	graduate	통 졸업하다	□□ score	통 득점하다
□□	graduation	명 졸업(식)	□□ stay up	(늦게까지) 안 자다, 깨어 있다
□□	habit	명 습관	□□ take part in	~에 참가하다
□□	hang out with	~와 어울려 지내다	□□ voice	명 목소리

Reading

□□	actually	부 실제로, 사실은	□□ in surprise☆	놀라서
□□	can't take one's eyes off	~에서 눈을 뗄 수 없다	□□ invention	명 발명(품)
□□	catch one's breath	숨을 고르다	□□ merchant☆	명 상인
□□	catch one's eye	눈길을 끌다	□□ mistakenly	부 실수로
□□	contribute☆	통 기여하다, 공헌하다	□□ normal	형 보통의, 평범한 (↔ unusual)
□□	create	통 창조하다, 만들어 내다	□□ originally	부 원래(는), 처음에는, 본래
□□	deeply	부 깊이, 크게	□□ rather than☆	~보다는
□□	describe☆	통 기술하다, 묘사하다	□□ report	통 보도하다 명 기사, 보도
□□	disappointed☆	형 실망한, 낙담한	□□ shocked	형 충격을 받은
□□	drop	통 떨어뜨리다	□□ spill	통 쏟아지다, 흐르다, 쏟다
□□	dynamite	명 다이너마이트	□□ thanks to	~ 덕분에
□□	headline	명 (신문 기사 등의) 표제	□□ think of *A* as *B*	A를 B로 생각하다
□□	heart attack	심장 마비	□□ unbelievable☆	형 믿을 수 없는, 믿기 어려운

Language Use

□□	all day	하루 종일	□□ play	명 연극, 희곡
□□	dirty	형 더러운, 지저분한	□□ run away	달아나다, 도망치다
□□	line	명 (연극, 영화의) 대사	□□ station	명 (기차)역, (버스) 정류장
□□	over	전 ~이 넘는, ~ 이상의	□□ water	통 (화초 등에) 물을 주다

Think and Write · Project

□□	appreciate	통 고맙게 생각하다	□□ make a difference	변화를 가져오다
□□	donate	통 기부하다	□□ proud	형 자랑스러워하는, 자랑스러운
□□	in need	어려움에 처한	□□ wish	명 소원 통 바라다

Words
연습 문제

A 다음 단어의 우리말 뜻을 쓰시오.

01 due　_____
02 spill　_____
03 appreciate　_____
04 actually　_____
05 contribute　_____
06 headline　_____
07 describe　_____
08 audience　_____
09 disappointed　_____
10 merchant　_____
11 graduation　_____
12 regret　_____
13 shocked　_____
14 report　_____
15 mistakenly　_____
16 donate　_____
17 unbelievable　_____
18 normal　_____
19 originally　_____
20 rather than　_____

B 다음 우리말에 해당하는 영어 단어를 쓰시오.

21 습관　_____
22 떨어뜨리다　_____
23 발명(품)　_____
24 순간, 잠깐　_____
25 감동시키다　_____
26 득점하다　_____
27 졸업하다　_____
28 다이너마이트　_____
29 (연극의) 대사　_____
30 (기차)역　_____
31 (사슬로) 묶다　_____
32 잘못　_____
33 깊이, 크게　_____
34 연극, 희곡　_____
35 소원, 바라다　_____
36 목소리　_____
37 창조하다　_____
38 더러운, 지저분한　_____
39 ~이 넘는, ~ 이상의　_____
40 자랑스러운　_____

C 다음 영어 표현의 우리말 뜻을 쓰시오.

01 hang out with　_____
02 stay up　_____
03 in need　_____
04 think of A as B　_____
05 catch one's eye　_____
06 put off　_____
07 keep in touch with　_____
08 in surprise　_____
09 can't take one's eyes off　_____
10 catch one's breath　_____

영어 뜻풀이

☐☐	appreciate	고맙게 생각하다	to be grateful for something
☐☐	chain	(사슬로) 묶다[매다]	to fasten something with a chain
☐☐	contribute	기여하다, 공헌하다	to help to cause something to happen
☐☐	describe	기술하다, 묘사하다	to explain about something
☐☐	disappointed	실망한, 낙담한	unhappy because something you hoped for did not happen
☐☐	drop	떨어뜨리다	to let something fall
☐☐	due	~하기로 되어 있는(예정된)	expected to happen at a particular time
☐☐	dynamite	다이너마이트	a powerful explosive
☐☐	graduation	졸업식	a ceremony at which degrees or diplomas are given out
☐☐	headline	(신문 기사 등의) 표제	the title written in large letters over a story in a newspaper
☐☐	invention	발명품	something invented such as a new device
☐☐	merchant	상인	a person whose job is to buy and sell products in large amounts
☐☐	originally	원래(는), 처음에는	in the beginning
☐☐	regret	후회하다	to feel sorry or unhappy about something you did or did not do
☐☐	report	보도하다	to give information about something via newspapers, TV, etc.
☐☐	score	득점하다	to gain a goal or point in a sport or game
☐☐	shocked	충격을 받은	feeling very surprised
☐☐	spill	쏟아지다, 흐르다	to accidentally flow out of a container
☐☐	unbelievable	믿을 수 없는, 믿기 어려운	difficult or impossible to believe

단어의 의미 관계

● 유의어

fault = mistake (잘못)
mistakenly = by mistake (실수로)
move = touch (감동시키다)
normal = usual (보통의)
participate in = take part in (~에 참가하다)

● 반의어

believable (믿을 만한) ↔ unbelievable (믿을 수 없는)
normal (보통의) ↔ unusual (특이한, 흔치 않은)

● 형용사 – 부사

actual (실제의) – actually (실제로)
deep (깊은) – deeply (깊이, 크게)
original (원래의) – originally (원래는, 처음에는)

● 동사+-ion/-or → 명사

invent – invention (발명) / inventor (발명가)
protect – protection (보호) / protector (보호자)
educate – education (교육) / educator (교육자)

다의어

● **drop** 1. 동 떨어뜨리다 2. 동 (어디로 가는 길에) 내려 주다
　　　 3. 명 방울

1. Be careful not to **drop** the cup.
   컵을 떨어뜨리지 않게 조심해라.
2. I **dropped** him at the bank.
   나는 그를 은행에 내려 주었다.
3. There isn't a **drop** of milk left.
   우유가 한 방울도 남지 않았다.

● **move** 1. 동 감동시키다 2. 동 움직이다 3. 동 이사하다

1. These stories surprised and **moved** me.
   이 이야기들은 나를 놀라게 하고 감동시켰다.
2. I can't **move** my fingers. 나는 내 손가락을 움직일 수 없다.
3. We're **moving** to Paris. 우리는 파리로 이사 갈 것이다.

● **regret** 1. 동 후회하다 2. 명 후회, 유감

1. He **regretted** his decision to leave school.
   그는 학교를 그만두겠다는 자신의 결정을 후회했다.
2. She left her job with no **regrets**.
   그녀는 아무 후회 없이 일을 그만두었다.

Words Plus
연습 문제

Answers p. 20

A 다음 뜻풀이에 알맞은 말을 [보기]에서 골라 쓴 후, 우리말 뜻을 쓰시오.

[보기]	due	drop	score	regret	headline	contribute	unbelievable	disappointed

1 _____ : to let something fall : _____

2 _____ : to help to cause something to happen : _____

3 _____ : difficult or impossible to believe : _____

4 _____ : to feel sorry or unhappy about something you did or did not do : _____

5 _____ : expected to happen at a particular time : _____

6 _____ : to gain a goal or point in a sport or game : _____

7 _____ : unhappy because something you hoped for did not happen : _____

8 _____ : the title written in large letters over a story in a newspaper : _____

B 다음 짝 지어진 두 단어의 관계가 같도록 빈칸에 알맞은 말을 쓰시오.

1 fault : mistake = usual : _____

2 protect : protector = educate : _____

3 deep : deeply = original : _____

4 create : creation = invent : _____

5 normal : unusual = believable : _____

C 다음 빈칸에 알맞은 말을 [보기]에서 골라 쓰시오.

[보기]	spill	originally	due	normal	describe

1 Can you please _____ him to me?

2 The next train is _____ in five minutes.

3 Our _____ business hours are from nine to five.

4 The sudden shock made her _____ her coffee all over the floor.

5 Let's check the date when the house was _____ built.

D 다음 우리말과 같도록 빈칸에 알맞은 말을 쓰시오.

1 그녀는 보통 누구와 어울려 지내니? → Who does she usually _____ _____ _____?

2 너는 왜 또 그렇게 밤늦게까지 깨어 있었니? → Why did you _____ _____ so late again?

3 나는 치과에 가는 것을 더 이상 미룰 수 없다. → I can't _____ _____ going to the dentist any longer.

4 White 선생님은 놀라서 그 남자아이를 쳐다보았다. → Mr. White looked at the boy _____ _____.

5 나는 버터보다는 올리브유로 요리하는 것을 더 좋아한다. → I prefer cooking with olive oil _____ _____ butter.

01 다음 중 짝 지어진 단어의 관계가 나머지와 <u>다른</u> 하나는?

① move – touch
② fault – mistake
③ actually – really
④ normal – unusual
⑤ scream – shout

02 다음 빈칸에 들어갈 말로 알맞은 것은?

> The story may be _____, but it's true.

① due
② deep
③ actual
④ unbelievable
⑤ shocked

03 다음 빈칸에 공통으로 들어갈 알맞은 단어를 쓰시오.

> • I won't give _____ until I achieve my dream.
> • She stayed _____ late at night to read the book.

→ _____

04 다음 중 단어의 영어 뜻풀이가 알맞지 <u>않은</u> 것은?

① mistakenly: on purpose
② drop: to let something fall
③ originally: in the beginning
④ describe: to explain about something
⑤ report: to give information about something via newspapers, TV, etc.

05 다음 중 밑줄 친 부분의 우리말 뜻이 알맞지 <u>않은</u> 것은?

① <u>Thanks to</u> your help, we were successful.
   (~에 고마워서)
② You can't <u>put off</u> the decision any longer.
   (미루다)
③ All of a sudden, something red <u>caught my eye</u>.
   (내 눈길을 끌었다)
④ She can't <u>take her eyes off</u> the child for a moment.
   (~에서 눈을 뗄 수 없다)
⑤ I'd like to stay home this evening <u>rather than</u> go out.
   (~보다는)

06 다음 문장의 밑줄 친 단어와 같은 의미로 쓰인 것은?

> His speech <u>moved</u> the audience deeply.

① My family <u>moved</u> to a new apartment.
② David <u>moved</u> towards the kitchen.
③ Jill <u>moved</u> to Boston last month.
④ The woman's story really <u>moved</u> him.
⑤ Don't <u>move</u>. There's a spider on your back.

[07-08] 괄호 안의 우리말과 같도록 빈칸에 알맞은 말을 쓰시오.

07 Why did you decide to _____ _____ this program?
(당신은 왜 이 프로그램에 참가하기로 결심했나요?)

08 After the race, I needed some time to _____ _____ _____.
(경주 후에, 나는 숨을 고를 시간이 좀 필요했다.)

1 후회 표현하기

A: Oh, no! You got caught in the rain. 오, 저런! 너 비를 맞았구나.

B: **I should have taken** an umbrella. 나는 우산을 가져왔어야 했어.

「I should have + 과거분사 ~.」는 '나는 ~했어야 했다.'라는 뜻으로, 과거 사실에 대한 후회를 나타내는 표현이다. '나는 ~하지 말았어야 했다.' 라고 말할 때는 「I shouldn't(should not) have + 과거분사 ~.」로 표현한다.

e.g.
- **I should have eaten** less last night. 나는 어젯밤에 덜 먹었어야 했어.
  I ought to have eaten less last night. 나는 어젯밤에 덜 먹었어야 했어.
  I regret not eating less last night. 나는 어젯밤에 덜 먹지 않은 것을 후회해.
  I'm sorry that I didn't eat less last night.
  나는 어젯밤에 덜 먹지 않은 것이 유감이야.
- **I should have chained** it. 나는 그것을 체인으로 묶어 놨어야 했어.
- **I should have studied** hard. 나는 열심히 공부했어야 했어.
- **I should have got up** early. 나는 일찍 일어났어야 했어.
- **I shouldn't have put** it **off** until the last moment. 나는 그것을 마지막 순간까지 미루지 말았어야 했어.

> **point**
> 시험 포인트
> 후회하는 과거의 일이나 그 결과에 해당하는 현재의 일을 고르는 문제가 자주 출제돼요. 보통 앞에 결과에 해당하는 말이 나오므로 이를 잘 파악해 두세요.

2 기원하는 말 하기

A: I'm going to sing in the school festival. 나는 학교 축제에서 노래를 부를 거야.

B: **I hope you** move the audience. 나는 네가 관중을 감동시키길 바라.

I hope you ~.는 '나는 네가 ~하기를 바란다.'라는 뜻으로, 상대방에게 기원하는 말을 할 때 사용하는 표현이다.

e.g.
- **I hope you** have a wonderful vacation. 나는 네가 멋진 방학을 보내길 바라.
  I'd like you to have a wonderful vacation. 나는 네가 멋진 방학을 보냈으면 해.
  I really want you to have a wonderful vacation.
  나는 정말 네가 멋진 방학을 보내면 좋겠어.
  What I really want is for you to have a wonderful vacation.
  내가 정말 원하는 것은 네가 멋진 방학을 보내는 거야.
  I wish you a wonderful vacation. 나는 네가 멋진 방학을 보내길 바라.
- **I hope you** win the contest. 나는 네가 대회에서 우승하길 바라.
- **I hope you** keep in touch with your classmates after graduation.
  나는 네가 졸업 후에도 학급 친구들과 계속 연락하기를 바라.

> **point**
> 시험 포인트
> 기원하는 내용이 무엇인지 고르는 문제가 자주 출제돼요. 또한 I hope 뒤에 「주어 + 동사」의 형태가 이어지는 것에도 유의하세요.

만점 노트

대화문 해석 보기 >> 92~93쪽

주요 표현
구문 해설

STEP A

Listen and Speak 1-A

교과서 140쪽

G: Mike, ❶ why were you late for class?

B: I ❷ had a bad stomachache.

G: Oh, no! Are you okay now?

B: Yeah. ❸ I should have eaten less last night.

Q1 Why was Mike late for class?

❶ Why + be동사 + 주어 ~?: 상대방에게 이유를 묻는 표현
❷ have a stomachache: 배가 아프다
❸ I should have + 과거분사 ~.: '나는 ~했어야 했다.'라는 뜻으로, 과거 사실에 대한 후회를 나타내는 표현 / less 🜚 더 적게, 덜하게

Listen and Speak 1-B

교과서 140쪽

G: Jiho, ❶ what's up? You ❷ look tired.

B: Yeah. I stayed up late last night.

G: Did you play computer games again?

B: No, ❸ not this time. I ❹ had to finish my history project.

G: ❺ Is it due today?

B: Yeah. ❻ I shouldn't have put it off until the last moment.

G: Hmm, I understand. I often have ❼ the same problem.

B: Really? Well, let's try to change our bad habits.

❶ '무슨 일이니?'라는 뜻으로, 걱정이나 고민이 있어 보이는 상대방에게 안부를 묻는 표현
❷ look + 형용사: ~해 보이다
❸ 이번엔 아니야 (= I didn't play computer games this time)
❹ '~해야 한다'라는 뜻을 나타내는 have to의 과거형
❺ Is it due ~?: 그것은 ~까지니? (기한을 묻는 표현) / it = (your) history project
❻ I shouldn't have + 과거분사 ~.: '나는 ~하지 말았어야 했다.'라는 뜻으로, 과거 사실에 대한 후회를 나타내는 표현 / put off: 미루다, 연기하다 (it과 같이 대명사가 목적어로 오는 경우 「put + 대명사 + off」 형태로 씀) / until 🜚 ~(때)까지
❼ 앞에서 언급한 '마지막 순간까지 미루는 것'을 의미함

Q2 What did Jiho do last night? ⓐ He played computer games. ⓑ He finished his history project.

Q3 ❻을 해석해 보세요.

Listen and Speak 1-C

교과서 140쪽

A: ❶ What's wrong?

B: I ❷ got caught in the rain.

A: Oh, ❸ I'm sorry to hear that.

B: I should have taken an umbrella.

❶ 상대방에게 무슨 일이 있는지 묻는 표현
❷ get caught in the rain: 비를 만나다(맞다)
❸ 상대방의 말에 유감을 나타내는 표현

Q4 B got caught in the rain because _____.

Listen and Speak 2-A

교과서 141쪽

G: Jinsu, ❶ what are you going to do during the vacation?

B: ❷ I'm going to read lots of books. ❸ What about you?

G: ❹ I'm planning to visit my grandparents in Busan.

B: Sounds great. ❺ I hope you have a wonderful vacation.

❶ What are you going to + 동사원형 ~?: 미래에 계획되어 있는 일을 묻는 표현 / during 🜚 ~ 동안
❷, ❹ 「I'm going to + 동사원형 ~.」 「I'm planning to + 동사원형 ~.」: 계획을 말하는 표현
❸ 너는 어때? (상대방의 질문을 되물을 때 쓰는 표현)
❺ I hope you ~.: '나는 네가 ~하기를 바란다.'라는 뜻으로, 상대방에게 기원하는 말을 할 때 쓰는 표현

Q5 What is Jinsu going to do during the vacation?

Listen and Speak 2-B

교과서 141쪽

G: Jaemin, ❶ are you ready for the singing contest?

B: Well, I'm thinking of ❷ giving up, Tina.

G: Why? ❸ I thought you really wanted to ❹ take part in the contest.

B: I don't think I'm a good singer.

G: Come on. You're ❺ the best singer I know.

B: Do you really think ❻ so?

G: Of course. You have a really nice voice.

B: ❼ Thank you for saying ❽ so. I'll ❾ do my best.

G: ❿ I hope you win the contest.

Q6 Tina thinks Jaemin is the best singer she knows. (T / F)
Q7 Jaemin will not take part in the singing contest. (T / F)

❶ be ready for + 명사(구)/동명사(구): ~에 준비가 되다
❷ give up: 포기하다
❸ I thought 뒤에 명사절을 이끄는 접속사 that이 생략되었고, 「주어+동사 ~」의 절이 이어짐
❹ ~에 참가하다
❺ I know 앞에 목적격 관계대명사 who(m) 또는 that이 생략됨 / I know가 선행사 the best singer를 수식함
❻ ⑮ 그렇게 (앞 문장 You're the best singer I know.를 가리킴)
❼ thank A for B: A에게 B에 대해 고마워하다
❽ 앞 문장 You have a really nice voice.를 가리킴
❾ do one's best: 최선을 다하다
❿ I hope you ~.: 상대방에게 기원하는 말을 하는 표현

Listen and Speak 2-C

교과서 141쪽

A: ❶ What are you going to do tomorrow?

B: ❷ I'm going to sing in the school festival.

A: Great! I hope you move the audience.

B: Thanks. ❸ I hope so, too.

Q8 A는 무엇을 바라나요?

❶ What are you going to + 동사원형 ~?: 미래에 계획되어 있는 일을 묻는 표현
❷ I'm going to + 동사원형 ~.: 계획을 말하는 표현
❸ '나도 그러길 바라.'라는 뜻으로, 여기서 so는 앞에서 언급한 '관중을 감동시키는 것'을 의미함

Real Life Talk > Watch a Video

교과서 142쪽

Minho: Linda, ❶ what are you reading?

Linda: I'm reading graduation messages from my classmates.

Minho: Oh, it ❷ looks like they had a lot to say to you.

Linda: Many of them wrote ❸ that they like my smile.

Minho: That's nice. ❹ What else?

Linda: Some of them said I didn't ❺ hang out enough with them.

Minho: ❻ That's not your fault. You were always busy.

Linda: Yeah, but ❼ I should have spent more time with my classmates.

Minho: You ❽ still have time ❾ after graduation.

Linda: You're right.

Minho: ❿ I hope you keep in touch with your classmates after graduation.

Linda: Thanks. I hope so, too.

Q9 What is Linda reading?
Q10 Linda는 무엇을 후회하나요?

❶ What are you + 동사원형-ing ~?: '너는 무엇을 ~하고 있니?'라는 뜻으로, 상대방에게 현재 하고 있는 일을 묻는 표현
❷ look like: ~처럼 보이다
❸ wrote의 목적어인 명사절을 이끄는 접속사
❹ 그 밖에 다른 건?
❺ hang out with: ~와 어울려 지내다
❻ 앞에 나온 '친구들과 충분히 어울리지 않았던 것'을 가리킴
❼ I should have + 과거분사 ~.: 과거에 하지 못한 일에 대한 후회를 나타내는 표현
❽ ⑮ 아직(도)
❾ ⑳ ~ 후에
❿ I hope you ~.: 상대방에게 기원하는 말을 하는 표현 / keep in touch with: ~와 연락하고 지내다

L&S Listen & Speak
빈칸 채우기

STEP A

우리말과 일치하도록 대화의 빈칸에 알맞은 말을 쓰시오.

 주요 표현

1 Listen and Speak 1-A

G: Mike, why were you _____ _____ _____?

B: I had a bad stomachache.

G: Oh, no! Are you okay now?

B: Yeah. _____ _____ _____ _____ less last night.

해석   교과서 140쪽

G: Mike, 너는 왜 수업에 늦었니?

B: 나는 배가 많이 아팠어.

G: 오, 저런! 지금은 괜찮니?

B: 응. 나는 어젯밤에 덜 먹었어야 했어.

2 Listen and Speak 1-B

G: Jiho, what's up? You look tired.

B: Yeah. I _____ _____ _____ last night.

G: Did you play computer games again?

B: No, not this time. I _____ _____ _____ my history project.

G: Is it due today?

B: Yeah. I _____ _____ _____ _____ _____ _____ until the last moment.

G: Hmm, I understand. I often have the same problem.

B: Really? Well, let's try to change our _____ _____.

교과서 140쪽

G: 지호야, 무슨 일이니? 너는 피곤해 보여.

B: 응. 나는 어젯밤에 늦게까지 깨어 있었어.

G: 너는 또 컴퓨터 게임을 했니?

B: 아니, 이번엔 아니야. 나는 역사 과제를 끝내야 했어.

G: 그 과제가 오늘까지니?

B: 응. 나는 그것을 마지막 순간까지 미루지 말았어야 했어.

G: 음, 이해해. 나도 종종 같은 문제를 겪어.

B: 정말? 음, 우리의 나쁜 습관을 바꾸도록 노력하자.

3 Listen and Speak 1-C

A: What's wrong?

B: I _____ _____ in the rain.

A: Oh, I'm sorry to hear that.

B: _____ _____ _____ _____ an umbrella.

교과서 140쪽

A: 무슨 일 있니?

B: 나는 비를 맞았어.

A: 오, 그 말을 들어서 유감이구나.

B: 나는 우산을 가져왔어야 했어.

4 Listen and Speak 2-A

G: Jinsu, what are you going to do _____ _____ _____?

B: I'm going to read lots of books. _____ _____ _____?

G: _____ _____ _____ _____ my grandparents in Busan.

B: Sounds great. _____ _____ _____ have a wonderful vacation.

교과서 141쪽

G: 진수야, 너는 방학 동안 무엇을 할 거니?

B: 나는 책을 많이 읽을 거야. 너는?

G: 나는 부산에 계신 조부모님을 찾아뵐 계획이야.

B: 좋겠다. 나는 네가 멋진 방학을 보내길 바라.

5 Listen and Speak 2-B

교과서 141쪽

G: Jaemin, _____ _____ _____ _____ the singing contest?

B: Well, I'm thinking of giving up, Tina.

G: Why? I thought you really wanted to _____ _____ _____ the contest.

B: _____ _____ _____ I'm a good singer.

G: Come on. You're the best singer I know.

B: Do you really think so?

G: Of course. You have a really nice voice.

B: Thank you for saying so. I'll _____ _____ _____ .

G: I hope you _____ _____ _____ .

해석

G: 재민아, 너는 노래 경연 대회에 나갈 준비가 됐니?

B: 음, 나는 포기할까 생각 중이야, Tina.

G: 왜? 나는 네가 그 대회에 정말로 참가하고 싶어 한다고 생각했어.

B: 나는 내가 노래를 잘하는 것 같지 않아.

G: 그건 아니야. 너는 내가 아는 노래를 가장 잘하는 사람이야.

B: 너는 정말로 그렇게 생각하니?

G: 물론이지. 너는 정말 멋진 목소리를 가졌어.

B: 그렇게 말해 줘서 고마워. 최선을 다해 볼게.

G: 나는 네가 대회에서 우승하길 바라.

6 Listen and Speak 2-C

교과서 141쪽

A: What are you going to do tomorrow?

B: I'm going to _____ _____ _____ _____ _____ .

A: Great! I hope you _____ _____ _____ .

B: Thanks. _____ _____ _____ , too.

A: 너는 내일 무엇을 할 거니?

B: 나는 학교 축제에서 노래를 부를 거야.

A: 멋지구나! 나는 네가 관중을 감동시키길 바라.

B: 고마워. 나도 그러길 바라.

7 Real Life Talk > Watch a Video

교과서 142쪽

Minho: Linda, what are you reading?

Linda: _____ _____ _____ _____ from my classmates.

Minho: Oh, it _____ _____ they had a lot to say to you.

Linda: Many of them wrote that they like my smile.

Minho: That's nice. _____ _____ ?

Linda: Some of them said I didn't _____ _____ _____ _____ them.

Minho: That's not your fault. You were always busy.

Linda: Yeah, but _____ _____ _____ _____ _____ _____ with my classmates.

Minho: You still have time after graduation.

Linda: You're right.

Minho: _____ _____ _____ _____ _____ _____ _____ your classmates after graduation.

Linda: Thanks. I hope so, too.

민호: Linda, 너는 무엇을 읽고 있니?

Linda: 나는 학급 친구들에게 받은 졸업 메시지를 읽고 있어.

민호: 오, 친구들이 너에게 할 말이 많았던 것 같구나.

Linda: 그들 중 많은 친구들이 나의 미소를 좋아한다고 써 줬어.

민호: 멋지네. 그 외에는?

Linda: 그들 중 몇몇은 내가 그들과 충분히 어울리지 않았다고 말했어.

민호: 그건 네 잘못이 아니야. 너는 항상 바빴잖아.

Linda: 응, 하지만 나는 학급 친구들과 더 많은 시간을 보냈어야 했어.

민호: 너는 졸업 후에도 여전히 시간이 있어.

Linda: 네 말이 맞아.

민호: 네가 졸업 후에도 학급 친구들과 계속 연락하기를 바라.

Linda: 고마워. 나도 그러길 바라.

Listen & Speak

대화 순서 배열하기

자연스러운 대화가 되도록 순서를 바르게 배열하시오.

1 Listen and Speak 1-A

교과서 140쪽

ⓐ I had a bad stomachache.
ⓑ Yeah. I should have eaten less last night.
ⓒ Oh, no! Are you okay now?
ⓓ Mike, why were you late for class?

(   ) – (   ) – (   ) – (   )

2 Listen and Speak 1-B

교과서 140쪽

ⓐ No, not this time. I had to finish my history project.
ⓑ Yeah. I shouldn't have put it off until the last moment.
ⓒ Yeah. I stayed up late last night.
ⓓ Hmm, I understand. I often have the same problem.
ⓔ Jiho, what's up? You look tired.
ⓕ Did you play computer games again?
ⓖ Really? Well, let's try to change our bad habits.
ⓗ Is it due today?

(ⓔ   ) – (   ) – (   ) – (   ) – (   ) – (   ) – (   ) – (   )

3 Listen and Speak 1-C

교과서 140쪽

ⓐ I should have taken an umbrella.
ⓑ What's wrong?
ⓒ I got caught in the rain.
ⓓ Oh, I'm sorry to hear that.

(   ) – (   ) – (   ) – (   )

4 Listen and Speak 2-A

교과서 141쪽

ⓐ I'm going to read lots of books. What about you?
ⓑ Sounds great. I hope you have a wonderful vacation.
ⓒ I'm planning to visit my grandparents in Busan.
ⓓ Jinsu, what are you going to do during the vacation?

(   ) – (   ) – (   ) – (   )

5 Listen and Speak 2-B
교과서 141쪽

ⓐ Jaemin, are you ready for the singing contest?
ⓑ Do you really think so?
ⓒ I don't think I'm a good singer.
ⓓ Thank you for saying so. I'll do my best.
ⓔ Why? I thought you really wanted to take part in the contest.
ⓕ Of course. You have a really nice voice.
ⓖ Well, I'm thinking of giving up, Tina.
ⓗ I hope you win the contest.
ⓘ Come on. You're the best singer I know.

(ⓐ) – ( ) – ( ) – ( ) – ( ) – ( ) – ( ) – ( ) – ( )

6 Listen and Speak 2-C
교과서 141쪽

ⓐ I'm going to sing in the school festival.
ⓑ Thanks. I hope so, too.
ⓒ What are you going to do tomorrow?
ⓓ Great! I hope you move the audience.

( ) – ( ) – ( ) – ( )

7 Real Life Talk > Watch a Video
교과서 142쪽

ⓐ You still have time after graduation.
ⓑ Linda, what are you reading?
ⓒ You're right.
ⓓ That's nice. What else?
ⓔ Yeah, but I should have spent more time with my classmates.
ⓕ Some of them said I didn't hang out enough with them.
ⓖ I'm reading graduation messages from my classmates.
ⓗ I hope you keep in touch with your classmates after graduation.
ⓘ Oh, it looks like they had a lot to say to you.
ⓙ Many of them wrote that they like my smile.
ⓚ That's not your fault. You were always busy.
ⓛ Thanks. I hope so, too.

( ) – ( ) – (ⓘ) – (ⓙ) – ( ) – ( ) – ( ) – ( ) – ( ) – ( ) – ( ) – ( )

01 다음 대화의 밑줄 친 말의 의도로 알맞은 것은?

A: Why were you late for class?
B: I had a bad stomachache. I should have eaten less last night.

① 충고하기   ② 기대 표현하기
③ 후회 표현하기   ④ 의무 표현하기
⑤ 궁금함 표현하기

[02-03] 다음 대화의 빈칸에 들어갈 말로 알맞은 것을 고르시오.

02 A: What's wrong?
B: I got caught in the rain.
A: Oh, I'm sorry to hear that.
B: _____ an umbrella.

① I should have taken
② Make sure you take
③ I hope you don't take
④ I shouldn't have taken
⑤ You're not allowed to take

03 A: I'm going to participate in the speech contest.
B: Great! _____ win the contest.

① I have to
② I hope you
③ I'm happy to
④ I can't wait to
⑤ Don't forget to

04 자연스러운 대화가 되도록 (A)~(D)를 바르게 배열한 것은?

(A) Thanks. I hope so, too.
(B) I'm going to sing in the school festival.
(C) What are you going to do tomorrow?
(D) Great! I hope you move the audience.

① (B) – (A) – (D) – (C)   ② (B) – (C) – (A) – (D)
③ (C) – (B) – (D) – (A)   ④ (C) – (D) – (B) – (A)
⑤ (D) – (C) – (A) – (B)

[05-07] 다음 대화를 읽고, 물음에 답하시오.

A: Jiho, what's _____(A)_____? You look tired.
B: (①) Yeah. I stayed _____(B)_____ late last night.
A: Did you play computer games again?
B: (②) I had to finish my history project.
A: Is it due today?
B: (③) Yeah. (C)I shouldn't have put it off until the last moment.
A: (④) Hmm, I understand. I often have the same problem.
B: (⑤) Really? Well, let's try to change our bad habits.

05 위 대화의 빈칸 (A)와 (B)에 공통으로 들어갈 말로 알맞은 것은?

① in   ② on   ③ up
④ for   ⑤ with

06 위 대화의 ①~⑤ 중 주어진 문장이 들어갈 알맞은 곳은?

No, not this time.

①   ②   ③   ④   ⑤

고/난도

07 위 대화의 밑줄 친 (C)와 의미가 같은 것은?

① I've already finished it.

② I had to finish it last weekend.

③ I'm sorry that I couldn't make it on time.

④ I regret putting it off until the last moment.

⑤ You should not put it off until the last moment.

 서술형

10 다음 괄호 안의 말을 바르게 배열하여 대화의 빈칸에 알맞은 말을 쓰시오.

> A: Some of my classmates said I didn't hang out enough with them.
> B: That's not your fault. You were always busy.
> A: Yeah, but _____
>
> _____.
>
> (spent, with, more time, I, my classmates, have, should)

[08-09] 다음 대화를 읽고, 물음에 답하시오.

A: Jaemin, are you ready for the singing contest?

B: Well, ①I'm thinking of giving up, Tina.

A: Why? I thought you really wanted to take part in the contest.

B: ②I don't think I'm a good singer.

A: Come on. You're the best singer I know.

B: ③Do you really think so?

A: Of course. ④You have a really nice voice.

B: Thank you for saying so. I'll do my best.

A: ⑤I hope you lose the contest.

11 다음 대화의 빈칸에 알맞은 말을 [보기]에서 골라 쓰시오.

> A: (1) _____
> B: I'm going to read lots of books.
> (2) _____
> A: I'm planning to visit my grandparents in Busan.
> B: Sounds great.
> (3) _____

고/난도

08 위 대화의 밑줄 친 ①~⑤ 중 흐름상 어색한 것은?

①   ②   ③   ④   ⑤

> [보기] • What about you?
> • I hope you have a wonderful vacation.
> • What are you going to do during the vacation?

09 위 대화의 재민이에 관한 내용과 일치하지 않는 것은?

① 노래 경연 대회에 나가는 것을 포기하려 했다.

② 자신이 노래를 잘한다고 생각하지 않는다.

③ Tina의 말에 고마워한다.

④ 결국 노래 경연 대회에 나가기로 한다.

⑤ Tina와 함께 노래를 부르고 싶어 한다.

12 다음 대화의 빈칸에 알맞은 말을 괄호 안의 단어를 이용하여 쓰시오.

> A: What's wrong?
> B: I lost my bike. _____
> (should, chain, it)

핵심 노트

1 분사구문

- **Reading the article**, he dropped his cup in surprise.
  <u>'시간'을 나타내는 분사구문</u>

  기사를 읽으며 그는 놀라서 컵을 떨어뜨렸다.

- **Being sick**, I had to stay home all day.
  <u>'이유'를 나타내는 분사구문</u>

  아파서 나는 하루 종일 집에 있어야 했다.

- **Watching TV**, she ate dinner.
  <u>'동시 동작'을 나타내는 분사구문</u>

  TV를 보면서 그녀는 저녁을 먹었다.

(1) 형태와 의미: 분사구문은 「접속사 + 주어 + 동사 ~」의 부사절을 분사를 포함하는 부사구로
표현한 것으로, 시간, 이유, 조건 등의 의미를 나타낸다.

- **Coming into my room**, I found the TV was on. 〈시간〉
  ← When I came into my room, I found the TV was on.
  방에 들어왔을 때, 나는 TV가 켜져 있는 것을 발견했다.

- **Being sick**, he went to the hospital. 〈이유〉
  ← Because he was sick, he went to the hospital. 아파서 그는 병원에 갔다.

- **Turning to the left**, you will see the market. 〈조건〉
  ← If you turn to the left, you will see the market.
  왼쪽으로 돌면, 너는 시장을 찾을 것이다.

(2) 분사구문의 뜻을 분명히 하기 위해 접속사를 쓰기도 한다.

- **After finishing his work**, he went shopping. 일을 마친 후, 그는 쇼핑을 하러 갔다.

(3) 분사구문의 부정은 분사 앞에 부정어(not, never)를 써서 나타낸다.

- **Not knowing his phone number**, I can't call him. 그의 전화번호를 몰라서 나는 그에게 전화할 수 없다.

___ 한 단계 │ 더!

수동형 분사구문(being + 과거분사)의 being은 주로 생략된다.

- **(Being) Worried by the news**, she called the hospital. 그 뉴스로 인해 걱정이 되어서, 그녀는 병원에 전화했다.

> **point**
>
> **시험 포인트**
> 분사구문이 나타내는 의미를 파악하는 문제
> 와 분사구문을 부사로 또는 부사절을 분
> 사구문으로 바꾸는 문제가 자주 출제돼요.

부사절을 분사구문으로 만드는 법
1. 접속사를 생략한다.
2. 주절의 주어와 같을 경우 부사절의 주어
   를 생략한다.
3. 동사의 원형 뒤에 -ing를 붙여 현재분
   사를 만든다.
Because she was tired, she didn't
go to the gym.
→ **Being tired**, she didn't go to the
gym.

QUICK CHECK

1 다음 괄호 안에서 알맞은 것을 고르시오.

(1) (Be / Being) tired, they decided to get some rest.

(2) (Sit / Sitting) on the beach, he watched the beautiful sky.

(3) (Knowing not / Not knowing) what to do, he asked for my help.

2 다음 괄호 안의 단어를 이용하여 분사구문을 완성하시오.

(1) _____ in the park, I met a famous movie star. (walk)

(2) _____ alone, the baby began to cry. (leave)

(3) _____ any friends, he was always lonely. (not, have)

2 과거완료

- The article said Alfred Nobel **had died** in France from a heart attack.
  기사가 쓰인 시점보다 먼저 일어난 일

  기사에는 Alfred Nobel이 심장 마비로 프랑스에서 죽었다고 쓰여 있었다.

- They **had finished** the pizza before their friends arrived.
  친구들이 도착한 시점보다 먼저 일어난 일

  그들은 친구들이 도착하기 전에 피자를 다 먹었다.

(1) 형태와 쓰임: 과거완료는 「had + 과거분사」의 형태로 쓰며, 과거의 특정 시점보다 먼저 일어난 일이나 상태를 나타낸다.

- They **had lived** in Jeju-do for two years before they moved to Seoul.
  과거완료 / 과거
  그들은 서울로 이사하기 전에 제주도에서 2년 동안 살았었다.

- When I arrived at the party, Lucy **had** already **gone** home.
  과거 / 과거완료
  내가 파티에 도착했을 때, Lucy는 이미 집에 가 버렸었다.

- I wondered who **had left** the door open. 나는 누가 문을 열어 놓았는지 궁금했다.
  과거 / 과거완료

시험 포인트 **point**
과거완료의 형태가 올바른지와 의미상 바르게 사용되었는지 파악하는 문제가 자주 출제돼요.

동사의 과거형
Last weekend, Harry's family **went** on a camping trip.
지난 주말에 Harry의 가족은 캠핑 여행을 갔다.
[중1 4과]

(2) 과거완료의 부정은 「had not/never + 과거분사」의 형태로 쓴다.

- I **had not eaten** dinner, so I was very hungry.
  나는 저녁을 못 먹어서 배가 매우 고팠다.

- He was very nervous because he **had never been** on a plane before.
  그는 전에 비행기를 타 본 적이 없었기 때문에 매우 긴장했다.

현재완료 (has/have + 과거분사)
My father **has been** invisible since last night.
우리 아빠는 어젯밤부터 보이지 않았다.
[중2 2과]

(3) 과거완료는 과거의 특정 시점보다 이전에 일어난 일이 과거의 그 시점까지 영향을 미쳤음을 나타낼 때도 쓴다.

- When I met him last week, he **had been** ill for a month. ← 그가 아팠던 일이 지난주에 내가 그를 만난 시점까지 계속됨
  내가 지난주에 그를 만났을 때 그는 한 달 동안 아팠었다.

- We **had had** that car for ten years before it broke down. ← 차를 소유했던 사실이 차가 고장 난 과거 시점까지 계속됨
  우리는 그 차가 고장 나기 전까지 10년 동안 소유하고 있었다.

QUICK CHECK

1 다음 괄호 안에서 알맞은 것을 고르시오.

(1) My father (has just returned / had just returned) from Canada when I was born.
(2) She was very tired because she (not had slept / hadn't slept) well.
(3) When he walked through the door, his family (has already finished / had already finished) dinner.

2 다음 괄호 안의 단어를 이용하여 빈칸에 알맞은 말을 쓰시오.

(1) When he arrived at the theater, the play _____ already _____. (start)
(2) I didn't watch the movie because I _____ it before. (see)
(3) Olivia _____ to Paris before she moved there. (never, be)

연습 문제

1 분사구문

A 다음 문장을 분사구문을 포함한 문장으로 바꿔 쓰시오. (접속사는 생략할 것)

1 After he stopped the car, he opened the door.

→ _____, he opened the door.

2 As I don't know the answer, I can't tell her.

→ _____, I can't tell her.

3 When I walked my dog in the park, I met my friend.

→ _____, I met my friend.

B 다음 문장을 [보기]에서 알맞은 접속사를 골라 부사절을 포함한 문장으로 바꿔 쓰시오.

[보기]	if	when	because

1 Opening the door, I saw my brother playing computer games.

→ _____, I saw my brother playing computer games.

2 Turning left at the corner, you'll find the bookstore.

→ _____, you'll find the bookstore.

3 Having a bad cold, she couldn't go outside.

→ _____, she couldn't go outside.

C 다음 문장이 분사구문을 포함한 문장이 되도록 어법상 **틀린** 부분을 찾아 바르게 고쳐 쓰시오.

1 Felt tired, he turned the TV off and went to bed. _____ → _____

2 Knowing not what to say, I kept silent. _____ → _____

3 They smiling brightly, they shook hands. _____ → _____

4 Work night and day, he finished the project. _____ → _____

D 다음 우리말과 같도록 괄호 안의 말을 사용하여 분사구문으로 문장을 완성하시오. (접속사는 생략할 것)

1 이 버스를 타면, 너는 도서관에 도착할 거야. (take)

→ _____, you will get to the library.

2 그 파티에 초대받아서 그녀는 매우 기뻤다. (invite to)

→ _____, she was very happy.

3 그 숙제를 끝내지 못해서 나는 친구들과 야구를 할 수 없었다. (not, finish)

→ _____, I couldn't play baseball with my friends.

2 과거완료

A 다음 괄호 안에서 알맞은 것을 고르시오.

1 I ate a piece of the cake that my mom (has made / had made).

2 By the time she went out to play, she (had already did / had already done) her homework.

3 I could not remember the poem that we (have learned / had learned) the week before last.

4 The waiter brought a drink that I (had not ordered / not had ordered).

B 다음 문장의 밑줄 친 부분이 어법상 **틀렸으면** 바르게 고쳐 쓰시오.

1 It <u>has just started</u> to snow when we got off the bus.　　→ _____

2 She <u>never had seen</u> a bear before she moved to Alaska.　→ _____

3 I did not have any money because I <u>had lose</u> my wallet.　→ _____

4 I had often seen him on TV before we <u>had met</u> in person.　→ _____

C 다음 우리말과 같도록 괄호 안의 말을 사용하여 문장을 완성하시오.

1 엄마가 내게 사과 하나를 가져다 주셨을 때쯤에 나는 이미 요리를 끝냈었다. (bring, finish)

→ By the time my mom _____ me an apple, I _____ already _____ cooking.

2 Ben은 결혼하기 전에 베이징에서 10년 동안 살았었다. (live, get married)

→ Ben _____ _____ in Beijing for 10 years before he _____ _____.

3 내가 그녀를 지난주에 만났을 때, 그녀는 두 달 동안 아팠었다. (meet, be)

→ When I _____ her last week, she _____ _____ sick for two months.

D 다음 우리말과 같도록 괄호 안의 단어들을 바르게 배열하여 문장을 완성하시오.

1 Betty의 식물들은 그녀가 그것들에게 물을 주지 않았기 때문에 죽었다.

→ Betty's plants _____ .

(because, she, them, died, hadn't, watered)

2 Jane은 그녀의 아버지가 그녀에게 사 주셨던 반지를 잃어버렸다.

→ Jane _____ .

(that, lost, her father, had, for, her, the ring, bought)

3 Henry는 내가 그것을 추천하기 전에 그 영화를 이미 본 적이 있었다.

→ Henry _____ .

(recommended, before, it, had, I, seen, already, the movie)

[01-02] 다음 두 문장의 의미가 같도록 할 때, 빈칸에 들어갈 말로 알맞은 것을 고르시오.

01 When he stayed in Seoul, Jack visited many interesting places.
→ _____ in Seoul, Jack visited many interesting places.

① Stay ② Be stay ③ Staying
④ He staying ⑤ When stay

02 Not receiving an answer, I wrote to her again.
→ _____ I didn't receive an answer, I wrote to her again.

① If ② Before ③ Until
④ Because ⑤ Unless

[03-04] 다음 빈칸에 들어갈 말로 알맞은 것을 고르시오.

03 I got up late because I _____ to set the alarm.

① forget ② forgetting ③ to forget
④ has forgotten ⑤ had forgotten

04 _____ on the bench, I had a sandwich and an apple.

① Sit ② Seat ③ Sitting
④ To sit ⑤ Have sat

05 다음 빈칸에 알맞은 말이 순서대로 짝 지어진 것은?

The robbers _____ the bank when the policemen finally _____.

① left – arrives ② left – arriving
③ left – had arrived ④ had left – arrived
⑤ had left – had arrived

06 다음 ①~⑤ 중 not이 들어가기에 알맞은 곳은?

The land (①) was very (②) dry (③) because it (④) had (⑤) rained for weeks.

07 다음 우리말을 영어로 바르게 옮긴 것은?

내가 집에 도착했을 때 아버지는 이미 잠자리에 드셨었다.

① After I got home, my father went to bed.
② My father didn't go to bed before I got home.
③ My father had already gone to bed when I got home.
④ My father doesn't go to bed before I get home.
⑤ When I got home, my father has already gone to bed.

고난도

08 다음 중 밑줄 친 부분의 쓰임이 다른 하나는?

① Thank you for <u>helping</u> me.
② I saw the boy <u>running</u> over there.
③ <u>Knowing</u> the answer, I raised my hand.
④ He drank coffee while <u>reading</u> the newspaper.
⑤ I heard her <u>screaming</u> this morning.

[09-10] 다음 밑줄 친 ①~⑤ 중 어법상 틀린 것을 고르시오.

09 ①<u>Seen</u> the bus ②<u>coming</u> ③<u>around</u> the corner, he ④<u>started</u> ⑤<u>to run</u>.

①   ②   ③   ④   ⑤

10 She ①<u>has learned</u> ②<u>to play</u> ③<u>four musical instruments</u> ④<u>before she turned</u> ⑤<u>20 years old</u>.

①   ②   ③   ④   ⑤

신유형

11 다음 우리말을 영어로 옮길 때 쓰이지 <u>않는</u> 단어는?

내가 그곳에 도착했을 때쯤에 콘서트는 이미 끝나 있었다.

① arrived   ② there   ③ ended
④ already   ⑤ have

한 단계 더!

12 다음 밑줄 친 ①~⑤ 중 생략할 수 있는 것은?

①<u>Not</u> ②<u>being</u> ③<u>satisfied</u> ④<u>with</u> the result, he shook his head ⑤<u>and</u> started crying.

①   ②   ③   ④   ⑤

고난도

13 다음 중 밑줄 친 부분이 어법상 <u>틀린</u> 문장은?

① <u>Walking</u> down the street, I saw Simon.
② <u>Floating</u> in the pool, she looked up at the blue sky.
③ When I saw him, he <u>has looked for</u> his ring for an hour.
④ Ms. White asked what <u>had happened</u> to me last week.
⑤ <u>Not understanding</u> Tom's question, I couldn't give him an answer.

한 단계 더!

14 다음 밑줄 친 부사절을 분사구문으로 바르게 바꾼 것은?

<u>As he was surprised at the news</u>, Jake couldn't say a word.

① Surprise at the news
② Surprised at the news
③ Surprising at the news
④ Had surprised at the news
⑤ Been surprised at the news

15 다음 두 문장에 대한 설명으로 <u>틀린</u> 것은?

> ⓐ Waiting for Ellie, I made some tea.
> ⓑ Filling with pride, he walked towards the stage.

① ⓐ는 어법상 옳고 ⓑ는 틀렸다.
② ⓐ는 While I waited for Ellie, I made some tea.의 뜻이다.
③ ⓐ의 부사절에서 생략된 주어는 I이다.
④ ⓑ의 Filling을 Being filling으로 고쳐야 한다.
⑤ ⓑ의 부사절에서 생략된 주어는 he이다.

16 다음 중 어법상 옳은 것은?

① I found the wallet that I had been lost.
② He had been not to Cape Town before 1997.
③ She has lived in Spain before she went to Greece.
④ The waves destroyed the sandcastle that we had built.
⑤ She had wait for two hours when Tom arrived.

17 다음 문장과 의미가 같은 것은?

> Being sick, I stayed home all day.

① When I am sick, I stay home all day.
② Because I am sick, I will stay home all day.
③ Because she was sick, I stayed home all day.
④ As I was sick, I stayed home all day.
⑤ If I were sick, I would stay home all day.

18 다음 중 밑줄 친 분사구문을 부사절로 바꿀 때 접속사 because를 쓸 수 <u>없는</u> 것은?

① <u>Being tired</u>, Tom didn't go out.
② <u>Feeling hungry</u>, she ate the whole pizza.
③ <u>Having a toothache</u>, I went to the dentist.
④ <u>Writing his diary</u>, he listened to the radio.
⑤ <u>Not knowing he was lying</u>, I believed him.

19 다음 밑줄 친 부분을 어법상 바르게 고친 것 중 <u>틀린</u> 것은?

① <u>Had</u> a lot of work to do, I couldn't go out.
  → Having
② I <u>haven't talked</u> to Helen for a week by that time.
  → hadn't talked
③ <u>Read</u> a book, Ann spent the whole day on the sofa.
  → Reading
④ When I <u>had arrived</u>, the tickets had already sold out. → arrived
⑤ I couldn't get on the train as I <u>haven't brought</u> my ticket. → hadn't bring

20 다음 중 어법상 옳은 문장의 개수는?

> ⓐ Knowing not what to do, I called the police.
> ⓑ Covered with heavy snow, the road was very dangerous.
> ⓒ He had never rode a horse before then.
> ⓓ Uncle Harry went to the doctor after he had been ill for months.

① 0개　　② 1개　　③ 2개　　④ 3개　　⑤ 4개

21 다음 두 문장의 뜻이 같도록 [조건]에 맞게 문장을 완성하시오.

[조건]   1. 부사절을 분사구문으로 바꿔 쓸 것
         2. 접속사를 반드시 생략할 것

(1) When she heard the news, my sister wanted to cry.

→ _____ ,

my sister wanted to cry.

(2) Since he didn't feel well, he stayed in bed.

→ _____ ,

he stayed in bed.

(3) Because I'm interested in movies, I go to the theater at least twice a month.

→ _____ ,

I go to the theater at least twice a month.

22 다음 문장을 [조건]에 맞게 바꿔 쓰시오.

[조건]   1. 분사구문을 부사절로 바꿔 쓸 것
         2. [보기]에서 알맞은 접속사를 골라 사용할 것

[보기]   if   when   because

(1) Not having any money, I can't buy the bag.

→ _____

_____

(2) Washing the dishes, I sing songs.

→ _____

_____

(3) Leaving now, you can catch the train.

→ _____

_____

23 다음 그림을 보고, [조건]에 맞게 문장을 완성하시오.

[조건]   1. 완료 시제를 사용할 것
         2. [보기]에서 알맞은 말을 골라 사용할 것

[보기] • already clean the board
       • already eat an apple
       • already water the plants

(1) When Tom opened the door, Alex _____

_____ .

(2) When Tom opened the door, Seho _____

_____ .

(3) When Tom opened the door, Kate _____

_____ .

24 다음 우리말과 같도록 괄호 안의 말을 사용하여 문장을 완성하시오. (완료 시제를 사용할 것)

(1) 나는 그때까지 그를 만나 본 적이 전혀 없었다.

→ _____ up to that time.

(never, meet)

(2) 그들은 그가 몇 년간 아팠었다고 말했다.

→ They said that _____ .

(be, sick, for years)

(3) 내가 그녀의 집에 갔을 때, Mary는 이미 공항으로 떠나 버렸다.

→ When I got to her house, _____

_____ .

(leave, for the airport)

당신은 어떻게 기억될까요?

How Will You Be Remembered?

01 그저 평범한 아침이었다.

01 It was just a normal morning.
시간을 나타내는 비인칭 주어

02 Alfred Nobel은 신문을 읽으려고 의자에 앉았다.

02 Alfred Nobel sat in his chair to read the newspaper.
부사적 용법의 to부정사 (목적)

03 그가 커피를 마시는 동안 한 기사 제목이 그의 눈길을 끌었다. "죽음의 상인, Alfred Nobel 사망하다."

03 While he was drinking his coffee, a headline caught his eye:
접 ~하는 동안   catch one's eye: ~의 눈길을 끌다
The Merchant of Death, Alfred Nobel, Is Dead.
└─ 동격 ─┘

04 "뭐라고? 이게 뭐지?"

04 "What? What is this?"
앞 문장에 나온 기사 제목을 가리킴

05 기사를 읽으며 그는 놀라서 컵을 떨어뜨렸다.

05 Reading the article, he dropped his cup in surprise.
분사구문 (= As he read the article)

06 커피가 그의 옷과 책상 곳곳에 쏟아졌지만, 그는 신문에서 눈을 뗄 수 없었다.

06 His coffee spilled all over his clothes and desk, but he couldn't take his
곳곳에   can't take one's eyes off: ~에서 눈을 뗄 수 없다
eyes off the newspaper.

07 기사는 그 자신의 죽음에 관한 것이었다!

07 The article was about his own death!

08 기사에는 Nobel이 심장 마비로 프랑스에서 죽었다고 쓰여 있었다.

┌ 앞 문장의 The article을 가리킴
08 It said Nobel had died in France from a heart attack.
과거완료: had+과거분사 (기사가 쓰인 것보다 먼저 일어난 일임을 나타냄)

09 "오, 이럴 수가! 내가 죽었다고?"

09 "Oh my goodness! Am I dead?"

10 숨을 고른 후, Nobel은 계속 읽었다.

┌ catch one's breath: 숨을 고르다   ┌ keep+동명사: 계속 ~하다
10 Catching his breath, Nobel kept reading.
분사구문 (= After he caught his breath)

11 곧, 그는 훨씬 더 충격을 받게 되었다.

11 Soon, he became even more shocked.
부 훨씬 (비교급 more shocked 강조)

12 기사는 그를 전쟁에 쓰이는 다이너마이트와 다른 위험한 물건들의 발명가로 기술했다.

12 The article described him as the inventor of dynamite and other dangerous
describe A as B: A를 B로 기술하다(묘사하다)
objects for war.

13 기사에는 그가 다른 사람들의 죽음으로 인해 부유해졌다고 쓰여 있었다.

┌ 앞 문장의 The article을 가리킴
13 It said that he had become rich from the deaths of others.
과거완료: had+과거분사 (기사가 쓰인 것보다 먼저 일어난 일임을 나타냄)

14 그는 자신의 눈을 믿을 수 없었다.

14 He couldn't believe his eyes.

15 다이너마이트가 그의 많은 발명품 중 하나인 것은 사실이었다.

┌ one of+복수 명사: ~ 중 하나
15 It was true that dynamite was one of his many inventions.
가주어   진주어

16 But he never imagined that the world would think of him as "the merchant
명사절을 이끄는 접속사   think of A as B: A를 B로 생각하다
of death."

16 하지만 그는 세상이 그를 '죽음의 상인'으로 생각할 거라고는 결코 상상하지 못했다.

17 Nobel was deeply disappointed.
주어가 감정을 느끼는 주체이므로 과거분사 형태의 형용사를 씀

17 Nobel은 몹시 실망했다.

18 "How could this be?

18 "어떻게 이럴 수가 있지?

19 This is unbelievable!

19 이건 믿을 수 없어!

20 I'm not a merchant of death.

20 나는 죽음의 상인이 아니야.

21 I want to be remembered in a different way.
수동태 (be동사 + 과거분사)

21 나는 다르게 기억되고 싶어.

22 I want to be remembered as a person [who made the world better]."
관계대명사절이 선행사 a person을 꾸며 줌
be remembered as: ~으로 기억되다   주격 관계대명사

22 나는 세상을 더 좋게 만든 사람으로 기억되고 싶어."

decide는 목적어로 to부정사 사용
23 He decided to change people's opinions about him.
사람들이 Nobel을 '죽음의 상인'으로 일컫는 것을 가리킴

23 그는 자신에 대한 사람들의 견해를 바꾸기로 결심했다.

24 In 1888, a French newspaper mistakenly reported Alfred Nobel's death.
in + 연도   ⑨ 실수로

24 1888년에, 한 프랑스 신문이 실수로 Alfred Nobel의 죽음을 보도했다.

관계대명사절이 선행사 The person을 꾸며 줌
25 The person [who had actually died] was his brother, Ludvig.
주격 관계대명사 ┘   과거완료: had + 과거분사   └ 동격 ┘
                   (신문 보도보다 먼저 일어난 일임을 나타냄)

25 실제로 죽은 사람은 그의 형인 Ludvig이었다.

26 Thanks to the report, however, Nobel decided to do something to contribute
thanks to + 명사(구): ~ 덕분에
to the world.

26 하지만 그 보도 덕분에, Nobel은 세상에 공헌하기 위해 무언가를 하기로 결심했다.

27 In 1895, he decided to use his money to create the Nobel Prize.
부사적 용법의 to부정사 (목적)

27 1895년에, 그는 자신의 돈을 노벨상을 만드는 데 사용하기로 결정했다.

there were + 복수 명사: ~이 있었다
28 Originally, there were only five awards.
⑨ 원래 (문장 전체 수식)

28 원래는 다섯 종류의 상만 있었다.

29 A sixth award was added in 1968.
수동태 (be동사 + 과거분사)

29 여섯 번째 상은 1968년에 추가되었다.

30 Today, when we think of Alfred Nobel, we think of the Nobel Prize,
⑨ ~할 때
rather than dynamite.

30 오늘날 우리가 Alfred Nobel을 생각할 때, 우리는 다이너마이트보다는 노벨상을 떠올린다.

Reading

빈칸 채우기

STEP
A

우리말 뜻과 일치하도록 교과서 본문의 문장을 완성하시오.

중요 문장

01 It was just _____ _____ _____.

01 그저 평범한 아침이었다.

02 Alfred Nobel sat in his chair _____ _____ the newspaper.

02 Alfred Nobel은 신문을 읽으려고 의자에 앉았다.

03 While he was drinking his coffee, a headline _____ _____ _____: *The Merchant of Death, Alfred Nobel, Is Dead*.

03 그가 커피를 마시는 동안 한 기사 제목이 그의 눈길을 끌었다. "죽음의 상인, Alfred Nobel 사망하다."

04 "What? _____ _____ _____?"

04 "뭐라고? 이게 뭐지?"

05 _____ _____ _____, he dropped his cup in surprise.

05 기사를 읽으며 그는 놀라서 컵을 떨어뜨렸다.

06 His coffee spilled all over his clothes and desk, but he _____ _____, _____ _____ the newspaper.

06 커피가 그의 옷과 책상 곳곳에 쏟아졌지만, 그는 신문에서 눈을 뗄 수 없었다.

07 The article was about _____ _____ _____!

07 기사는 그 자신의 죽음에 관한 것이었다!

08 It said Nobel _____ _____ in France from a heart attack.

08 기사에는 Nobel이 심장 마비로 프랑스에서 죽었다고 쓰여 있었다.

09 "Oh my goodness! _____ _____ _____?"

09 "오, 이럴 수가! 내가 죽었다고?"

10 Catching his breath, Nobel _____ _____.

10 숨을 고른 후, Nobel은 계속 읽었다.

11 Soon, he became _____ _____ _____.

11 곧, 그는 훨씬 더 충격을 받게 되었다.

12 The article _____ _____ _____ the inventor of dynamite and other dangerous objects for war.

12 기사는 그를 전쟁에 쓰이는 다이너마이트와 다른 위험한 물건들의 발명가로 기술했다.

13 It said that he _____ _____ rich from the deaths of others.

13 기사에는 그가 다른 사람들의 죽음으로 인해 부유해졌다고 쓰여 있었다.

14 He _____ _____ _____ _____.

14 그는 자신의 눈을 믿을 수 없었다.

15 It was true that dynamite was _____ _____ _____ _____ _____.

15 다이너마이트가 그의 많은 발명품 중 하나인 것은 사실이었다.

16 But he never imagined that the world would _____ _____ _____ _____ "the merchant of death."

16 하지만 그는 세상이 그를 '죽음의 상인'으로 생각할 거라고는 결코 상상하지 못했다.

17 Nobel _____ _____ _____.

17 Nobel은 몹시 실망했다.

18 "_____ _____ this be?

18 "어떻게 이럴 수가 있지?

19 This is _____!

19 이건 믿을 수 없어!

20 I'm not _____ _____ _____ _____.

20 나는 죽음의 상인이 아니야.

21 I want to _____ _____ in a different way.

21 나는 다르게 기억되고 싶어.

22 I want to be remembered as a person who _____ _____ _____ _____."

22 나는 세상을 더 좋게 만든 사람으로 기억되고 싶어."

23 He _____ _____ _____ people's opinions about him.

23 그는 자신에 대한 사람들의 견해를 바꾸기로 결심했다.

24 In 1888, a French newspaper _____ _____ Alfred Nobel's death.

24 1888년에, 한 프랑스 신문이 실수로 Alfred Nobel의 죽음을 보도했다.

25 The person who _____ actually _____ was his brother, Ludvig.

25 실제로 죽은 사람은 그의 형인 Ludvig이었다.

26 Thanks to the report, however, Nobel decided to do something _____ _____ to the world.

26 하지만 그 보도 덕분에, Nobel은 세상에 공헌하기 위해 무언가를 하기로 결심했다.

27 In 1895, he decided to use his money _____ _____ the Nobel Prize.

27 1895년에, 그는 자신의 돈을 노벨상을 만드는 데 사용하기로 결정했다.

28 Originally, _____ _____ only five awards.

28 원래는 다섯 종류의 상만 있었다.

29 A sixth award _____ _____ in 1968.

29 여섯 번째 상은 1968년에 추가되었다.

30 Today, when we think of Alfred Nobel, we think of the Nobel Prize, _____ _____ dynamite.

30 오늘날 우리가 Alfred Nobel을 생각할 때, 우리는 다이너마이트보다는 노벨상을 떠올린다.

바른 어휘 · 어법 고르기

글의 내용과 문장의 어법에 맞게 괄호 안에서 알맞은 어휘를 고르시오.

01 It (was / were) just a normal morning.

02 Alfred Nobel sat in his chair (read / to read) the newspaper.

03 (If / While) he was drinking his coffee, a headline caught his eye: *The Merchant of Death, Alfred Nobel, Is Dead*.

04 "What? (What / Why) is this?"

05 (Read / Reading) the article, he dropped his cup in surprise.

06 His coffee spilled all over his clothes and desk, but he couldn't take his eyes (on / off) the newspaper.

07 The article was about his own (birth / death)!

08 It said Nobel (has died / had died) in France from a heart attack.

09 "Oh my goodness! Am I (dead / death)?"

10 (Catching / Caughting) his breath, Nobel kept reading.

11 Soon, he became (very / even) more shocked.

12 The article described (him / himself) as the inventor of dynamite and other dangerous objects for war.

13 It said (that / what) he had become rich from the deaths of others.

14 He couldn't believe his (eyes / words).

15 It was true that dynamite was (one / some) of his many inventions.

16 But he never imagined that the world would think (of / into) him as "the merchant of death."

17 Nobel was deeply (disappointing / disappointed).

18 "How could this (is / be)?

19 This is (amazing / unbelievable)!

20 I'm (just / not) a merchant of death.

21 I want to (be remembered / remember) in a different way.

22 I want to be remembered as a person (which / who) made the world better."

23 He decided to (ask / change) people's opinions about him.

24 In 1888, a French newspaper (mistake / mistakenly) reported Alfred Nobel's death.

25 The person who had actually died (was / were) his brother, Ludvig.

26 Thanks to the report, however, Nobel decided to do something (contributed / to contribute) to the world.

27 In 1895, he (decided / has decided) to use his money to create the Nobel Prize.

28 (Lastly / Originally), there were only five awards.

29 A sixth award (added / was added) in 1968.

30 Today, when we think of Alfred Nobel, we think of the Nobel Prize, (rather than / more than) dynamite.

Reading

틀린 문장 고치기

밑줄 친 부분이 내용이나 어법상 바르면 ○, 어색하면 ✕에 표시하고 고쳐 쓰시오.

01 That <u>was</u> just a normal morning. ○ ✕

02 Alfred Nobel <u>sitting</u> in his chair to read the newspaper. ○ ✕

03 <u>During</u> he was drinking his coffee, a headline caught his eye: *The Merchant of Death, Alfred Nobel, Is Dead.* ○ ✕

04 "What? <u>Where</u> is this?" ○ ✕

05 Reading the article, he dropped his cup in <u>peace</u>. ○ ✕

06 His coffee spilled all over his clothes and desk, but he <u>could</u> take his eyes off the newspaper. ○ ✕

07 The article <u>was about</u> his own death! ○ ✕

08 It said Nobel <u>had been died</u> in France from a heart attack. ○ ✕

09 "Oh my goodness! Am I <u>death</u>?" ○ ✕

10 Catching his breath, Nobel kept <u>to read</u>. ○ ✕

11 Soon, he became even <u>less</u> shocked. ○ ✕

12 The article described him as the inventor of dynamite and other <u>safe</u> objects for war. ○ ✕

13 It said that he had become <u>poor</u> from the deaths of others. ○ ✕

14 He <u>couldn't believe</u> his eyes. ○ ✕

15 It was true that dynamite was one of his <u>much</u> inventions. ○ ✕

16 But he never imagined that the world would think of him <u>with</u> "the merchant of death." ○ ✕

17 Nobel was <u>slightly</u> disappointed. ○ ✕

18	"How could this be?	○	×

19	This is believable!	○	×

20	I'm not a merchant of life.	○	×

21	I want to be remembered in a same way.	○	×

22	I want to be remembered as a person who made the world worse."	○	×

23	He decided to change people's opinions about him.	○	×

24	In 1888, a French newspaper correctly reported Alfred Nobel's death.	○	×

25	The person whom had actually died was his brother, Ludvig.	○	×

26	Thanks to the report, however, Nobel decided doing something to contribute to the world.	○	×

27	In 1895, he decided to use his money to win the Nobel Prize.	○	×

28	Originally, there was only five awards.	○	×

29	A sixth award was added in 1968.	○	×

30	Today, since we think of Alfred Nobel, we think of the Nobel Prize, rather than dynamite.	○	×

STEP
A

주어진 단어를 바르게 배열하여 문장을 쓰시오.

01 그저 평범한 아침이었다. (a normal morning / was / just / it)

→

02 Alfred Nobel은 신문을 읽으려고 의자에 앉았다. (in his chair / sat / to read / the newspaper / Alfred Nobel)

→

03 그가 커피를 마시는 동안, 한 기사 제목이 그의 눈길을 끌었다. "죽음의 상인, Alfred Nobel 사망하다."

(a headline / caught / *The Merchant of Death, Alfred Nobel, Is Dead* / his coffee, / while / was drinking / he / his eye:)

→

04 "뭐라고? 이게 뭐지?" (what / this / what / is)

→

05 기사를 읽으며, 그는 놀라서 그의 컵을 떨어뜨렸다. (reading / his cup / the article, / he / in surprise / dropped)

→

06 커피가 그의 옷과 책상 곳곳에 쏟아졌지만, 그는 신문에서 눈을 뗄 수 없었다.

(he / take his eyes off / spilled / the newspaper / all over his clothes and desk, / his coffee / but / couldn't)

→

07 기사는 그 자신의 죽음에 관한 것이었다! (was / his own death / about / the article)

→

08 그것(기사)에는 Nobel이 심장 마비로 프랑스에서 죽었다고 쓰여 있었다.

(in France / had died / it / from a heart attack / Nobel / said)

→

09 "오, 이럴 수가! 내가 죽었다고?" (I / my goodness / am / oh / dead)

→

10 숨을 고른 후, Nobel은 계속 읽었다. (kept / catching / reading / his breath, / Nobel)

→

11 곧, 그는 훨씬 더 충격을 받게 되었다. (even / he / soon, / became / more shocked)

→

12 기사는 그를 전쟁에 쓰이는 다이너마이트와 다른 위험한 물건들의 발명가로 기술했다.

(of dynamite / him / other dangerous objects / the article / for war / described / as / the inventor / and)

→

13 그것(기사)에는 그가 다른 사람들의 죽음으로 인해 부유해졌다고 쓰여 있었다.

(had become / said / of others / he / rich / from the deaths / it / that)

→

14 그는 자신의 눈을 믿을 수 없었다. (couldn't / believe / he / his eyes)

→

15 다이너마이트가 그의 많은 발명품 중 하나인 것은 사실이었다.

(dynamite / it / of his many inventions / true / one / that / was / was)

→

16 하지만 그는 세상이 그를 '죽음의 상인'으로 생각할 거라고는 결코 상상하지 못했다.

(as / "the merchant of death" / the world / he / never imagined / but / that / would think of / him)

→

17 Nobel은 몹시 실망했다. (deeply / Nobel / disappointed / was)

→

18 "어떻게 이럴 수가 있지? (this / could / be / how)

→

19 이건 믿을 수 없어! (unbelievable / this / is)

→

20 나는 죽음의 상인이 아니야. (a merchant / I'm / of death / not)

→

21 나는 다르게 기억되고 싶어. (I / to be remembered / in a different way / want)

→

22 나는 세상을 더 좋게 만든 사람으로 기억되고 싶어."

(better / I / to be remembered / who / made / as / the world / a person / want)

→

23 그는 자신에 대한 사람들의 견해를 바꾸기로 결심했다. (decided / he / him / about / people's opinions / to change)

→

24 1888년에, 한 프랑스 신문이 실수로 Alfred Nobel의 죽음을 보도했다.

(mistakenly / in 1888, / Alfred Nobel's death / a French newspaper / reported)

→

25 실제로 죽은 사람은 그의 형인 Ludvig이었다. (had actually died / his brother, / the person / was / Ludvig / who)

→

26 하지만 그 보도 덕분에, Nobel은 세상에 공헌하기 위해 무언가를 하기로 결심했다.

(decided / to contribute / however, / the report, / Nobel / to do something / to the world / thanks to)

→

27 1895년에, 그는 자신의 돈을 노벨상을 만드는 데 사용하기로 결정했다.

(to use / in 1895, / decided / the Nobel Prize / his money / to create / he)

→

28 원래는, 다섯 종류의 상만 있었다. (there / only / were / originally, / five awards)

→

29 여섯 번째 상은 1968년에 추가되었다. (a sixth award / in 1968 / was added)

→

30 오늘날, 우리가 Alfred Nobel을 생각할 때, 우리는 다이너마이트보다는 노벨상을 떠올린다.

(think of Alfred Nobel, / we / rather than / today, / we / think of the Nobel Prize, / when / dynamite)

→

[01-05] 다음 글을 읽고, 물음에 답하시오.

It was just a normal morning. Alfred Nobel sat in his chair @to read the newspaper. While he was drinking his coffee, a(n) _____ⓑ_____ caught his eye: *The Merchant of Death, Alfred Nobel, Is Dead.*

"What? What is this?"

ⓒReading the article, he dropped his cup ⓓ놀라서. His coffee spilled all over his clothes and desk, but he couldn't take his eyes off the newspaper.

01 윗글의 밑줄 친 @와 쓰임이 같은 것은?

① He wanted to win the prize.
② She has many dishes to wash.
③ His dream is to be a photographer.
④ It is dangerous to swim there alone.
⑤ He left early to be on time for the meeting.

02 윗글의 빈칸 ⓑ에 들어갈 말로 알맞은 것은?

① sign   ② object   ③ program
④ picture   ⑤ headline

03 윗글의 밑줄 친 ⓒ와 의미가 같은 것은?

① If he reads the article
② As he read the article
③ Before he read the article
④ Because he reads the article
⑤ Although he read the article

04 윗글의 밑줄 친 ⓓ의 우리말과 의미가 같도록 빈칸에 알맞은 말을 쓰시오.

→ _____ surprise

05 윗글을 읽고 바르게 이해하지 못한 사람을 모두 고르면?

① 소윤: Alfred Nobel은 아침에 신문을 읽었구나.
② 은재: Alfred Nobel은 자신의 죽음에 관한 기사를 봤구나.
③ 수호: Alfred Nobel은 상인이 되고 싶었구나.
④ 우빈: Alfred Nobel이 마시던 커피가 옷과 책상에 쏟아졌구나.
⑤ 준희: Alfred Nobel은 충격 때문에 눈을 뜰 수 없었구나.

[06-10] 다음 글을 읽고, 물음에 답하시오.

The article was about his own death! It _____(A)_____ Nobel _____(B)_____ in France from a @heart attack.

"Oh my goodness! Am I dead?"

ⓑCatching his breath, Nobel ⓒkept reading. Soon, he became _____(C)_____ more shocked. The article ⓓdescribed him as the inventor of dynamite and other dangerous objects for war. It said that he had become rich from the deaths of others. He couldn't believe his eyes. It was true that dynamite was one of his many inventions. But he never imagined that the world would ⓔthink of him as "the merchant of death."

06 윗글의 빈칸 (A)와 (B)에 알맞은 말이 순서대로 짝 지어진 것은?

① says – dies

② said – dies

③ said – had died

④ has said – died

⑤ had said – had died

07 윗글의 밑줄 친 @~@의 우리말 뜻이 알맞지 <u>않은</u> 것은?

① @: 심장 마비

② ⓑ: 숨을 참고서

③ ⓒ: 계속 읽었다

④ ⓓ: 그를 ~으로 기술했다

⑤ ⓔ: 그를 ~으로 생각하다

08 윗글의 빈칸 (C)에 들어갈 수 <u>없는</u> 것은?

① far   ② even   ③ a lot

④ very   ⑤ much

09 윗글에서 다음 영어 뜻풀이에 해당하는 단어를 찾아 쓰시오.

> a person whose job is to buy and sell products in large amounts

→ _____

10 윗글의 Nobel에 대한 설명으로 알맞지 <u>않은</u> 것은?

① 자신이 죽었다는 기사를 읽었다.

② 기사 내용 때문에 심장 마비로 쓰러졌다.

③ 자신에 대한 부정적인 기사에 충격을 받았다.

④ 다이너마이트를 발명했다.

⑤ '죽음의 상인'으로 평가됐다.

[11-14] 다음 글을 읽고, 물음에 답하시오.

> Nobel was deeply disappointed.
> "How could this be? This is (A) unbelievable / believable ! I'm not a merchant of death. I want to be remembered in a (B) similar / different way. I want to be remembered as a person _____@_____ made the world (C) better / worse ."
> ⓑ그는 자신에 대한 사람들의 견해를 바꾸기로 결심했다.

11 윗글의 앞에 나올 내용으로 알맞은 것은?

① Nobel이 죽음의 상인이 아닌 이유

② Nobel이 되고 싶은 인간상

③ 타인에 대한 Nobel의 태도

④ 세상을 더 좋게 바꾸기 위한 Nobel의 노력

⑤ Nobel에 대한 세상 사람들의 부정적인 평가

고
/난도
12 윗글의 (A)~(C)에서 흐름상 알맞은 말이 바르게 짝 지어진 것은?

	(A)	(B)	(C)
①	unbelievable	similar	better
②	unbelievable	different	better
③	unbelievable	different	worse
④	believable	similar	better
⑤	believable	different	worse

STEP
A

13 윗글의 빈칸 ⓐ에 들어갈 말로 알맞은 것은?

① who   ② what   ③ which

④ whom   ⑤ whose

14 윗글의 밑줄 친 ⓑ의 우리말을 영어로 옮길 때, 네 번째로 오는 단어는?

① to   ② change   ③ opinions

④ about   ⑤ him

[15-20] 다음 글을 읽고, 물음에 답하시오.

In 1888, a French newspaper ①mistakenly reported Alfred Nobel's death. The person who ②had actually died was his brother, Ludvig. Thanks ___(A)___ the report, however, Nobel decided to do something to contribute ___(B)___ the world. In 1895, he decided to use his money ③to create the Nobel Prize. (C)Originally, there ④were only five awards. A sixth award ⑤added in 1968. Today, when we think of Alfred Nobel, we think of the Nobel Prize, ___(D)___ dynamite.

15 윗글의 밑줄 친 ①~⑤ 중 어법상 틀린 것은?

①   ②   ③   ④   ⑤

16 윗글의 빈칸 (A)와 (B)에 공통으로 들어갈 말로 알맞은 것은?

① to   ② by   ③ for

④ with   ⑤ from

17 윗글의 밑줄 친 (C)와 바꿔 쓸 수 있는 것은?

① Finally   ② At first   ③ After all

④ Probably   ⑤ Above all

18 윗글의 빈칸 (D)에 들어갈 말로 알맞은 것은?

① with   ② only

③ without   ④ rather than

⑤ because of

19 윗글을 읽고 알 수 있는 것은?

① 오보가 실린 신문사 이름

② 오보가 실린 신문의 날짜

③ Ludvig Nobel의 직업

④ 노벨상의 종류

⑤ 노벨상의 개수

고난도

20 윗글의 내용과 일치하지 <u>않는</u> 것끼리 짝 지어진 것은?

> ⓐ A French newspaper reported Alfred Nobel's death.
> ⓑ Alfred Nobel died in 1888.
> ⓒ Ludvig was Alfred Nobel's father.
> ⓓ Alfred Nobel used his money for creating the Nobel Prize.

① ⓐ, ⓑ   ② ⓐ, ⓑ, ⓒ   ③ ⓑ, ⓒ

④ ⓑ, ⓒ, ⓓ   ⑤ ⓒ, ⓓ

서술형

[21-22] 다음 글을 읽고, 물음에 답하시오.

It was just a normal morning. Alfred Nobel sat in his chair to read the newspaper. While he was drinking his coffee, a headline caught his eye: *The Merchant of Death, Alfred Nobel, Is Dead*.

"What? What is this?"

As he read the article, he dropped his cup in surprise. His coffee spilled all over his clothes and desk, but he couldn't take his eyes off the newspaper.

21 윗글의 밑줄 친 부사절을 분사구문으로 바꿔 쓰시오.

→ _____

고/난도
22 윗글의 내용과 일치하도록 다음 요약문을 완성하시오.

> One morning, Alfred Nobel was _____ to read an article about his own _____.

[23-24] 다음 글을 읽고, 물음에 답하시오.

The article was about his own death! It said Nobel had died in France from a heart attack.

"Oh my goodness! Am I dead?"

숨을 고른 후, Nobel은 계속 읽었다. Soon, he became even more shocked. The article described him as the inventor of dynamite and other dangerous objects for war. It said that he had become rich from the deaths of others. He couldn't believe his eyes. It was true that dynamite was one of his many inventions. But he never imagined that the world would think of him as "the merchant of death."

23 윗글의 밑줄 친 우리말을 [조건]에 맞게 영어로 쓰시오.

> [조건] 1. 접속사를 생략한 분사구문으로 문장을 시작할 것
>   2. 괄호 안의 말을 이용할 것

→ _____
(catch, keep, read)

24 윗글의 내용과 일치하도록 Alfred Nobel이 읽은 신문 기사의 일부를 완성하시오.

> Alfred Nobel died yesterday in _____ from a(n) _____ _____. He was the inventor of _____ and other dangerous objects for _____. He became _____ from the deaths of others.

25 다음 글을 읽고, 주어진 질문에 완전한 문장으로 답하시오.

In 1888, a French newspaper mistakenly reported Alfred Nobel's death. The person who had actually died was his brother, Ludvig. Thanks to the report, however, Nobel decided to do something to contribute to the world. In 1895, he decided to use his money to create the Nobel Prize. Originally, there were only five awards. A sixth award was added in 1968. Today, when we think of Alfred Nobel, we think of the Nobel Prize, rather than dynamite.

(1) In 1888, what was mistakenly reported?
→ _____
_____

(2) In 1895, what did Alfred Nobel decide to do?
→ _____
_____

만점 노트

Before You Read_A

Spot ❶ was walking in the park. A beautiful dog ❷ caught his eye. He ❸ couldn't take his eyes off her. He quickly ran to her. He was very excited and said, "Hi!" She ❹ turned around and Spot ❺ couldn't believe his eyes. She was ❻ not a dog but a cat with long hair.

Spot은 공원을 걸어가고 있었다. 한 아름다운 개가 그의 눈길을 끌었다. 그는 그녀에게서 눈을 뗄 수 없었다. 그는 재빨리 그녀에게로 달려갔다. 그는 매우 신이 났고 "안녕!"이라고 말했다. 그녀가 뒤돌았고 Spot은 자신의 눈을 믿을 수 없었다. 그녀는 개가 아니라 털이 긴 고양이였다.

❶ 과거진행 시제: be동사의 과거형 + 동사원형 -ing
❸ can't take one's eyes off: ~에서 눈을 뗄 수 없다
❺ can't believe one's eyes: 자신의 눈을 의심하다, 자신의 눈을 믿을 수 없다

❷ catch one's eye: 눈길을 끌다
❹ turn around: 방향을 바꾸다, 뒤돌아보다
❻ not A but B: A가 아니라 B

After You Read_B

WORLD NEWS   April 13, 1888

❶ The Merchant of Death, Alfred Nobel, Is Dead

Alfred Nobel died yesterday in France from a heart attack. He invented dynamite and other dangerous objects for war. He became rich from the deaths of others. He ❷ is responsible for the deaths of ❸ thousands of people. The world will ❹ remember him as "the merchant of death."

세계의 뉴스

1888년 4월 13일

죽음의 상인, Alfred Nobel 사망하다

Alfred Nobel이 어제 프랑스에서 심장 마비로 사망했다. 그는 전쟁에 쓰이는 다이너마이트와 다른 위험한 물건을 발명했다. 그는 다른 사람들의 죽음으로 인해 부유해졌다. 그는 수천 명의 사람들의 죽음에 책임이 있다. 세상은 그를 '죽음의 상인'으로 기억할 것이다.

❶ The Merchant of Death와 Alfred Nobel이 콤마(,)로 연결되어 같은 사람임을 나타냄 (동격)
❷ be responsible for: ~에 책임이 있다
❸ thousands of: 수천의 ~
❹ remember A as B: A를 B로 기억하다

Think and Write_Step 2

❶ Looking back on this year, I'm glad that I donated money to children in Africa. I did ❷ this because I wanted to ❸ make a difference for children ❹ in need. ❺ To save money, I didn't buy snacks ❻ for a month. I donated the money to UNICEF. ❼ Before I donated, I sometimes left food on my plate. Now I really ❽ appreciate my meals. ❾ I'm proud of myself.

올해를 뒤돌아보니, 나는 아프리카의 아이들에게 돈을 기부해서 기쁘다. 나는 어려움에 처한 아이들의 상황을 변화시키고 싶었기 때문에 기부를 했다. 돈을 모으기 위해, 나는 한 달 동안 간식을 사지 않았다. 나는 그 돈을 유니세프에 기부했다. 나는 기부하기 전에는 가끔 접시에 음식을 남겼다. 이제 나는 내 음식을 정말 고맙게 여긴다. 나는 내 자신이 자랑스럽다.

❶ 때를 나타내는 분사구문
❸ 변화를 가져오다
❺ 부사적 용법의 to부정사 (목적)
❼ 쳅 ~하기 전에
❾ be proud of: ~을 자랑스러워하다

❷ 앞 문장의 '아프리카의 아이들에게 돈을 기부한 것'을 가리킴
❹ 어려움에 처한
❻ 쳅 ~ 동안 (기간을 나타냄)
❽ 고맙게 생각하다

01 다음 글의 빈칸 (A)~(C)에 알맞은 말이 순서대로 짝 지어진 것은?

> Spot was walking in the park. A beautiful dog ____(A)____ his eye. He couldn't ____(B)____ his eyes off her. He quickly ran to her. He was very excited and said, "Hi!" She turned around and Spot couldn't ____(C)____ his eyes. She was not a dog but a cat with long hair.

	(A)	(B)	(C)
①	closed	take	open
②	closed	catch	believe
③	caught	catch	believe
④	caught	take	open
⑤	caught	take	believe

[02-04] 다음 글을 읽고, 물음에 답하시오.

> ①Looked back on this year, I'm glad ②that I donated money to children in Africa. I did this because I wanted ③to make a difference for children in need. ④To save money, I didn't buy snacks for a month. I donated the money to UNICEF. _____ I donated, I sometimes left food on my plate. Now I really appreciate my meals. I'm proud of ⑤myself.

02 윗글의 밑줄 친 ①~⑤ 중 어법상 틀린 것은?

①   ②   ③   ④   ⑤

03 윗글의 빈칸에 들어갈 말로 알맞은 것은?

① If   ② When   ③ Before
④ After   ⑤ Since

04 윗글의 글쓴이에 대한 내용과 일치하지 <u>않는</u> 것은?

① 올해 아프리카의 아이들에게 돈을 기부했다.
② 어려움에 처한 아이들의 상황을 변화시키고 싶었다.
③ 돈을 모으려고 한 달 동안 아르바이트를 했다.
④ 돈을 모아 유니세프에 기부했다.
⑤ 자기 자신이 자랑스럽다.

[05-06] 다음 글을 읽고, 물음에 답하시오.

> **The Merchant of _____, Alfred Nobel, Is Dead**
> Alfred Nobel died yesterday in France from a heart attack. He invented dynamite and other dangerous objects for war. He became rich from the deaths of others. He is responsible for the deaths of thousands of people. The world will remember him as "the merchant of _____."

05 윗글의 빈칸에 공통으로 들어갈 말로 알맞은 것은?

① Heart(heart)   ② Death(death)
③ Attack(attack)   ④ Inventions(inventions)
⑤ the World(world)

서술형   고 / 난도

06 윗글의 내용과 일치하도록 [조건]에 맞게 다음 대화를 완성하시오.

> [조건]   • 완료 시제를 사용할 것

A: Did you read the article about Alfred Nobel's death? Why did he die?
B: Yes. It said that (1) _____ .
A: He was rich, wasn't he?
B: Right. It said that (2) _____ .

Words
고득점 맞기

01 다음 중 단어의 품사가 다른 하나는?

① habit　　② invention　　③ graduation

④ audience　　⑤ unbelievable

02 다음 영어 뜻풀이가 설명하는 단어로 알맞은 것은?

> to help to cause something to happen

① regret　　② describe　　③ graduate

④ appreciate　　⑤ contribute

03 다음 빈칸에 공통으로 들어갈 말로 알맞은 것은?

> • I thought I felt a _____ of rain.
> • Please be careful not to _____ that plate.

① drop　　② score　　③ create

④ report　　⑤ chain

04 다음 중 밑줄 친 단어의 쓰임이 알맞지 않은 것은?

① What time is the next bus due?

② I spilled my juice all over the desk.

③ The book was originally published in 1935.

④ It's my fault. I forgot to give him your message.

⑤ Thomas Edison made over 1,000 inventors in his life.

05 다음 단어의 영어 뜻풀이의 빈칸에 들어갈 말로 알맞은 것은?

> shocked: feeling very _____

① touched　　② unhappy　　③ surprised

④ interested　　⑤ disappointed

06 다음 중 밑줄 친 부분에 대한 설명으로 알맞지 않은 것은?

① All I want is to lead a normal life.
　　　　　　(= ordinary)

② I'm really moved by people's kindness.
　　　　　(= touched)

③ More people should participate in elections.
　　　　　　(= take part in)

④ The building was originally used as a prison.
　　　　　(= finally)

⑤ The report was mistakenly deleted from the computer.　　(= by mistake)

07 다음 중 밑줄 친 단어의 의미가 같은 것끼리 짝 지어진 것은?

① Can you wait a moment?

　 Don't leave it to the last moment.

② He ran towards the finishing line.

　 I only had two lines in the whole play.

③ I'll drop you at the corner, okay?

　 I dropped my sunglasses and they broke.

④ I was greatly moved by the film.

　 The audience was deeply moved by his speech.

⑤ She expressed her regret at Virginia's death.

　 I regret that I didn't buy more hats when they were on sale.

08 다음 빈칸에 공통으로 들어갈 알맞은 단어를 쓰시오.

- Journalists should _____ the news, not create it.
- According to the news _____, the city hall was completely destroyed by fire.

→ _____

09 다음 빈칸에 들어가지 <u>않는</u> 단어는?

ⓐ I really _____ all your help.
ⓑ It was my first job after _____.
ⓒ The _____ is selling fruits on the street.
ⓓ Visitors were _____ to find the museum closed.

① spill ② appreciate ③ merchant
④ graduation ⑤ disappointed

10 다음 중 밑줄 친 부분의 우리말 뜻이 알맞은 것은?

① Tom looked at his mom <u>in surprise</u>. (놀라서)
② I had to stop running to <u>catch my breath</u>. (숨이 막히다)
③ I don't really know who Eric <u>hangs out with</u>. (〜에 매달리다)
④ Do you <u>keep in touch with</u> any school friends? (〜을 건드리다)
⑤ I <u>stayed up</u> to watch the Olympics on TV. (계속 〜했다)

11 다음 영어 뜻풀이에 해당하는 단어가 순서대로 짝 지어진 것은?

- expected to happen at a particular time
- to feel sorry or unhappy about something you did or did not do

① due – regret ② due – appreciate
③ fault – describe ④ shocked – regret
⑤ shocked – appreciate

[12-13] 다음 빈칸에 들어갈 말이 순서대로 짝 지어진 것을 고르시오.

12
- Thanks _____ Sandy, I could finish my science project.
- It was a difficult time, but we never gave _____.
- I prefer taking pictures of people rather _____ animals.

① for – up – or ② for – in – or
③ to – up – than ④ to – in – than
⑤ to – out – than

13
- It's difficult to _____ how I feel.
- Jake _____ all the popcorn on the floor.
- Monica _____ regretted what she had said to her brother.

① create – spilled – deeply
② create – donated – originally
③ describe – spilled – deeply
④ describe – donated – originally
⑤ describe – chained – deeply

14 다음 영어 뜻풀이에 해당하는 단어가 쓰인 문장은?

unhappy because something you hoped for did not happen

① We were too shocked to talk.
② When are the library books due back?
③ We don't know her actual date of birth.
④ I think the ending of the novel is a bit unbelievable.
⑤ I was deeply disappointed when she didn't come to my birthday party.

Listen & Speak
영작하기

정답 보기 >> 90~91쪽

우리말과 일치하도록 대화를 바르게 영작하시오.

STEP B

1 Listen and Speak 1-A

G: _____

B: _____

G: _____

B: _____

해석 교과서 140쪽

G: Mike, 너는 왜 수업에 늦었니?
B: 나는 배가 많이 아팠어.
G: 오, 저런! 지금은 괜찮니?
B: 응. 나는 어젯밤에 덜 먹었어야 했어.

2 Listen and Speak 1-B

G: _____

B: _____

G: _____

B: _____

G: _____

B: _____

G: _____

B: _____

교과서 140쪽

G: 지호야, 무슨 일이니? 너는 피곤해 보여.
B: 응. 나는 어젯밤에 늦게까지 깨어 있었어.
G: 너는 또 컴퓨터 게임을 했니?
B: 아니, 이번엔 아니야. 나는 역사 과제를 끝내야 했어.
G: 그 과제가 오늘까지니?
B: 응. 나는 그것을 마지막 순간까지 미루지 말았어야 했어.
G: 음, 이해해. 나도 종종 같은 문제를 겪어.
B: 정말? 음, 우리의 나쁜 습관을 바꾸도록 노력하자.

3 Listen and Speak 1-C

A: _____

B: _____

A: _____

B: _____

교과서 140쪽

A: 무슨 일 있니?
B: 나는 비를 맞았어.
A: 오, 그 말을 들어서 유감이구나.
B: 나는 우산을 가져왔어야 했어.

4 Listen and Speak 2-A

G: _____

B: _____

G: _____

B: _____

교과서 141쪽

G: 진수야, 너는 방학 동안 무엇을 할 거니?
B: 나는 책을 많이 읽을 거야. 너는?
G: 나는 부산에 계신 조부모님을 찾아뵐 계획이야.
B: 좋겠다. 나는 네가 멋진 방학을 보내길 바라.

5 Listen and Speak 2-B

G: _____

B: _____

G: _____

B: _____

G: _____

B: _____

G: _____

B: _____

G: _____

교과서 141쪽

해석

G: 재민아, 너는 노래 경연 대회에 나갈 준비가 됐니?

B: 음, 나는 포기할까 생각 중이야, Tina.

G: 왜? 나는 네가 그 대회에 정말로 참가하고 싶어 한다고 생각했어.

B: 나는 내가 노래를 잘하는 것 같지 않아.

G: 그건 아니야. 너는 내가 아는 노래를 가장 잘하는 사람이야.

B: 너는 정말로 그렇게 생각하니?

G: 물론이지. 너는 정말 멋진 목소리를 가졌어.

B: 그렇게 말해 줘서 고마워. 최선을 다해 볼게.

G: 나는 네가 대회에서 우승하길 바라.

6 Listen and Speak 2-C

A: _____

B: _____

A: _____

B: _____

교과서 141쪽

A: 너는 내일 무엇을 할 거니?

B: 나는 학교 축제에서 노래를 부를 거야.

A: 멋지구나! 나는 네가 관중을 감동시키길 바라.

B: 고마워. 나도 그러길 바라.

7 Real Life Talk > Watch a Video

Minho: _____

Linda: _____

Minho: _____

Linda: _____

Minho: _____

Linda: _____

Minho: _____

Linda: _____

Minho: _____

Linda: _____

Minho: _____

Linda: _____

교과서 142쪽

민호: Linda, 너는 무엇을 읽고 있니?

Linda: 나는 학급 친구들에게 받은 졸업 메시지를 읽고 있어.

민호: 오, 친구들이 너에게 할 말이 많았던 것 같구나.

Linda: 그들 중 많은 친구들이 나의 미소를 좋아한다고 써 줬어.

민호: 멋지네. 그 외에는?

Linda: 그들 중 몇몇은 내가 그들과 충분히 어울리지 않았다고 말했어.

민호: 그건 네 잘못이 아니야. 너는 항상 바빴잖아.

Linda: 응, 하지만 나는 학급 친구들과 더 많은 시간을 보냈어야 했어.

민호: 너는 졸업 후에도 여전히 시간이 있어.

Linda: 네 말이 맞아.

민호: 네가 졸업 후에도 학급 친구들과 계속 연락하기를 바라.

Linda: 고마워. 나도 그러길 바라.

STEP B

01 다음 대화의 빈칸에 들어갈 말로 알맞은 것은?

> A: Mike, why were you late for class?
> B: I had a bad stomachache.
> A: Oh, no! Are you okay now?
> B: Yeah. _____

① I hope you get well soon.
② Make sure you go see a doctor.
③ I should have eaten less last night.
④ You should drink water more often.
⑤ I shouldn't have called you yesterday.

02 다음 대화의 빈칸에 들어갈 말로 알맞지 <u>않은</u> 것은?

> A: What are you going to do tomorrow?
> B: I'm going to play soccer.
> A: Great! _____ score a goal.

① I hope you
② I expect you will
③ I'd like you to
④ I wonder how you
⑤ I really want you to

고
난도

03 다음 대화의 밑줄 친 ①~⑤ 중 흐름상 <u>어색한</u> 것은?

> A: ①I can't believe we're graduating soon.
> B: Yeah. ②Is there anything you regret about your middle school life?
> A: Yes. I should have taken part in many school events.
> B: ③Well, you have a second chance in high school.
> A: ④I guess you're right.
> B: ⑤I hope you won't take part in many school events in high school.

①   ②   ③   ④   ⑤

신
유형

04 다음 대화의 밑줄 친 우리말을 영어로 옮길 때, 사용되지 <u>않는</u> 단어는?

> A: I got caught in the rain.
> B: Oh, I'm sorry to hear that.
> A: <u>나는 우산을 가져왔어야 했어.</u>

① I
② have
③ taken
④ should
⑤ must

[05-06] 다음 대화를 읽고, 물음에 답하시오.

> Minho: Linda, what are you reading?
> Linda: I'm reading graduation messages from my classmates.
> Minho: Oh, it looks like they had a lot to say to you.
> Linda: Many of them wrote that they like my smile.
> (A) Some of them said I didn't hang out enough with them.
> (B) That's nice. What else?
> (C) Yeah, but I should have spent more time with my classmates.
> (D) That's not your fault. You were always busy.
> Minho: You still have time after graduation.
> Linda: You're right.
> Minho: I hope you _____.
> Linda: Thanks. I hope so, too.

05 자연스러운 대화가 되도록 (A)~(D)를 바르게 배열하시오.

(   ) – (   ) – (   ) – (   )

06 위 대화의 빈칸에 들어갈 말로 알맞은 것은?

① receive some messages from your classmates
② spend more time with your family
③ have a great time on your field trip
④ hang out enough with your teachers
⑤ keep in touch with your classmates after graduation

07 다음 글의 내용과 일치하도록 아래 대화를 완성하시오.

> Sora looks disappointed. She failed the test. She regrets not studying hard.

▼

> Nick: Sora, what's wrong?
> Sora: (1) _____
> Nick: Oh, I'm sorry to hear that.
> Sora: I should (2) _____.

[08-09] 다음 대화를 읽고, 물음에 답하시오.

Tina: Jaemin, are you ready for the singing contest?
Jaemin: Well, I'm thinking of giving up, Tina.
Tina: Why? I thought you really wanted to take part in the contest.
Jaemin: I don't think I'm a good singer.
Tina: Come on. You're the best singer I know.
Jaemin: Do you really think so?
Tina: Of course. You have a really nice voice.
Jaemin: Thank you for saying so. I'll do my best.
Tina: <u>나는 네가 대회에서 우승하길 바라.</u>

08 위 대화의 밑줄 친 우리말을 [조건]에 맞게 영어로 쓰시오.

> [조건] • hope와 win을 포함하여 6단어로 쓸 것

→ _____

09 위 대화의 내용과 일치하도록 재민이가 쓴 글을 완성하시오.

> I was thinking of giving up (1)_____
> _____. Then Tina said to me that she
> thought I had (2)_____.
> I really appreciate her words. Thanks to her, I'll
> (3)_____ at the contest.

[10-11] 다음 대화를 읽고, 물음에 답하시오.

A: Jiho, what's up? You look tired.
B: Yeah. I stayed up late last night.
A: Did you play computer games again?
B: No, not this time. I had to finish my history project.
A: Is it due today?
B: Yeah. <u>I regret putting it off until the last moment.</u>
A: Hmm, I understand. I often have the same problem.
B: Really? Well, let's try to change our bad habits.

10 위 대화의 밑줄 친 말과 같도록 조동사 should를 포함하여 다시 쓰시오.

→ _____

11 위 대화의 내용과 일치하지 <u>않는</u> 문장을 골라 기호를 쓴 후, 내용에 맞게 고쳐 쓰시오.

> ⓐ Jiho is tired because he stayed up late last night.
> ⓑ Jiho played computer games last night.
> ⓒ The history project is due today.
> ⓓ Jiho wants to change his bad habit.

(____) → _____
_____

12 다음 질문에 대한 자신의 답을 [조건]에 맞게 쓰시오.

> [조건] • Yes.로 답한 후, I should have ~.로 시작할 것

Q: Is there anything you regret about your middle school life?

→ _____

Grammar
고득점 맞기

01 다음 빈칸에 들어갈 말이 순서대로 짝 지어진 것은?

- Bob was sorry that he _____ me the story.
- She had already started painting when the model _____.

① hasn't told – arrived
② hasn't told – had arrived
③ not had told – had arrived
④ hadn't told – will arrive
⑤ hadn't told – arrived

02 다음 밑줄 친 부분을 분사구문으로 바르게 바꿔 쓴 것은?

While she fell down the rabbit hole, Alice thought about her life.

① Fall down the rabbit hole
② Fell down the rabbit hole
③ Fallen down the rabbit hole
④ Falling down the rabbit hole
⑤ She falling down the rabbit hole

한 단계 더!

03 다음 빈칸에 들어갈 말로 알맞은 것을 모두 고르면?

_____ in easy English, the book is easy to read.

① Writing   ② Written   ③ Being written
④ Had written   ⑤ Been written

04 다음 우리말을 영어로 옮길 때, 밑줄 친 ①~⑤ 중 알맞지 않은 것은?

그들은 충분히 연습하지 않았기 때문에 많은 경기에서 졌다.
→ They ①lost many games ②because they ③have ④not ⑤practiced enough.

①　　②　　③　　④　　⑤

05 다음 우리말을 분사구문을 써서 영어로 옮길 때, 빈칸에 들어가지 <u>않는</u> 것을 <u>모두</u> 고르면?

시간이 충분하지 않아서 나는 택시를 탔다.
→ _____, I took a taxi.

① had   ② not   ③ having
④ didn't   ⑤ enough

06 다음 밑줄 친 부분을 부사절로 바꿀 때, while을 쓸 수 있는 것끼리 짝 지어진 것은?

ⓐ <u>Not liking to stay home</u>, he got out of the house.
ⓑ <u>Sitting on the grass</u>, we ate cakes and drank coffee.
ⓒ <u>Screaming with joy</u>, Janet bounced up and down.
ⓓ <u>Having nothing left to do</u>, Julie went home.

① ⓐ, ⓒ　　② ⓐ, ⓓ　　③ ⓑ, ⓒ
④ ⓑ, ⓓ　　⑤ ⓒ, ⓓ

신유형
07 다음 문장에 대한 설명으로 알맞지 <u>않은</u> 것은?

Not wanting to lose my passport, I gave it to my father.

① 분사구문의 부정은 분사 앞에 부정어를 쓰므로 Not wanting은 어법상 옳다.
② 분사구문을 부사절로 바꿀 때 이유를 나타내는 접속사를 쓰는 것이 알맞다.
③ 분사구문의 행위의 주체는 주절의 주어와 같다.
④ 분사구문을 부사절로 바꾸면 Because I don't want to lose my passport로 쓸 수 있다.
⑤ I didn't want to lose my passport, so I gave it to my father.와 같은 의미이다.

08 다음 중 어법상 옳은 문장을 <u>모두</u> 고르면?

① Been tired, he sat down to rest.

② Seeing her brother, she waved her hand.

③ Tim said that Freddy had already cleaned the room.

④ My exam results were much better than I have expected.

⑤ All the tickets sold out before the concert had begun.

09 다음 중 어법상 <u>틀린</u> 것끼리 바르게 짝 지어진 것은?

ⓐ She ate all of the food that we had made.

ⓑ Running to the bus stop, she lost her key.

ⓒ Opened the envelope, I found two concert tickets.

ⓓ My mother wrote three books before she had died.

① ⓐ, ⓑ   ② ⓐ, ⓒ   ③ ⓑ, ⓒ

④ ⓑ, ⓓ   ⑤ ⓒ, ⓓ

10 다음 중 주어진 문장과 같은 의미로 쓰인 것은?

Kate had never seen an opera before last night.

① Kate doesn't want to see an opera.

② Kate has never seen an opera yet.

③ Kate has seen an opera several times.

④ Kate didn't see an opera last night.

⑤ Last night, Kate saw an opera for the first time.

11 다음 중 어법상 옳은 문장의 개수는?

ⓐ Not knowing him, I didn't say hello.

ⓑ Had the snowstorm starting before you left?

ⓒ I never had seen a lion before I went to Africa.

ⓓ Hitting by a car, he was carried to the hospital.

① 0개   ② 1개   ③ 2개   ④ 3개   ⑤ 4개

12 다음 중 어법상 <u>틀린</u> 부분을 바르게 고친 것은?

Not been tall enough, she is not allowed to ride a roller coaster.

① Not → Don't

② been → being

③ tall enough → enough tall

④ is → 생략

⑤ allowed → allowing

13 다음 중 어법상 바르게 고쳐 쓴 문장이 <u>틀린</u> 것은?

① I had came here after you left.

    → I came here after you has left.

② I noticed that he leaves his books behind.

    → I noticed that he had left his books behind.

③ Not being known his number, I can't call him.

    → Not knowing his number, I can't call him.

④ Being inviting to his party, she felt so happy.

    → Invited to his party, she felt so happy.

⑤ I know what to do as I had experienced it before.

    → I knew what to do as I had experienced it before.

서술형

14 다음 [조건]에 맞게 문장을 완성하시오.

> [조건]   1. 한 문장 안에 과거 시제와 과거완료 시제를
>   한 번씩 쓸 것
>   2. 괄호 안의 동사를 알맞은 형태로 고쳐 쓸 것

(1) She _____ the book when she
_____ reading it. (return, finish)

(2) Before the accident _____, Sam
_____ for nine years as a nurse.
(happen, work)

(3) They _____ me a lot for what I
_____. (thank, do)

15 다음 [조건]에 맞게 문장을 쓰시오.

> [조건]   1. <A>와 <B>에서 서로 관련 있는 문장을
>   하나씩 골라 한 문장으로 쓸 것
>   2. <A>의 내용으로 문장을 시작할 것
>   3. 분사구문을 포함할 것

<A>   (1) She didn't know the way.
       (2) I returned to my hometown.
       (3) All the students were shocked by the
           news.

<B>   • All the students started to ask the
         teacher questions.
       • She had to ask for directions.
       • I found everything had changed.

(1) _____
    _____

(2) _____
    _____

(3) _____
    _____

16 수지가 어제 저녁에 한 일을 나타낸 다음 표를 보고, 괄호
안의 단어를 사용하여 문장을 완성하시오. (과거완료 시제를
사용할 것)

시간	한 일
5:00	cleaned the house
6:30	finished her homework
9:00	went to sleep

(1) When Suji's parents arrived home at 6 p.m., she
_____. (already)

(2) When Suji's brother came home from school at
6:40, she _____. (just)

(3) When Mr. Williams called Suji at 9:10, she
_____. (just)

17 다음 두 문장을 한 문장으로 바꿔 쓸 때 빈칸에 알맞은 말
을 쓰시오. (한 문장 안에 과거 시제와 과거완료 시제를 한 번
씩 쓸 것)

(1) They changed the time. Nobody let me know.
→ Nobody _____ me know that
they _____ the time.

(2) Tom lost his watch on the bus. He found it.
→ Tom _____ his watch that he
_____ on the bus.

고난도 한 단계 더!

18 다음 중 어법상 틀린 문장을 두 개 골라 기호를 쓴 후, 문장
을 바르게 고쳐 쓰시오.

> ⓐ Having not any friends, he was very lonely.
> ⓑ He had never played football until last week.
> ⓒ My new job was exactly what I had expected.
> ⓓ Choosing to be the class president, he was
>   proud of himself.

(   ) → _____

(   ) → _____

다음 우리말과 일치하도록 각 문장을 바르게 영작하시오.

01
_____

그저 평범한 아침이었다.

02
_____

Alfred Nobel은 신문을 읽으려고 의자에 앉았다.

03
_____

그가 커피를 마시는 동안, 한 기사 제목이 그의 눈길을 끌었다. "죽음의 상인, Alfred Nobel 사망하다."

04
_____

"뭐라고? 이게 뭐지?"

05
_____

☆ 기사를 읽으며, 그는 놀라서 그의 컵을 떨어뜨렸다.

06
_____

커피가 그의 옷과 책상 곳곳에 쏟아졌지만, 그는 신문에서 눈을 뗄 수 없었다.

07
_____

기사는 그 자신의 죽음에 관한 것이었다!

08
_____

☆ 그것(기사)에는 Nobel이 심장 마비로 프랑스에서 죽었다고 쓰여 있었다.

09
_____

"오, 이럴 수가! 내가 죽었다고?"

10
_____

☆ 숨을 고른 후, Nobel은 계속 읽었다.

11
_____

곧, 그는 훨씬 더 충격을 받게 되었다.

12
_____

기사는 그를 전쟁에 쓰이는 다이너마이트와 다른 위험한 물건들의 발명가로 기술했다.

13
_____

☆ 그것(기사)에는 그가 다른 사람들의 죽음으로 인해 부유해졌다고 쓰여 있었다.

14
_____

그는 자신의 눈을 믿을 수 없었다.

15
_____

다이너마이트가 그의 많은 발명품 중 하나인 것은 사실이었다.

16

_____

하지만 그는 세상이 그를 '죽음의 상인'으로 생각할 거라고는 결코 상상하지 못했다.

17

_____

Nobel은 몹시 실망했다.

18

_____

"어떻게 이럴 수가 있지?

19

_____

이건 믿을 수 없어!

20

_____

나는 죽음의 상인이 아니야.

21

_____

나는 다르게 기억되고 싶어.

22

_____

☆ 나는 세상을 더 좋게 만든 사람으로 기억되고 싶어."

23

_____

그는 자신에 대한 사람들의 견해를 바꾸기로 결심했다.

24

_____

1888년에, 한 프랑스 신문이 실수로 Alfred Nobel의 죽음을 보도했다.

25

_____

☆ 실제로 죽은 사람은 그의 형인 Ludvig이었다.

26

_____

하지만, 그 보도 덕분에, Nobel은 세상에 공헌하기 위해 무언가를 하기로 결심했다.

27

_____

1895년에, 그는 자신의 돈을 노벨상을 만드는 데 사용하기로 결정했다.

28

_____

원래는, 다섯 종류의 상만 있었다.

29

_____

여섯 번째 상은 1968년에 추가되었다.

30

_____

☆ 오늘날, 우리가 Alfred Nobel을 생각할 때, 우리는 다이너마이트보다는 노벨상을 떠올린다.

Reading
고득점 맞기

[01-03] 다음 글을 읽고, 물음에 답하시오.

It was just a normal morning. Alfred Nobel sat in his chair to read the newspaper. ⓐ While he was drinking his coffee, a headline (A) closed / caught his eye: *The Merchant of Death, Alfred Nobel, Is Dead*.

"What? What is this?"

ⓑ Reading the article, he dropped his cup in (B) happiness / surprise . His coffee (C) spilled / disappeared all over his clothes and desk, but he couldn't take his eyes off the newspaper.

01 윗글의 밑줄 친 ⓐWhile과 같은 의미로 쓰인 것은?

① Why don't you stay here for a while?
② While I was sleeping, my dad cooked dinner.
③ This apple is very small, while others are big.
④ After a while, we started talking about the book.
⑤ While my brother likes to watch movies, I like to read books.

02 윗글의 (A)~(C)에서 흐름상 알맞은 말이 바르게 짝 지어진 것은?

	(A)	(B)	(C)
①	closed	happiness	disappeared
②	closed	surprise	spilled
③	caught	happiness	spilled
④	caught	surprise	spilled
⑤	caught	surprise	disappeared

03 윗글의 밑줄 친 ⓑ와 쓰임이 같은 것은?

① I prefer staying home on weekends.
② Looking for the best answer is not easy.
③ Opening the door, she found her dog sleeping.
④ Not having meals isn't helpful for losing weight.
⑤ I remember playing with dolls when I was young.

[04-06] 다음 글을 읽고, 물음에 답하시오.

The article was about his own death! It said Nobel ① had died in France from a heart attack.

"Oh my goodness! Am I dead?"

② Catching his breath, Nobel kept ③ reading. Soon, he became even ④ more shocked. The article described him as the inventor of dynamite and other dangerous objects for war. It said _____(A)_____ he ⑤ has become rich from the deaths of others. He couldn't believe his eyes. It was true _____(B)_____ dynamite was one of his many inventions. But he never imagined that the world would think of him as "the merchant of death."

04 윗글의 빈칸 (A)와 (B)에 공통으로 들어갈 말로 알맞은 것은?

① that   ② what   ③ so that
④ which   ⑤ because

05 윗글의 밑줄 친 ①~⑤ 중 어법상 틀린 것은?

①   ②   ③   ④   ⑤

06 다음 영어 뜻풀이에 해당하는 단어 중 윗글에서 찾을 수 없는 것은?

① something invented such as a new device
② feeling very surprised
③ to explain about something
④ to accidentally flow out of a container
⑤ a person whose job is to buy and sell products in large amounts

[07-09] 다음 글을 읽고, 물음에 답하시오.

Nobel was ①deeply disappointed.

"How could this be? This is ②believable! I'm not a merchant of death. I want to be remembered in a ③different way. I want to be remembered (A)as a person who made the world ④better."

He decided to ⑤change people's opinions about him.

07 윗글의 밑줄 친 ①~⑤ 중 흐름상 어색한 것은?

①   ②   ③   ④   ⑤

08 윗글의 밑줄 친 (A)as와 쓰임이 같은 것은?

① Tom was late as usual.

② As I stood, the door opened.

③ We used the stone as a chair.

④ As she grew older, she became weaker.

⑤ As it was dark, no one could see me from the street.

09 윗글을 읽고 답할 수 있는 질문은?

① Who made Nobel disappointed?

② Who said that Nobel is a merchant of death?

③ What did Nobel do for a living?

④ Why did people call Nobel a merchant of death?

⑤ What did Nobel decide to do?

[10-12] 다음 글을 읽고, 물음에 답하시오.

In 1888, a French newspaper ____ⓐ____ reported Alfred Nobel's death. The person who had actually died was his brother, Ludvig. Thanks to the report, ____ⓑ____, Nobel decided to do something to contribute to the world. ①In 1895, he decided to use his money to create the Nobel Prize. ②Originally, there were only five awards. ③A sixth award was added in 1968. ④Marie Curie won the Nobel Prize in Physics in 1903. ⑤Today, when we think of Alfred Nobel, we think of the Nobel Prize, rather than dynamite.

10 윗글의 빈칸 ⓐ에 들어갈 알맞은 단어를 다음 영어 뜻풀이를 참고하여 쓰시오.

not on purpose or by mistake

→ _____

11 윗글의 빈칸 ⓑ에 들어갈 말로 알맞은 것은?

① in fact   ② however   ③ therefore

④ in addition   ⑤ for example

12 윗글의 밑줄 친 ①~⑤ 중 흐름상 관계없는 문장은?

①   ②   ③   ④   ⑤

고/난도

13 다음 글의 밑줄 친 우리말을 [조건]에 맞게 영어로 쓰시오.

> It was just a normal morning. Alfred Nobel sat in his chair to read the newspaper. (1) 그가 커피를 마시고 있는 동안, 한 기사 제목이 그의 눈길을 끌었다: *The Merchant of Death, Alfred Nobel, Is Dead.*
> "What? What is this?"
> (2) 기사를 읽으며, 그는 놀라서 그의 컵을 떨어뜨렸다. His coffee spilled all over his clothes and desk, but he couldn't take his eyes off the newspaper.

[조건]	1. (1)은 부사절을 포함하여 쓰고, (2)는 분사구문을 포함하여 쓸 것
	2. 괄호 안의 말을 이용할 것

(1) (drink, his coffee, catch his eye)

_____

(2) (read, the article, drop, in surprise)

_____

_____

14 윗글의 밑줄 친 문장을 우리말로 해석하시오.

(1) _____

_____

(2) _____

_____

고/난도

15 윗글의 내용과 일치하도록 다음 질문에 완전한 영어 문장으로 답하시오.

(1) In 1888, what was reported about Alfred Nobel?

→ _____

_____

(2) How did Alfred Nobel decide to use his money?

→ _____

_____

[14-15] 다음 글을 읽고, 물음에 답하시오.

> "How could this be? This is unbelievable! I'm not a merchant of death. I want to be remembered in a different way. (1) I want to be remembered as a person who made the world better."
> He decided to change people's opinions about him. In 1888, a French newspaper mistakenly reported Alfred Nobel's death. The person who had actually died was his brother, Ludvig. Thanks to the report, however, Nobel decided to do something to contribute to the world. In 1895, he decided to use his money to create the Nobel Prize. Originally, there were only five awards. A sixth award was added in 1968. (2) Today, when we think of Alfred Nobel, we think of the Nobel Prize, rather than dynamite.

16 다음 글에서 어법상 틀린 부분을 세 개 찾아 바르게 고쳐 쓰시오.

> Catching his breath, Nobel kept to read. Soon, he became very more shocked. The article described him as the inventor of dynamite and other dangerous objects for war. It said what he had become rich from the deaths of others. He couldn't believe his eyes. It was true that dynamite was one of his many inventions. But he never imagined that the world would think of him as "the merchant of death."

(1) _____ → _____

(2) _____ → _____

(3) _____ → _____

서술형 100% TEST

01 다음 빈칸에 알맞은 단어를 [조건]에 맞게 쓰시오.

_____ it was a bedroom, but we turned it into a library.

[조건]　1. The word starts with "o."
　　　　2. The word has 10 letters.
　　　　3. The word means "in the beginning."

02 주어진 문장의 밑줄 친 단어를 포함하는 문장을 [조건]에 맞게 자유롭게 영어로 쓰시오.

[조건]　1. 주어진 문장의 move와 같은 의미로 쓸 것
　　　　2. 주어와 동사를 포함한 완전한 문장으로 쓸 것

He is <u>moved</u> by the warmth of their words.

→ _____

03 다음 대화의 빈칸에 알맞은 말을 괄호 안의 단어를 이용하여 쓰시오.

A: What are you going to do tomorrow?
B: I'm going to participate in the speech contest.
A: Great! _____
　　　　(hope, win the contest)
B: Thanks. I hope so, too.

04 다음 대화를 읽고, 주어진 질문에 완전한 영어 문장으로 답하시오.

A: Mike, why were you late for class?
B: I had a bad stomachache.
A: Oh, no! Are you okay now?
B: Yeah. I should have eaten less last night.

Q: What did Mike do last night?
A: _____

[05-06] 다음 대화를 읽고, 물음에 답하시오.

A: I can't believe we're graduating soon.
B: Yeah. Is there anything you regret about your middle school life?
A: Yes. ⓐ<u>I regret not taking part in many school events.</u>
B: Well, you have a second chance in high school.
A: I guess you're right.
B: _____ ⓑ _____ in high school.

05 위 대화의 밑줄 친 ⓐ와 의미가 같도록 [조건]에 맞게 영어로 쓰시오.

[조건]　1. 조동사 should를 포함할 것
　　　　2. 9단어로 쓸 것

→ _____

06 위 대화의 빈칸 ⓑ에 알맞은 말이 되도록 괄호 안의 단어들을 바르게 배열하시오. (필요 <u>없는</u> 단어를 하나 뺄 것)

→ _____
(you, to, in, school, take, events, part, hope, I, many)

[07-08] 다음 대화를 읽고, 물음에 답하시오.

> Minho: Linda, what are you reading?
> Linda: I'm reading graduation messages from my classmates.
> Minho: Oh, it looks like they had a lot to say to you.
> Linda: Many of them wrote that they like my smile.
> Minho: That's nice. What else?
> Linda: Some of them said I didn't hang out enough with them.
> Minho: That's not your fault. You were always busy.
> Linda: Yeah, but I should have spent more time with my classmates.
> Minho: You still have time after graduation.
> Linda: You're right.
> Minho: <u>나는 네가 졸업 후에 너의 학급 친구들과 연락하고 지내기를 바라.</u>
> Linda: Thanks. I hope so, too.

07 위 대화의 내용과 일치하도록 Linda가 받은 졸업 메시지를 완성하시오.

> Graduation Messages to Linda
> (1) Linda, we _____.
> (2) I'm sorry that you _____
> _____ with us.

08 위 대화의 밑줄 친 우리말을 [조건]에 맞게 영어로 쓰시오.

> [조건]   1. 기원하는 표현을 반드시 포함할 것
>   2. keep in touch with를 포함하여 11단어로 쓸 것

→ _____

_____

09 다음 문장을 분사구문으로 시작하는 문장으로 바꿔 쓰시오. (접속사는 생략할 것)

(1) When he played soccer, Ben hurt his left knee.

→ _____

(2) As she felt hungry, Ann opened the refrigerator.

→ _____

10 다음 그림을 보고, [조건]에 맞게 문장을 완성하시오.

> [조건]   1. 괄호 안의 단어를 이용할 것
>   2. 과거완료 시제를 포함할 것

(1)

(arrive, already, leave)

When I _____ at the station, the train _____.

(2)

(wake up, stop)

When I _____ this morning, the rain _____.

11 다음 문장을 [보기]에서 알맞은 접속사를 골라 부사절을 포함하는 문장으로 바꿔 쓰시오.

> [보기]   if   when   because

(1) Tom fell over coming up the steps.

→ _____

_____

(2) Looking up, you can see the stars.

→ _____

_____

(3) Not having enough money, I can't enjoy shopping.

→ _____

_____

고
난도

12 다음 우리말과 같도록 [조건]에 맞게 영어로 쓰시오.

> [조건]　1. 접속사를 생략한 분사구문으로 문장을 시작할 것
> 　　　　2. 괄호 안의 말을 이용할 것

(1) TV를 보면서 그들은 함께 저녁을 먹었다. (watch, eat)

　→ _____

(2) 피곤해서 나의 할머니는 일찍 잠자리에 드셨다. (feel, go)

　→ _____

(3) 집으로 가던 중에, 그녀는 더러운 물에 발을 디뎠다.
　　(go, step in)

　→ _____

고
난도

13 다음 우리말과 같도록 괄호 안의 단어들을 이용하여 영어로 쓰시오. (완료 시제를 포함할 것)

(1) 나는 10살이 되기 전에 인도 음식을 먹어 본 적이 없었다.
　　(eat, before, turn 10)

　→ _____

(2) 내가 극장에 도착했을 때, 연극은 막 끝났었다.
　　(when, arrive, just, end)

　→ _____

14 다음 괄호 안의 단어들을 이용하여 문장을 완성하시오.
(완료 시제를 포함할 것)

(1) My father missed the meeting yesterday. It
_____ when he _____
there. (just, finish, get)

(2) My mother went to a concert last night. She
_____ it so much because she
_____ to a concert for several
years. (enjoy, not, go)

고
난도 　한 단계 │ 더!

15 다음 중 어법상 틀린 문장을 두 개 골라 기호를 쓴 후, 문장을 바르게 고쳐 쓰시오.

> ⓐ Wanting not to go out, I stayed home all
> weekend.
> ⓑ Seen from the plane, the people looked like
> ants.
> ⓒ Keeping straight on for two blocks, you'll see
> the police station on your left.
> ⓓ Be nervous on the stage, the actor forgot his
> lines.

(　　) → _____

(　　) → _____

[16-18] 다음 글을 읽고, 물음에 답하시오.

> It was just a normal morning. Alfred Nobel sat in
> his chair to read the newspaper. ⓐ Drinking his
> coffee, a headline caught his eye: *The Merchant of
> Death, Alfred Nobel, Is Dead.*
> "What? What is this?"
> Reading the article, he dropped his cup in
> surprise. His coffee spilled all over his clothes and
> desk, but ⓑ 그는 그 신문에서 눈을 뗄 수 없었다.

고
난도

16 윗글의 밑줄 친 ⓐ가 어법상 틀린 이유를 우리말로 쓰고, 부사절로 바르게 고쳐 쓰시오.

(1) 이유: _____

_____

(2) → While _____

_____

17 윗글의 밑줄 친 ⓑ의 우리말을 영어로 쓰시오. (축약형을 포함하여 8단어로 쓸 것)

→ _____

18 윗글의 내용과 일치하도록 다음 질문에 완전한 영어 문장으로 답하시오.

(1) Why did Alfred Nobel sit in his chair?

→ _____

(2) What did Alfred Nobel drink?

→ _____

(3) Why did Alfred Nobel drop his cup?

→ _____

[19-20] 다음 글을 읽고, 물음에 답하시오.

The article was about his own death! It said Nobel has died in France from a heart attack.

"Oh my goodness! Am I dead?"

Catching his breath, Nobel kept reading. Soon, he became even more shocked. The article described him as the inventor of dynamite and other dangerous objects for war. It said that he had become rich from the deaths of others. He couldn't believe his eyes. It was true that dynamite was one of his many inventions. But he never imagined that the world would think of him as "the merchant of death."

19 윗글의 밑줄 친 문장을 어법상 바르게 고쳐 쓰시오.

→ _____

20 윗글의 내용과 일치하도록 다음 신문 기사의 빈칸에 알맞은 말을 쓰시오.

Alfred Nobel died yesterday in France from a heart attack. He invented (1) _____.

He became rich from (2) _____.

He is responsible for the deaths of thousands of people. The world will remember him as "(3) _____."

[21-22] 다음 글을 읽고, 물음에 답하시오.

Nobel was deeply ⓐ disappoint.

"How could this be? This is unbelievable! I'm not a merchant of death. I want to be remembered in a different way. I want to be remembered as a person who made the world better."

He decided to change people's opinions about him.

In 1888, a French newspaper ⓑ mistake reported Alfred Nobel's death. The person who had actually died was his brother, Ludvig. Thanks to the report, however, Nobel decided to do something to contribute to the world. In 1895, he decided to use his money to create the Nobel Prize. Originally, there were only five awards. A sixth award ⓒ added in 1968. Today, when we think of Alfred Nobel, we think of the Nobel Prize, rather than dynamite.

21 윗글의 밑줄 친 ⓐ~ⓒ를 어법상 바르게 고쳐 쓰시오.

ⓐ → _____

ⓑ → _____

ⓒ → _____

22 윗글의 내용과 일치하도록 다음 대화를 완성하시오.

Reporter: Nobel, what kind of person do you want to be remembered as?

Nobel: (1) _____

Reporter: What made you create the Nobel Prize?

Nobel: In 1888, a newspaper incorrectly reported my death. Thanks to the report, I decided to do something (2) _____. I decided to use (3) _____.

Reporter: You did a wonderful job!

01 다음 중 단어의 품사가 다른 하나는? [3점]

① moment   ② create   ③ contribute

④ participate   ⑤ appreciate

02 다음 중 짝 지어진 단어의 관계가 나머지와 다른 하나는? [3점]

① fault – mistake   ② move – touch

③ appreciate – thank   ④ usual – normal

⑤ remember – forget

03 다음 빈칸에 들어갈 말로 알맞은 것은? [3점]

> I'll have a cup of cold water _____ hot coffee.

① in need   ② such as

③ thanks to   ④ in surprise

⑤ rather than

04 다음 밑줄 친 단어의 영어 뜻풀이로 알맞은 것은? [4점]

> They didn't regret the choice that they had made.

① to let something fall

② to fasten something with a chain

③ to accidentally flow out of a container

④ to gain a goal or point in a sport or game

⑤ to feel sorry or unhappy about something you did or did not do

05 다음 중 짝 지어진 대화가 어색한 것은? [3점]

① A: I got caught in the rain.

　B: I'm sorry to hear that.

② A: I hope you win the contest.

　B: Thanks. I hope so, too.

③ A: What's up? You look tired.

　B: Yeah. I hope you score a goal.

④ A: I'm going to sing in the school festival.

　B: Great! I hope you move the audience.

⑤ A: What's wrong?

　B: I failed the test. I should have studied hard.

06 자연스러운 대화가 되도록 (A)~(D)를 바르게 배열하시오. [4점]

> (A) I should have chained it.
> (B) Oh, I'm sorry to hear that.
> (C) What's wrong?
> (D) I lost my bike.

(　　　) – (　　　) – (　　　) – (　　　)

07 다음 대화의 빈칸에 들어갈 말로 알맞은 것은? [4점]

> A: What are you going to do during the vacation?
> B: I'm going to read lots of books. What about you?
> A: I'm planning to visit my grandparents in Busan.
> B: Sounds great. _____

① I'm worried about the vacation.

② I'm sorry that I didn't have a vacation.

③ I hope you have a wonderful vacation.

④ I wonder how you spent your vacation.

⑤ I was really happy with the vacation.

[08-09] 다음 대화를 읽고, 물음에 답하시오.

> A: I can't believe we're graduating soon.
> B: Yeah. Is there anything you ____ⓐ____ about your middle school life?
> A: Yes. I should have taken part in many school events.
> B: Well, you have a second chance in high school.
> A: I guess you're right.
> B: ⓑ나는 네가 고등학교에서 많은 학교 행사에 참여하길 바라.

08 위 대화의 빈칸 ⓐ에 들어갈 말로 알맞은 것은? [4점]

① hear　　② think　　③ worry
④ regret　　⑤ believe

서술형1

09 위 대화의 밑줄 친 ⓑ의 우리말을 [조건]에 맞게 영어로 쓰시오. [4점]

> [조건]　1. hope를 포함하여 12단어로 쓸 것
> 　　　　2. 대화 속 표현을 사용할 것

→ _____

서술형2

10 다음 대화의 밑줄 친 ①~⑤ 중 흐름상 어색한 문장을 찾아 번호를 쓴 후, 바르게 고쳐 쓰시오. [4점]

> A: What's up? ①You look tired.
> B: Yeah. I stayed up late last night.
> A: ②Did you play computer games again?
> B: No, not this time. ③I had to finish my history project.
> A: ④Is it due today?
> B: Yeah. ⑤I should have put it off until the last moment.

(　　) → _____

11 다음 빈칸에 들어갈 말로 알맞은 것은? [3점]

> Sarah thought she _____ to that zoo before.

① be　　　　② been　　　　③ had be
④ had been　　⑤ has been

서술형3

12 다음 문장의 밑줄 친 부분을 어법상 바르게 고쳐 쓰시오. [각 3점]

(1) I knew that I have met the woman somewhere before.

→ _____

(2) I was really hungry. I not had eaten anything since the morning.

→ _____

(3) They never found where he had hide the money.

→ _____

서술형4

13 다음 밑줄 친 부사절을 분사구문으로 바꿔 쓰시오. [각 3점]

(1) As she left the house, she switched off all the lights.

→ _____,
she switched off all the lights.

(2) When I was bitten by the dog, I screamed very loudly.

→ _____,
I screamed very loudly.

(3) Because she didn't feel well, Jane made many mistakes.

→ _____,
Jane made many mistakes.

14 다음 밑줄 친 ①~⑤ 중 어법상 틀린 것은? [4점]

①Surrounding ②by many fans, the singer ③felt really ④happy and waved to ⑤them.

①   ②   ③   ④   ⑤

17 윗글에서 Alfred Nobel이 한 일이 아닌 것은? [3점]

① sitting in a chair
② reading the newspaper
③ drinking coffee
④ dropping a cup
⑤ throwing away the newspaper

[15-17] 다음 글을 읽고, 물음에 답하시오.

It was just a normal morning. Alfred Nobel sat in his chair to read the newspaper. While he was drinking his coffee, a headline caught his eye: *The Merchant of Death, Alfred Nobel, Is Dead.*

"What? What is this?"

_____ the article, he dropped his cup in surprise. His coffee spilled all over his clothes and desk, but he couldn't take his eyes off the newspaper.

15 윗글에 드러난 Alfred Nobel의 심경으로 알맞은 것은? [3점]

① moved   ② excited   ③ pleased
④ bored   ⑤ surprised

[18-21] 다음 글을 읽고, 물음에 답하시오.

The article was about his own death! It said Nobel _____ died in France from a heart attack.

"Oh my goodness! Am I dead?"

ⓐCatching his breath, Nobel kept reading. Soon, he became even more shocked. The article described him as the inventor of dynamite and other dangerous objects for war. It said that he _____ become rich from the deaths of others. He couldn't believe his eyes. ⓑIt was true that dynamite was one of his many inventions. But he never imagined that the world would think of him as "the merchant of death."

18 윗글의 빈칸에 공통으로 들어갈 말로 알맞은 것은? [4점]

① was   ② has   ③ had
④ didn't   ⑤ couldn't

16 윗글의 빈칸에 들어갈 말로 알맞은 것은? [3점]

① Read   ② Reading   ③ Being read
④ Had read   ⑤ Not reading

서술형 5

19 윗글의 밑줄 친 ⓐ를 부사절로 바꿔 쓰시오. [4점]

→ _____

20 윗글의 밑줄 친 ⓑIt과 쓰임이 같은 것은? [4점]

① It is difficult to find true love.

② It was so late that we didn't go out.

③ I can't carry this bag because it is very heavy.

④ This car is so old that it can't go on the highway.

⑤ If it snows tonight, I'm not going to work tomorrow.

서술형 **6**

21 윗글을 읽고 답할 수 있는 질문을 골라 기호를 쓴 후, 완전한 영어 문장으로 답하시오. [3점]

ⓐ What disease did Nobel have?

ⓑ How many inventions did Nobel make?

ⓒ When did Nobel become rich?

ⓓ What did Nobel never imagine?

(   ) → _____

_____

[22-23] 다음 글을 읽고, 물음에 답하시오.

Nobel was deeply disappointed.

"How could this be? This is unbelievable! I'm not a merchant of death. ⓐ나는 기억되고 싶다 in a different way. ⓐ나는 기억되고 싶다 as a person who made the world better."

He decided to change ⓑpeople's opinions about him.

서술형 **7**

22 윗글의 밑줄 친 ⓐ의 우리말을 괄호 안의 단어를 사용하여 영어로 쓰시오. [4점]

→ _____

(want)

23 윗글의 밑줄 친 ⓑ에 대한 설명으로 알맞은 것은? [3점]

① Nobel이 실망했다는 것

② Nobel을 긍정적으로 평가하는 것

③ Nobel을 죽음의 상인이라고 생각하는 것

④ Nobel이 더 나은 세상을 만들어야 한다는 것

⑤ Nobel이 다른 방식으로 기억되어야 한다는 것

24 다음 글의 ①~⑤ 중 주어진 문장이 들어갈 알맞은 곳은? [4점]

A sixth award was added in 1968.

In 1888, a French newspaper mistakenly reported Alfred Nobel's death. The person who had actually died was his brother, Ludvig. (①) Thanks to the report, however, Nobel decided to do something to contribute to the world. (②) In 1895, he decided to use his money to create the Nobel Prize. (③) Originally, there were only five awards. (④) Today, when we think of Alfred Nobel, we think of the Nobel Prize, rather than dynamite. (⑤)

서술형 **8**

25 다음 신문 기사의 빈칸에 알맞은 말을 [보기]에서 골라 쓰시오. [각 1점]

[보기]   died   rich   invented   responsible

The Merchant of Death, Alfred Nobel, Is Dead

Alfred Nobel (1)_____ yesterday in France from a heart attack. He (2)_____ dynamite and other dangerous objects for war. He became (3)_____ from the deaths of others. He is (4)_____ for the deaths of thousands of people. The world will remember him as "the merchant of death."

01 다음 빈칸에 공통으로 들어갈 말로 알맞은 것은? [3점]

> • I hope you _____ the audience.
> • I'm going to _____ out tomorrow, so I'm packing now.

① move   ② score   ③ regret
④ drop   ⑤ water

02 다음 영어 뜻풀이의 빈칸에 들어갈 말로 알맞은 것은? [4점]

> spill: to accidentally _____ out of a container

① chain   ② flow   ③ wish
④ report   ⑤ create

03 다음 중 밑줄 친 부분의 쓰임이 알맞지 <u>않은</u> 것은? [3점]

① We must care for people <u>in need</u>.
② I need a minute to <u>catch my breath</u>.
③ They had to <u>put away</u> their wedding until July.
④ She <u>couldn't take her eyes off</u> the baby for a moment.
⑤ I <u>stayed up</u> late with my mom and watched a movie.

04 다음 대화의 빈칸에 들어갈 말로 알맞은 것은? [3점]

> A: What's wrong?
> B: _____
> A: Oh, I'm sorry to hear that.
> B: I should have taken an umbrella.

① I lost my bike.
② I had a bad toothache.
③ I got caught in the rain.
④ I failed the test.
⑤ I'm going to enter the dance contest.

[05-07] 다음 대화를 읽고, 물음에 답하시오.

> A: Jaemin, are you ready _____ⓐ_____ the singing contest?
> B: Well, I'm thinking _____ⓑ_____ giving up, Tina.
> A: Why? I thought you really wanted to take part in the contest.
> B: I don't think I'm a good singer.
> A: Come on. You're the best singer I know.
> B: Do you really think so?
> A: Of course. You have a really nice voice.
> B: Thank you for saying so. I'll do my best.
> A: _____ⓒ_____

05 위 대화의 빈칸 ⓐ와 ⓑ에 들어갈 말이 순서대로 짝 지어진 것은? [4점]

① of – of   ② of – for   ③ for – of
④ for – with   ⑤ with – of

서술형**1**

06 위 대화의 빈칸 ⓒ에 알맞은 말이 되도록 괄호 안의 단어들을 바르게 배열하여 문장을 쓰시오. [3점]

→ _____

(win, I, you, hope, the contest)

서술형**2**

07 위 대화의 내용과 일치하도록 다음 질문에 완전한 영어 문장으로 답하시오. [각 3점]

(1) Why was Jaemin thinking of giving up the singing contest?

→ _____

(2) What does Tina think about Jaemin's voice?

→ _____

[08-09] 다음 대화를 읽고, 물음에 답하시오.

> Minho: Linda, what are you reading?
>
> Linda: I'm reading ⓐgraduation messages from my classmates.
>
> Minho: Oh, it looks like they had a lot to say to you.
>
> Linda: Many of them wrote that they like my smile.
>
> Minho: That's ⓑnice. What else?
>
> Linda: Some of them said I didn't hang out ⓒenough with them.
>
> Minho: That's not your ⓓfault. You were always busy.
>
> Linda: Yeah, but (A)I'm sorry that I didn't spend more time with my classmates.
>
> Minho: You still have time after graduation.
>
> Linda: You're right.
>
> Minho: I hope you keep in touch with your classmates ⓔbefore graduation.
>
> Linda: Thanks. I hope so, too.

08 위 대화의 밑줄 친 ⓐ~ⓔ 중 흐름상 어색한 것은? [3점]

① ⓐ   ② ⓑ   ③ ⓒ   ④ ⓓ   ⑤ ⓔ

서술형 3

09 위 대화의 밑줄 친 (A)를 [조건]에 맞게 바꿔 쓰시오. [4점]

> [조건]   1. 같은 의미를 나타내는 문장으로 바꿔 쓸 것
>
>   2. should를 포함하여 9단어로 쓸 것

→ _____

10 다음 밑줄 친 분사구문을 부사절로 바르게 바꾼 것은? [3점]

> Being a vegetarian, he doesn't eat meat.

① If he is a vegetarian

② Before he is a vegetarian

③ Although he is a vegetarian

④ When he isn't a vegetarian

⑤ Because he is a vegetarian

11 다음 우리말을 영어로 바르게 옮긴 것은? [4점]

> 경찰이 도착했을 때 도둑은 이미 도망가 버렸다.

① The thief runs away when the police arrives.

② The thief will run away when the police arrives.

③ Before the thief ran away, the police arrived.

④ The thief ran away and the police arrived.

⑤ The thief had already run away when the police arrived.

12 다음 중 어법상 틀린 것은? [4점]

① He went to the country which he had not visited before.

② John has traveled to Venice until last month.

③ I went to the shop to buy the shirt I had seen the day before.

④ She passed the exam because she had studied very hard.

⑤ When I entered the theater, the play had already ended.

서술형 4

13 다음 우리말과 같도록 괄호 안의 단어들을 바르게 배열하여 문장을 완성하시오. [각 3점]

(1) 나는 그녀가 왔을 때 그녀를 한 시간 동안 기다렸었다.

(she, for, when, her, had, came, waited, an hour, for)

→ I _____ .

(2) 나는 그가 내게 빌려줬던 책을 찾을 수 없었다.

(the book, that, he, couldn't, had, me, find, lent)

→ I _____ .

(3) 그는 자신이 그 상자를 가져가지 않았다고 말했다.

(he, had, the box, said, not, that, taken)

→ He _____ .

서술형5

14 다음 문장의 분사구문은 부사절로, 부사절은 분사구문으로 바꿔 쓰시오. [각 3점]

(1) Taking a walk, I saw a man with five dogs.

→ _____ ,

I saw a man with five dogs.

(2) As it was written for children, the book was very easy to understand.

→ _____ ,

the book was very easy to understand.

(3) Because I didn't know what to say, I just looked at her.

→ _____ ,

I just looked at her.

[15-16] 다음 글을 읽고, 물음에 답하시오.

It was just a normal morning. Alfred Nobel sat in his chair to read the newspaper. While he was drinking his coffee, a headline caught his eye: *The Merchant of Death, Alfred Nobel, Is Dead.*

"What? What is this?"

Reading the article, he dropped his cup _____. His coffee spilled all over his clothes and desk, but he couldn't take his eyes off the newspaper.

15 윗글의 빈칸에 들어갈 말로 알맞은 것은? [3점]

① carefully　　② all day　　③ with joy

④ in surprise　　⑤ originally

16 윗글의 다음에 이어질 내용으로 가장 알맞은 것은? [3점]

① Alfred Nobel의 업적

② Alfred Nobel의 아침 습관

③ 신문을 재활용하는 다양한 방법

④ Alfred Nobel의 죽음에 대한 애도

⑤ Alfred Nobel을 다룬 기사의 자세한 내용

[17-19] 다음 글을 읽고, 물음에 답하시오.

The article was _____ⓐ_____ his own death! It said Nobel had died in France _____ⓑ_____ a heart attack.

"Oh my goodness! Am I dead?"

Catching his breath, Nobel kept reading. Soon, he became even more shocked. The article described him _____ⓒ_____ the inventor of dynamite and other dangerous objects _____ⓓ_____ war. (A)It said that he had become rich from the deaths of others. He couldn't believe his eyes. It was true that dynamite was one of his many inventions. But he never imagined that the world would think of him as "the merchant of death."

17 윗글의 빈칸 ⓐ~ⓓ에 들어가지 않는 단어는? [3점]

① for　　　　② from　　　　③ up

④ about　　　⑤ as

18 윗글의 밑줄 친 (A)It이 가리키는 것으로 알맞은 것은? [3점]

① War　　　　　　② Dynamite

③ The article　　　④ His breath

⑤ The inventor

서술형6

19 윗글의 내용과 일치하지 <u>않는</u> 문장을 골라 기호를 쓴 후, 내용에 맞게 문장을 고쳐 쓰시오. [4점]

ⓐ An article reported Nobel's death.

ⓑ Nobel was really touched by the article.

ⓒ Nobel invented dynamite.

ⓓ Nobel didn't know how the world thought of him.

(　　) → _____

[20-21] 다음 글을 읽고, 물음에 답하시오.

> Nobel was ⓐunderline{deeply} disappointed.
> "How could this be? This is ⓑunbelievable! I'm not a merchant of death. I want to be remembered ⓒin a different way. I want to be remembered as a person _____ made the world better."
> He ⓓdecided to change people's opinions about him.

서술형 7

20 윗글의 밑줄 친 ⓐ~ⓓ의 우리말 뜻을 쓰시오. [각 1점]

ⓐ → _____ ⓑ → _____

ⓒ → _____ ⓓ → _____

21 윗글의 빈칸에 들어갈 수 있는 말을 <u>모두</u> 고르면? [3점]

① who   ② what   ③ that
④ which   ⑤ where

[22-23] 다음 글을 읽고, 물음에 답하시오.

> In 1888, a French newspaper mistakenly reported Alfred Nobel's death. The person who had actually died was his brother, Ludvig. _____ⓐ_____ the report, however, Nobel decided to do something to contribute to the world. In 1895, he decided to use his money to create the Nobel Prize. Originally, there were only five awards. A sixth award was added in 1968. Today, when we think of Alfred Nobel, we think of the Nobel Prize, _____ⓑ_____ dynamite.

22 윗글의 빈칸 ⓐ와 ⓑ에 알맞은 말이 순서대로 짝 지어진 것은? [3점]

① In addition to – only
② In addition to – rather than
③ Thanks to – such as
④ Thanks to – rather than
⑤ Because of – such as

서술형 8

23 윗글의 내용과 일치하도록 다음 질문에 완전한 영어 문장으로 답하시오. [각 3점]

(1) In order to contribute to the world, what did Alfred Nobel decide to do?

→ _____

(2) How many awards are now included in the Nobel Prize list?

→ _____

[24-25] 다음 글을 읽고, 물음에 답하시오.

> <u>Looking back on this year</u>, I'm glad that I donated money to children in Africa. I did this because I wanted to make a difference for children in need. To save money, I didn't buy snacks for a month. I donated the money to UNICEF. Before I donated, I sometimes left food on my plate. Now I really appreciate my meals. I'm proud of myself.
>
> *I=Ann

24 윗글의 밑줄 친 분사구문에서 생략된 접속사와 같은 접속사가 쓰인 문장은? [3점]

① You may come, <u>if</u> you want to.
② We've known each other <u>since</u> we were 10.
③ <u>As</u> I walked home, I heard the boy singing.
④ <u>Because</u> it got dark, I had to leave for home.
⑤ <u>After</u> Sophia had finished her work, she went to lunch.

25 윗글의 내용을 바르게 이해하지 <u>못한</u> 사람은? [3점]

① 수호: Ann은 아프리카의 아이들에게 기부했구나.
② 보미: 나도 Ann처럼 어려움에 처한 아이들의 상황을 변화시키고 싶어.
③ 우빈: Ann이 한 달 동안 간식을 사지 않았다니 정말 놀라워.
④ 서연: Ann은 유니세프에서 아르바이트를 해서 돈을 모았네.
⑤ 영재: Ann이 이제는 음식을 고맙게 생각한다니 좋은 변화야.

모의고사

01 다음 빈칸에 들어갈 말로 알맞은 것은? [3점]

> The next train is _____ in five minutes.

① due　　　② shocked　　　③ normal

④ unbelievable　　　⑤ disappointed

02 다음 중 단어의 영어 뜻풀이가 알맞지 <u>않은</u> 것은? [4점]

① contribute: to help to cause something to happen

② appreciate: to explain about something

③ merchant: a person whose job is to buy and sell products in large amounts

④ headline: the title written in large letters over a story in a newspaper

⑤ report: to give information about something via newspapers, TV, etc.

03 다음 중 밑줄 친 부분의 우리말 뜻이 알맞지 <u>않은</u> 것은? [3점]

① I deeply <u>regret</u> what I said.
(후회하다)

② The <u>audience</u> began clapping and cheering.
(관중)

③ <u>Thanks to</u> Sandy, I found this great apartment.
(~ 덕분에)

④ Kevin looked up <u>in surprise</u> as his sister walked in.
(불시에)

⑤ The runner stopped and <u>caught his breath</u>.
(숨을 골랐다)

04 다음 빈칸에 들어가지 <u>않는</u> 단어는? [4점]

> ⓐ The milk _____ all over the floor.
> ⓑ Alice _____ a few coins into my hand.
> ⓒ Jerry _____ from high school last year.
> ⓓ I _____ people with my songs.

① moved　　　② graduated　　　③ dropped

④ spilled　　　⑤ invented

05 다음 대화의 밑줄 친 말과 바꿔 쓸 수 있는 것은? [4점]

> A: Mike, why were you late for class?
> B: I had a bad stomachache.
> A: Oh, no! Are you okay now?
> B: Yeah. <u>I should have eaten less last night.</u>

① I will eat more next time.

② I'm sorry that I ate less last night.

③ I didn't want to eat less, but I did.

④ I regret not eating less last night.

⑤ I ought to have eaten more last night.

[06-08] 다음 대화를 읽고, 물음에 답하시오.

> Anna: Jiho, what's up? You look tired.
> Jiho: Yeah. I stayed up late last night.
> Anna: Did you play computer games again? (①)
> Jiho: No, not this time. (②)
> Anna: Is it due today? (③)
> Jiho: Yeah. _____
> Anna: Hmm, I understand. I often have the same problem. (④)
> Jiho: Really? Well, let's try to change our bad habits. (⑤)

06 위 대화의 ①~⑤ 중 주어진 문장이 들어갈 알맞은 곳은? [3점]

> I had to finish my history project.

①　　　②　　　③　　　④　　　⑤

서술형1

07 위 대화의 빈칸에 알맞은 말이 되도록 괄호 안의 단어들을 바르게 배열하여 문장을 쓰시오. [3점]

→ _____

(have, shouldn't, until, put, I, off, it, the last moment)

08 위 대화의 내용과 일치하지 <u>않는</u> 것은? [4점]

① Jiho looks tired.

② Jiho didn't play computer games last night.

③ Jiho stayed up late to finish his history project last night.

④ Anna never puts off her projects.

⑤ Jiho suggests that they should change their bad habits.

09 다음 대화를 읽고, 알 수 있는 것은? [3점]

> Giho: I can't believe we're graduating soon.
>
> Jimin: Yeah. Is there anything you regret about your middle school life?
>
> Giho: Yes. I should have taken part in many school events.
>
> Jimin: Well, you have a second chance in high school.
>
> Giho: I guess you're right.
>
> Jimin: I hope you take part in many school events in high school.

① 두 사람의 졸업식 날짜

② 지민이가 중학교 생활에서 후회하는 점

③ 기호가 중학교에서 참가한 학교 행사

④ 지민이가 기호에게 기원하는 것

⑤ 기호가 고등학교 생활에서 기대하는 점

서술형 **2**

10 다음 우리말과 같도록 괄호 안의 말을 이용하여 대화를 완성하시오. [각 3점]

> A: What are you going to do this weekend?
> B: (1) <u>나는 조부모님을 찾아뵐 거야.</u> (go, visit)
> A: (2) <u>나는 네가 좋은 시간을 보내길 바라.</u>
>   (hope, wonderful)
> B: Thanks.

(1) _____

(2) _____

11 다음 빈칸에 알맞은 말이 순서대로 짝 지어진 것은? [4점]

> • _____ on time, he couldn't take the exam.
> • We had a lot of trouble because we _____ our passports.

① Arrive – lose

② Arriving – lost

③ Arrived – had lost

④ Not arriving – losing

⑤ Not arriving – had lost

서술형 **3**

12 다음 우리말과 같도록 [조건]에 맞게 영어로 쓰시오. [각 4점]

> [조건]　1. 괄호 안의 말을 이용할 것
> 　　　　2. 분사구문으로 문장을 시작할 것

(1) 왼쪽으로 돌면, 너는 그 서점을 쉽게 찾을 거야.

→ _____

(turn to, you'll find)

(2) 차가 없어서 나는 집에 갈 다른 방법을 찾아야 했다.

→ _____

(have a car, have to find, another way)

(3) 버스에서 내리며 내 여동생은 미끄러져서 넘어졌다.

→ _____

(get off a bus, slip, fall)

13 다음 중 어법상 옳은 것끼리 짝 지어진 것은? [4점]

> ⓐ Turned on the TV, I found it was broken.
> ⓑ Meeting her lost son, Mary cried with joy.
> ⓒ Feeling hungry, I ate some cookies.
> ⓓ Studying not hard enough for his exam, Ryan couldn't pass it.

① ⓐ, ⓑ　　　② ⓐ, ⓒ　　　③ ⓑ, ⓒ

④ ⓑ, ⓓ　　　⑤ ⓒ, ⓓ

서술형 4

14 다음 중 밑줄 친 부분이 어법상 틀린 문장을 두 개 골라 기호를 쓴 후, 문장을 바르게 고쳐 쓰시오. [각 3점]

> ⓐ They had already finished the pizza when their friends arrived.
> ⓑ When I joined the club, I has practiced tennis for five years.
> ⓒ Jina had already clean the board when Tom opened the door.
> ⓓ After he had read the letter, he burned it.

(　　) → _____

_____

(　　) → _____

_____

[15-17] 다음 글을 읽고, 물음에 답하시오.

> ⓐIt was just a normal morning. Alfred Nobel sat in his chair to read the newspaper. ___(A)___ he was drinking his coffee, a headline caught his eye: *The Merchant of Death, Alfred Nobel, Is Dead.*
>
> "What? What is this?"
>
> ⓑReading the article, he dropped his cup in surprise. His coffee spilled all over his clothes and desk, ___(B)___ he couldn't take his eyes off the newspaper.

15 윗글의 밑줄 친 ⓐIt과 쓰임이 같은 것은? [3점]

① It is the most popular film these days.
② It's eight thirty in the morning.
③ They bought the desk because it was on sale.
④ It was impossible to sleep because of the noise.
⑤ We can't go to the bank because it is closed.

16 윗글의 빈칸 (A)와 (B)에 알맞은 말이 순서대로 짝 지어진 것은? [4점]

① When – so
② When – because
③ While – but
④ While – so
⑤ While – because

17 윗글의 밑줄 친 문장 ⓑ의 이유로 알맞은 것은? [3점]

① 커피를 옷과 책상에 쏟아서
② 마시던 커피가 너무 뜨거워서
③ 기사 내용이 흥미롭고 재미있어서
④ 기사가 자신의 죽음을 다루고 있어서
⑤ 기사에서 사망했다고 보도된 상인이 아는 사람이어서

[18-21] 다음 글을 읽고, 물음에 답하시오.

> The article was about his own death! ⓐIt said Nobel had died in France from a heart attack.
>
> "Oh my goodness! Am I dead?"
>
> (A)Caught his breath, Nobel kept reading. Soon, (B)그는 훨씬 더 충격을 받게 되었다. The article described him as the inventor of dynamite and other dangerous objects for war. ⓑIt said that he had become rich from the deaths of others. He couldn't believe his eyes. ⓒIt was true that dynamite was ⓓone of his many inventions. But he never imagined that the world would think of him as "the merchant of death."
>
> Nobel was deeply ___(C)___.

18 윗글의 밑줄 친 ⓐ~ⓓ 중 가리키는 대상이 같은 것끼리 짝 지어진 것은? [3점]

① ⓐ, ⓑ
② ⓐ, ⓓ
③ ⓑ, ⓒ
④ ⓑ, ⓓ
⑤ ⓒ, ⓓ

서술형 **5**

19 윗글의 밑줄 친 (A)를 어법상 바르게 고쳐 쓰시오. [4점]

→ _____

서술형 **6**

20 윗글의 밑줄 친 (B)의 우리말을 괄호 안의 말을 이용하여 영어로 쓰시오. [4점]

→ _____

(become, even, shock)

21 윗글의 빈칸 (C)에 들어갈 말로 알맞은 것은? [3점]

① moved　　② grateful　　③ in love
④ interested　　⑤ disappointed

[22-23] 다음 글을 읽고, 물음에 답하시오.

"How could this be? This is unbelievable! I'm not a merchant of death. I want to be remembered in a different way. I want to be remembered as a person who made the world better."

Nobel decided to change people's opinions about him.

22 윗글의 다음에 이어질 내용으로 가장 알맞은 것은? [3점]

① Nobel이 실망한 이유
② Nobel에 대한 사람들의 평가
③ Nobel이 거상이 되기까지의 과정
④ 세상을 바라보는 Nobel의 독특한 관점
⑤ 세상을 더 좋게 바꾸기 위한 Nobel의 노력

서술형 **7**

23 윗글의 내용과 일치하도록 다음 문장을 완성하시오. [3점]

Nobel didn't want to be remembered as _____
_____.

[24-25] 다음 글을 읽고, 물음에 답하시오.

In 1888, a French newspaper _____ reported Alfred Nobel's death. The person who ⓐhas actually died was his brother, Ludvig. Thanks to the report, however, Nobel decided ⓑto do something to contribute to the world. In 1895, he decided ⓒto use his money to create the Nobel Prize. Originally, there ⓓwas only five awards. A sixth award ⓔwas added in 1968. Today, when we think of Alfred Nobel, we think of the Nobel Prize, rather than dynamite.

24 윗글의 빈칸에 들어갈 말로 알맞은 것은? [3점]

① luckily　　② sometimes
③ mistakenly　　④ surprisingly
⑤ immediately

서술형 **8**

25 윗글의 밑줄 친 ⓐ~ⓔ 중 어법상 **틀린** 것을 두 개 골라 기호를 쓴 후, 바르게 고쳐 쓰시오. [각 2점]

(　) → _____
(　) → _____

01 다음 주어진 단어의 영어 뜻풀이에 해당하지 <u>않는</u> 것은? [3점]

| spill | due | originally | disappointed |

① in the beginning

② to accidentally flow out of a container

③ expected to happen at a particular time

④ unhappy because something you hoped for did not happen

⑤ a person whose job is to buy and sell products in large amounts

서술형1

02 다음 문장의 빈칸에 알맞은 말을 [보기]에서 골라 쓰시오. (필요시 형태를 바꿀 것) [각 2점]

| [보기] | water | describe | put off |

(1) The man _____ what had happened last night in detail.

(2) The baseball game was _____ because of the rain.

(3) I asked my neighbor to _____ the plants while I'm away.

03 다음 중 밑줄 친 단어의 의미가 같은 것끼리 짝 지어진 것은? [3점]

① She <u>lost</u> her daughter in the crowd.
   We <u>lost</u> the game by three points.

② Black clouds <u>moved</u> across the sky.
   My home is in Yorkshire and I don't want to <u>move</u>.

③ He thought for a <u>moment</u> before replying.
   I'm waiting for the right <u>moment</u> to tell her.

④ I <u>dropped</u> my keys down the back of the sofa.
   She lifted the bag then <u>dropped</u> it again.

⑤ Many crimes are never <u>reported</u> to the police.
   The story was <u>reported</u> differently on every news channel.

[04-05] 다음 대화를 읽고, 물음에 답하시오.

A: Jiho, what's ___ⓐ___ ? You look tired.
B: Yeah. I stayed up late last night.
A: Did you play computer games ___ⓑ___ ?
B: No, ___ⓒ___ this time. I had to finish my history project.
A: Is it ___ⓓ___ today?
B: Yeah. I ___ⓔ___ have put it off until the last moment.
A: Hmm, I understand. I often have the same problem.
B: Really? Well, let's try to change our bad habits.

04 위 대화의 빈칸 ⓐ~ⓔ에 들어갈 말로 알맞지 <u>않은</u> 것은? [3점]

① ⓐ: up   ② ⓑ: again   ③ ⓒ: not
④ ⓓ: due   ⑤ ⓔ: should

서술형2

05 위 대화의 내용과 일치하도록 주어진 질문에 알맞은 답을 괄호 안의 말을 사용하여 완성하시오. [3점]

Q: What problem do they share?
A: They tend to _____
_____. (things)

서술형3

06 다음 대화의 밑줄 친 말이 의미하는 내용이 되도록 문장을 완성하시오. [각 2점]

A: What are you going to do tomorrow?
B: I'm going to sing in the school festival.
A: Great! I hope you move the audience.
B: Thanks. I hope so, too.

→ I also hope to (1) _____
   when I (2) _____.

[07-09] 다음 대화를 읽고, 물음에 답하시오.

> Semi: I can't believe we're graduating soon.
>
> James: Yeah. Is there anything you regret about your middle school life?
>
> Semi: Yes. I should have taken part in many school events.
>
> James: Well, you have a second ___ⓐ___ in high school.
>
> Semi: I guess you're right.
>
> James: _____ⓑ_____ in high school.
>
> Semi: I hope so, too.

07 위 대화의 빈칸 ⓐ에 들어갈 말로 알맞은 것은? [2점]

① regret　　② grade　　③ event
④ chance　　⑤ graduation

08 위 대화의 빈칸 ⓑ에 알맞은 말이 되도록 주어진 단어들을 배열할 때, 네 번째로 오는 단어는? [3점]

> school, many, take, in, hope, events, I, part, you

① in　　② you　　③ take
④ hope　　⑤ many

09 위 대화의 내용과 일치하도록 빈칸에 알맞은 말을 쓰시오. [각 2점]

> Semi is a (1) _____ student. She is going to (2) _____ soon. She regrets that she (3) _____.
> In (4) _____, she will try to do differently.

10 다음 밑줄 친 부분을 어법상 바르게 고친 것 중 틀린 것은? [4점]

① <u>Seen</u> her father, she began to cry.
　→ Seeing
② I called his office but he <u>has already left</u>.
　　　　　　　　　　　→ had
③ Tom lost his keys <u>walked</u> through the park.
　　　　　　　　　　→ walking
④ The patient <u>dies</u> before the doctor arrived.
　　　　　　　　→ had died
⑤ <u>Got up late</u>, I ran to catch the school bus.
　→ Get

11 다음 중 어법상 옳은 문장의 개수는? [4점]

> ⓐ The tickets had already sold out when I got there.
>
> ⓑ Not liked his idea, I didn't accept his offer.
>
> ⓒ The train has just left when I arrived at the station.
>
> ⓓ Looking out of the window, I saw a building burning.

① 0개　② 1개　③ 2개　④ 3개　⑤ 4개

12 다음 상황들이 일어난 시점을 보고, [조건]에 맞게 문장을 완성하시오. [각 3점]

> [조건]　● 각 문장에 완료 시제를 포함할 것

Tom moved to Busan.　　Jake visited Tom.　Now

Sue came back from her trip.　　Jake met Sue.

(1) When Sue came back from her trip, Tom _____
_____.

(2) Before Jake met Sue, he _____.

(3) Sue _____
　before Jake met her.

13 다음 중 각 문장에 대한 설명이 알맞지 <u>않은</u> 것은? [4점]

① He hadn't ridden a horse before that time.
→ 과거완료 시제가 쓰였다.

② Writing in haste, the letter has some faults.
→ Writing을 Written으로 바꿔 써야 한다.

③ I lost the book that I had borrowed from my sister.
→ 책을 빌린 시점이 잃어버린 시점보다 이전이다.

④ I never had seen such a beautiful beach before I went to Hawaii.
→ 과거완료의 부정은 「had+부정어+과거분사」 형태가 되어야 하므로 never had seen은 had never seen이 되어야 한다.

⑤ We had dinner after the soccer game had ended.
→ 저녁 식사를 한 것이 축구 경기가 끝난 것보다 이전의 일이다.

서술형**6**

14 다음 지시에 따라 문장을 자유롭게 완성하시오. [각 3점]

(1) 현재분사로 시작할 것

→ _____,
he couldn't say anything.

(2) 과거분사로 시작할 것

→ _____,
you may feel lonely.

[15-17] 다음 글을 읽고, 물음에 답하시오.

①It was just a normal morning. Alfred Nobel sat in his chair ②to read the newspaper. While he was drinking his coffee, a headline caught his eye: *The Merchant of Death, Alfred Nobel, ③Is Dead.*

"What? What is this?"

④Being read the article, he dropped his cup in surprise. His coffee ⑤spilled all over his clothes and desk, but he couldn't take his eyes off the newspaper.

15 윗글의 밑줄 친 ①~⑤ 중 어법상 <u>틀린</u> 것은? [3점]

①   ②   ③   ④   ⑤

서술형**7**

16 윗글의 내용과 일치하도록 다음 문장의 분사구문을 완성하시오. [3점]

> _____ by _____,
> Alfred Nobel dropped his cup.

17 윗글의 내용과 일치하지 <u>않는</u> 것은? [4점]

① It had been a usual morning until Alfred Nobel read the newspaper.

② He read the newspaper drinking his coffee.

③ There was nothing to draw his attention to in the newspaper.

④ The newspaper reported Alfred Nobel's death.

⑤ He didn't care about spilling his coffee.

[18-21] 다음 글을 읽고, 물음에 답하시오.

"Oh my goodness! Am I ⓐdie?"

(A)Catch his breath, Nobel kept reading. Soon, he became even more (B)shock. The article described him as the inventor of dynamite and other dangerous objects for war. It said that he had become rich from the deaths of others. He ⓑcan't believe his eyes. It was true ⓒwhat dynamite was one of his many ⓓinvention. But he never imagined ⓔwhich the world would think of him as "the merchant of death."

18 윗글의 밑줄 친 ⓐ~ⓔ를 어법상 바르게 고쳐 쓴 것 중 <u>틀린</u> 것은? [4점]

① ⓐ → dead   ② ⓑ → couldn't
③ ⓒ → which   ④ ⓓ → inventions
⑤ ⓔ → that

서술형 8

19 윗글의 밑줄 친 (A)와 (B)를 알맞은 형태로 고쳐 쓰시오. [각 2점]

(A) → _____

(B) → _____

20 윗글을 바르게 이해하지 <u>못한</u> 사람은? [3점]

① 우민: Nobel에게 기사 내용은 충격적이었구나.

② 은세: 기사에는 Nobel이 전쟁에 쓰이는 물건들을 발명했다고 쓰여 있었어.

③ 소희: 기사는 Nobel에 대해 부정적으로 보도했어.

④ 지훈: Nobel이 다이너마이트를 발명한 것은 사실이었어.

⑤ 기우: Nobel은 자신에 대한 세상의 평가를 이미 알고 있었어.

서술형 9

21 How did the article describe Alfred Nobel? Write two sentences. [각 2점]

(1) _____

_____

(2) _____

_____

[22-23] 다음 글을 읽고, 물음에 답하시오.

Nobel was deeply disappointed.

"How could this be? This is unbelievable! I'm not a merchant of death. I want to be remembered in a different way. I want to be remembered as <u>세상을 더 좋게 만든 사람</u>."

He decided to change people's opinions about him.

서술형 10

22 윗글의 밑줄 친 우리말을 알맞은 관계대명사를 사용하여 영어로 쓰시오. [3점]

→ _____

서술형 11

23 윗글에서 다음의 영어 뜻풀이에 해당하는 단어를 찾아 그 단어를 포함하는 문장을 자유롭게 쓰시오. [4점]

to make a choice about something

→ _____

[24-25] 다음 글을 읽고, 물음에 답하시오.

(A) In 1895, he decided to use his money to create the Nobel Prize.

(B) In 1888, a French newspaper mistakenly reported Alfred Nobel's death.

(C) Thanks to the report, however, Nobel decided to do something to contribute to the world.

(D) The person who had actually died was his brother, Ludvig.

Originally, there were only five awards. A sixth award was added in 1968. Today, when we think of Alfred Nobel, we think of the Nobel Prize, rather than dynamite.

24 자연스러운 글이 되도록 윗글의 (A)~(D)를 바르게 배열한 것은? [3점]

① (A) – (D) – (C) – (B)　　② (B) – (C) – (A) – (D)

③ (B) – (D) – (C) – (A)　　④ (D) – (B) – (A) – (C)

⑤ (D) – (C) – (B) – (A)

25 윗글을 읽고 답할 수 <u>없는</u> 질문은? [3점]

① What happened in 1895?

② How did Alfred Nobel decide to use his money?

③ Who had actually died in 1888?

④ How are the Nobel Prize winners selected?

⑤ What do people usually think of when they think of Alfred Nobel?

● 틀린 문항을 표시해 보세요.

● 부족한 영역을 점검해 보고 어떻게 더 학습할지 학습 계획을 적어 보세요.

〈제1회〉 대표 기출로 내신 **적중** 모의고사 　　총점 ＿＿＿＿＿ / 100

문항	영역	문항	영역	문항	영역
01	p.84(W)	10	p.90(L&S)	19	pp.106-107(R)
02	p.86(W)	11	p.99(G)	20	pp.106-107(R)
03	p.84(W)	12	p.99(G)	21	pp.106-107(R)
04	p.86(W)	13	p.98(G)	22	pp.106-107(R)
05	p.91(L&S)	14	p.98(G)	23	pp.106-107(R)
06	p.90(L&S)	15	pp.106-107(R)	24	pp.106-107(R)
07	p.90(L&S)	16	pp.106-107(R)	25	p.120(M)
08	p.91(L&S)	17	pp.106-107(R)		
09	p.91(L&S)	18	pp.106-107(R)		

오답 공략
부족한 영역
학습 계획

〈제2회〉 대표 기출로 내신 **적중** 모의고사 　　총점 ＿＿＿＿＿ / 100

문항	영역	문항	영역	문항	영역
01	p.84(W)	10	p.98(G)	19	pp.106-107(R)
02	p.86(W)	11	p.99(G)	20	pp.106-107(R)
03	p.84(W)	12	p.99(G)	21	pp.106-107(R)
04	p.90(L&S)	13	p.99(G)	22	pp.106-107(R)
05	p.91(L&S)	14	p.98(G)	23	pp.106-107(R)
06	p.91(L&S)	15	pp.106-107(R)	24	p.120(M)
07	p.91(L&S)	16	pp.106-107(R)	25	p.120(M)
08	p.91(L&S)	17	pp.106-107(R)		
09	p.91(L&S)	18	pp.106-107(R)		

오답 공략
부족한 영역
학습 계획

〈제3회〉 대표 기출로 내신 **적중** 모의고사 　　총점 ＿＿＿＿＿ / 100

문항	영역	문항	영역	문항	영역
01	p.84(W)	10	p.90(L&S)	19	pp.106-107(R)
02	p.86(W)	11	pp.98-99(G)	20	pp.106-107(R)
03	p.84(W)	12	p.98(G)	21	pp.106-107(R)
04	p.84(W)	13	p.98(G)	22	pp.106-107(R)
05	p.90(L&S)	14	p.99(G)	23	pp.106-107(R)
06	p.90(L&S)	15	pp.106-107(R)	24	pp.106-107(R)
07	p.90(L&S)	16	pp.106-107(R)	25	pp.106-107(R)
08	p.90(L&S)	17	pp.106-107(R)		
09	p.91(L&S)	18	pp.106-107(R)		

오답 공략
부족한 영역
학습 계획

〈제4회〉 고난도로 내신 **적중** 모의고사 　　총점 ＿＿＿＿＿ / 100

문항	영역	문항	영역	문항	영역
01	p.86(W)	10	pp.98-99(G)	19	pp.106-107(R)
02	p.84(W)	11	pp.98-99(G)	20	pp.106-107(R)
03	p.86(W)	12	p.99(G)	21	pp.106-107(R)
04	p.90(L&S)	13	pp.98-99(G)	22	pp.106-107(R)
05	p.90(L&S)	14	p.98(G)	23	pp.106-107(R)
06	p.91(L&S)	15	pp.106-107(R)	24	pp.106-107(R)
07	p.91(L&S)	16	pp.106-107(R)	25	pp.106-107(R)
08	p.91(L&S)	17	pp.106-107(R)		
09	p.91(L&S)	18	pp.106-107(R)		

오답 공략
부족한 영역
학습 계획

Picture the Future

주요 학습 내용	접속사 vs. 전치사	**After** her shower, warm air comes out and dries her. (샤워 후에, 따뜻한 공기가 나와 그녀를 말려 준다.) Right **before** Minji goes to bed, she whispers to her watch. (민지는 자러 가기 직전에, 자신의 손목시계에 속삭인다.)
	목적격보어로 쓰이는 to부정사	**Remind** Daddy **to take** his glasses tomorrow. (아빠께 내일 안경을 가져가시라고 상기시켜 드려.)

Words

만점 노트

Reading

□□ agree	통 동의하다 (↔ disagree)	□□ print out	(프린터로) 출력하다
□□ appear	통 나타나다 (↔ disappear)	□□ remind☆	통 상기시키다
□□ bathroom	명 욕실	□□ rub☆	통 문지르다, 비비다
□□ brightly	부 밝게	□□ rush	통 급히 움직이다(하다)
□□ clear☆	통 맑게(투명하게) 하다, 치우다	□□ scan☆	통 정밀 검사(촬영)하다
	형 투명한	□□ select	통 선택하다, 고르다 (= choose)
□□ clear the table	식탁을 치우다	□□ sensor	명 센서, 감지기
□□ comfortable	형 편안한, 안락한	□□ shake	통 흔들리다, 흔들다
□□ condition	명 상태	□□ shine	통 빛나다, 비추다
□□ deliver☆	통 배달하다	□□ step	통 걸음을 옮기다, 발을 내딛다
□□ drawer	명 서랍	□□ story	명 (건물의) 층, 이야기
□□ driverless	형 운전자가 (필요) 없는	□□ suddenly	부 갑자기
□□ give a presentation☆	발표를 하다	□□ thanks to	~ 덕분에
□□ grocery☆	명 (복수형으로) 식료품 및 잡화	□□ through	전 ~을 통해, ~ 사이로
□□ land	통 내려앉다, 착륙하다 명 땅	□□ usual☆	형 일상의, 늘 하는 명 (the ~) 늘 먹던 것
□□ on top of	~의 꼭대기에	□□ wash the dishes	설거지를 하다
□□ pay for	(비용을) 지불하다	□□ whisper☆	통 속삭이다
□□ press	통 누르다	□□ yell	통 소리치다, 소리 지르다 (= shout)

Project

□□ be tired of☆	~에 질리다, ~에 싫증이 나다	□□ save	통 절약하다, 구하다, 저축하다
□□ do the laundry	세탁하다	□□ solution	명 해결책

영어 뜻풀이

□□ agree	동의하다	to have the same opinion
□□ bathroom	욕실	a room with a bath or shower and often a toilet
□□ comfortable	편안한, 안락한	allowing you to be relaxed
□□ deliver	배달하다	to take something, especially goods or letters, to a place
□□ driverless	운전자가 (필요) 없는	not having a person as a driver
□□ grocery	(복수형으로) 식료품 및 잡화	food and other goods that you buy in a grocer's shop or supermarket
□□ remind	상기시키다	to cause someone to remember something
□□ rub	문지르다, 비비다	to move something along a surface with pressure
□□ rush	급히 움직이다(하다)	to move or do something very quickly
□□ sensor	센서, 감지기	a device that detects heat, light, sound, motion, etc.
□□ scan	정밀 검사(촬영)하다	to look at something carefully in order to get information
□□ usual	일상의, 늘 하는	normal or regular
□□ whisper	속삭이다	to speak very softly or quietly

Words

연습 문제

Answers p. 39

A 다음 단어의 우리말 뜻을 쓰시오.

01	shake	_____
02	driverless	_____
03	comfortable	_____
04	scan	_____
05	brightly	_____
06	rush	_____
07	solution	_____
08	shine	_____
09	grocery	_____
10	yell	_____

B 다음 우리말에 해당하는 영어 단어를 쓰시오.

11	걸음을 옮기다	_____
12	일상의, 늘 하는	_____
13	갑자기	_____
14	선택하다, 고르다	_____
15	절약하다, 구하다	_____
16	속삭이다	_____
17	서랍	_____
18	욕실	_____
19	상태	_____
20	누르다	_____

C 다음 영어 표현의 우리말 뜻을 쓰시오.

01	thanks to	_____
02	on top of	_____
03	do the laundry	_____
04	clear the table	_____
05	be tired of	_____

D 다음 뜻풀이에 알맞은 말을 [보기]에서 골라 쓴 후, 우리말 뜻을 쓰시오.

[보기]	sensor	remind	rub	agree	deliver

01 _____ : to have the same opinion : _____

02 _____ : to cause someone to remember something : _____

03 _____ : to move something along a surface with pressure : _____

04 _____ : a device that detects heat, light, sound, motion, etc. : _____

05 _____ : to take something, especially goods or letters, to a place : _____

E 다음 우리말과 같도록 빈칸에 알맞은 말을 쓰시오.

01 너는 그 선글라스에 얼마를 지불했니? → How much did you _____ _____ the sunglasses?

02 Mike는 내가 식탁을 치우는 것을 도와주었다. → Mike helped me _____ _____ _____.

03 이 약 덕분에, 그 남자는 빨리 회복했다. → _____ _____ this medicine, the man recovered quickly.

04 나는 지구 온난화에 대해 발표를 할 것이다. → I'll _____ _____ _____ about global warming.

05 네가 요리를 했으니, 내가 설거지를 할게. → You cooked, so I'll _____ _____ _____.

STEP A **WORDS** 159

Words

실전 TEST

01 다음 짝 지어진 두 단어의 관계가 같도록 빈칸에 알맞은 말을 쓰시오.

> appear : disappear = _____ : disagree

02 다음 영어 뜻풀이가 설명하는 단어로 알맞은 것은?

> to move something along a surface with pressure

① clear   ② rub   ③ deliver
④ shake   ⑤ save

고
난도
03 다음 중 밑줄 친 단어의 쓰임이 알맞지 <u>않은</u> 것은?

① <u>Suddenly</u> the lights went out.
② <u>Driverless</u> cars will cause less accidents.
③ Their bags were <u>scanned</u> at the airport.
④ Chris <u>yelled</u> something in my ear so that only I could hear him.
⑤ We went to a market to buy some <u>groceries</u> for dinner.

04 다음 문장의 빈칸에 공통으로 들어갈 말로 알맞은 것은?

> • He bought some _____ and built a house.
> • What time is the plane scheduled to _____?

① step   ② usual   ③ land
④ story   ⑤ sensor

05 다음 우리말과 같도록 할 때, 빈칸에 들어갈 말로 알맞은 것은?

> 이 편지를 보내라고 저에게 상기시켜 주세요.
> → Please _____ me to send this letter.

① press   ② select   ③ rush
④ remind   ⑤ shine

06 다음 중 밑줄 친 부분의 우리말 뜻이 알맞지 <u>않은</u> 것은?

① You don't need to <u>do the laundry</u> today.
    (세탁하다)
② They <u>paid for</u> the meal with a credit card.
    (지불했다)
③ Can I use your computer to <u>print out</u> my report?
    (출력하다)
④ I will <u>give a presentation</u> in front of other students.
    (선물을 주다)
⑤ I'm <u>tired of</u> eating at the same restaurant every day.
    (~에 질리다)

[07-08] 괄호 안의 우리말과 같도록 빈칸에 알맞은 말을 쓰시오.

07 A little kitten is sitting _____ _____
_____ the bookshelf in the picture.
(사진에서 작은 새끼 고양이 한 마리가 책장의 꼭대기에 앉아 있다.)

08 _____ _____ these rain boots,
I could walk around in the heavy rain.
(이 장화 덕분에, 나는 세찬 빗속을 걸어 다닐 수 있었다.)

Reading
핵심 구문 노트

1 접속사 vs. 전치사

- **After** her shower, warm air comes out and dries her.
  전치사
- Right **before** Minji goes to bed, she whispers to her watch.
  접속사

샤워 후에, 따뜻한 공기가 나와 그녀를 말려 준다.

민지는 자러 가기 직전에, 자신의 손목시계에 속삭인다.

(1) after와 before: 접속사와 전치사 둘 다로 쓰일 수 있다. 접속사로 쓰이면 뒤에 「주어 + 동사 ~」로 이루어진 절이 오고, 전치사로 쓰이면 뒤에 명사(구)가 온다.

- Mike cleaned his room **after** he watered the plants. 〈접속사〉
  Mike는 식물에 물을 준 후에 그의 방을 청소했다.
- I went for a walk **before** breakfast. 〈전치사〉 나는 아침 식사 전에 산책하러 갔다.

(2) while과 during: 둘 다 '~ 동안'이라는 뜻으로 쓰이지만, while은 접속사로 뒤에 「주어 + 동사 ~」로 이루어진 절이 오고, during은 전치사로 뒤에 명사(구)가 온다.

- Don't touch the button **while** the machine is working.
  그 기계가 작동하는 동안에 그 버튼을 만지지 마라.
- She swims every day **during** the summer. 그녀는 여름 동안 매일 수영을 한다.

> **시험 포인트** **point**
> 접속사 다음에는 절이 오고 전치사 다음에는 명사(구)가 온다는 점을 기억하세요. 뒤에 오는 형태에 따라 접속사나 전치사가 맞게 쓰였는지 묻는 문제가 자주 출제돼요.

> 시간을 나타내는 접속사
> Humpback whales stand on their tails **while** they sleep.
> 혹등고래는 잠을 자는 동안 꼬리로 서 있다. [중3 7과]

2 목적격보어로 쓰이는 to부정사

- **Remind** Daddy **to take** his glasses tomorrow.

아빠께 내일 안경을 가져가시라고 상기시켜 드려.

목적어를 보충 설명해 주는 목적격보어로 to부정사가 쓰일 수 있다. to부정사를 목적격보어로 쓰는 동사는 remind, advise, allow, expect, order 등이 있다.

- The doctor **advised** me **to lose** some weight.
  의사는 내게 체중을 좀 줄이라고 충고했다.
- My dad **allowed** me **to go** to the party. 우리 아빠는 내가 파티에 가는 것을 허락하셨다.
- I didn't **expect** Ann **to stay** so long. 나는 Ann이 그렇게 오래 머무를 거라고 예상하지 못했다.

> **시험 포인트** **point**
> 목적격보어로 동사원형을 쓰는 사역동사와 동사원형이나 현재분사를 쓰는 지각동사와 구분하는 문제가 자주 출제돼요.

> 동사 + 목적어 + 목적격보어(to부정사)
> We **asked** the doctor **to help** us.
> 우리는 그 의사에게 우리를 도와 달라고 부탁했다. [중2 2과]

QUICK CHECK

1 다음 문장의 밑줄 친 부분이 문맥이나 어법상 틀렸으면 바르게 고쳐 쓰시오.

(1) Jim broke his finger <u>during</u> he was playing basketball. → _____

(2) <u>After</u> you do aerobics, you should warm up. → _____

(3) You should always wash your hands <u>before</u> meals. → _____

2 다음 괄호 안에서 알맞은 것을 고르시오.

(1) The police officer ordered her (stop / to stop) the car.

(2) Please remind me (returning / to return) this book to the school library.

(3) My parents allow me (to watch / watched) TV at night on weekends.

STEP A

미래를 상상하다

Picture the Future

01 오전 7시이다. 침대가 흔들리고 김민지가 "5분만 데!"라고 소리를 지른다.

01 It's 7 a.m. The bed shakes and Minji Kim yells, "Five more minutes!"
shake ⑧ 흔들리다

02 침대가 흔들기를 멈춘다.

02 The bed stops shaking.
stop+동명사(목적어): ~하는 것을 멈추다

03 갑자기, 민지의 엄마가 벽 스크린에 나타나 말한다. "너 학교에 늦겠어!"

03 Suddenly, Minji's mom appears on a screen on the wall and says,

"You're going to be late for school!"
be going to+동사원형: ~할 것이다

04 민지는 눈을 비비며 "창문들을 투명하게 해 줘."라고 말한다.

04 Minji rubs her eyes and says, "Clear the windows."
⑧ 투명하게 하다

05 어두운 창문들이 투명해지며 창문들을 통해 햇살이 밝게 비춘다.

05 The dark windows become clear and the sun shines brightly through
become ⑧ ~(해)지다 / clear ⑧ 투명한
→ become clear: 투명해지다
them.
= 투명해진 창들

06 욕실에서, 빨간 빛이 민지의 몸을 정밀 검사한다.

06 In the bathroom, a red light scans Minji's body.

07 목소리가 "54킬로그램. 당신의 건강 상태가 매우 좋습니다."라고 말한다.

07 A voice says, "54 kilograms. Your health condition is excellent."

08 그녀가 샤워실 안에 발을 디디자, 위쪽과 양옆에서 물이 나온다.

08 When she steps in the shower, water comes out from the top and sides.
⑳ ~할 때, ~하자 (+주어+동사 ~)

09 샤워 후에, 따뜻한 공기가 나와 그녀를 말려 준다.

09 After her shower, warm air comes out and dries her.
⑳ ~ 후에 (+명사(구))   셀 수 없는 명사 └─ 병렬 구조 ─┘

10 그녀가 나가자, 서랍이 열리며 오늘의 옷이 나타난다.

10 When she gets out, a drawer opens with today's clothes.

11 부엌에서, 그녀의 아빠가 "좋은 아침이구나, 얘야. 아침으로 무엇을 먹고 싶니?"라고 말한다.

11 In the kitchen, her father says, "Good morning, Honey. What do you want

for breakfast?"

12 민지는 "늘 먹던 걸로 주세요."라고 말한다.

12 Minji says, "The usual, please."
늘 먹던(마시던) 것

13 아빠가 요리 기계의 버튼 몇 개를 누른다.

13 Mr. Kim presses a few buttons on the cooking machine.
= 민지의 아빠   a few(약간의, 몇몇의)+셀 수 있는 명사

14 기계는 베이컨, 달걀, 빵을 만들어 낸다.

14 The machine prints out some bacon, eggs and bread.
문맥상 음식을 찍어 내는 삼차원 프린터(3-D printer)를 의미함

15 아빠는 작별 인사를 하고 문 밖으로 급히 나간다.

15 Mr. Kim says goodbye and rushes out the door.

16 몇 분 후에, 민지의 아빠가 스크린에 나타나 소리친다. "내가 안경을 깜빡했어요!"

16 A few minutes later, Minji's father appears on a screen and shouts,
└──── 병렬 구조 ────┘
"I forgot my glasses!"

17 엄마가 미소 지으며 답한다. "괜찮아요. 내가 드론을 당신의 사무실로 보낼게요."

17 Ms. Kim smiles and answers, "No problem. I'll send a drone to your office."
= 민지의 엄마   send A to B: A를 B로 보내다

18 Mr. Kim says, "Thanks a million!"
Thanks보다 감사함을 더 강조하는 표현

19 Ms. Kim and Minji get into a driverless flying car.
fly의 현재분사 형태로 명사를 수식함

20 They sit in comfortable chairs around a table.
민지 엄마와 민지를 가리킴

21 Ms. Kim touches the car window to select the groceries for this week.
by+동명사: ~함으로써   부사적 용법의 to부정사 (목적): ~하기 위해서

22 She pays for them by putting her finger on a sensor.
Ms. Kim이 고른 식료품을 가리킴

23 They will be delivered to her house.
조동사+수동태(be+과거분사)

24 The car lands at Minji's school on top of a 150-story building.
150이라는 숫자와 '층'을 나타내는 명사 story가 하이픈으로 연결된 복합 형용사

25 Today Minji will give a presentation with Dona, a student in America.
동격

26 But Minji doesn't have to go to America.
don't have to+동사원형: ~할 필요가 없다

27 Thanks to a VR classroom, they will feel like (that) they are in the same classroom.
~인 것처럼 느끼다

28 When Minji's family comes back home, dinner is ready.
집으로

29 They eat and talk about their day.

30 After a delicious dinner, the cleaning robot clears the table and washes
전 ~ 후에   병렬 구조
the dishes.

31 Minji says, "I learned a game (which is) called chess today. Do you want to play?"
명사적 용법의 to부정사 (want의 목적어)

32 Everyone agrees.
3인칭 단수 취급함

33 A 3-D chess board appears on the table.
three-dimensional의 줄임말: 삼차원의

34 They have lots of fun.
= a lot of: 많은

35 Right before Minji goes to bed, she whispers to her watch.
바로   ~하기 전에

36 "Remind Daddy to take his glasses tomorrow."
remind+목적어+목적격보어(to부정사): (목적어)에게 ~할 것을 상기시키다

18 아빠가 "정말 고마워요!"라고 말한다.

19 엄마와 민지는 운전자가 필요 없는 비행 자동차에 탄다.

20 그들은 탁자 주변의 편안한 의자에 앉는다.

21 엄마가 이번 주에 쓸 식료품을 고르기 위해 자동차 창문을 터치한다.

22 그녀는 센서에 손가락을 올려서 식료품 값을 지불한다.

23 그것들은 그녀의 집으로 배달될 것이다.

24 자동차는 150층짜리 건물의 꼭대기에 있는 민지의 학교에 내린다.

25 오늘 민지는 미국에 있는 학생 Dona와 함께 발표를 할 것이다.

26 하지만 민지가 미국에 갈 필요는 없다.

27 VR(가상 현실) 교실 덕분에, 그들은 같은 교실에 있는 것처럼 느낄 것이다.

28 민지의 가족이 집에 돌아오자, 저녁이 준비된다.

29 그들은 식사를 하며 자신들의 하루에 관해 이야기한다.

30 맛있는 저녁 식사 후에, 청소 로봇이 식탁을 치우고 설거지를 한다.

31 민지가 "오늘 체스라고 불리는 놀이를 배웠어요. 해 보실래요?"라고 말한다.

32 모두가 동의한다.

33 탁자 위에 삼차원 체스 판이 나타난다.

34 그들은 매우 즐거운 시간을 보낸다.

35 민지는 자러 가기 직전에, 자신의 손목시계에 속삭인다.

36 "아빠께 내일 안경을 가져가시라고 상기시켜 드려."

STEP
A

우리말 뜻과 일치하도록 교과서 본문의 문장을 완성하시오.

01 It's 7 a.m. _____ _____ _____ and Minji Kim yells, "Five more minutes!"

02 The bed _____ _____.

03 Suddenly, Minji's mom appears on a screen on the wall and says, "You're going to _____ _____ _____ school!"

04 Minji _____ _____ _____ and says, "Clear the windows."

05 The dark windows become clear and _____ _____ _____ _____ through them.

06 In the bathroom, a red light _____ Minji's body.

07 A voice says, "54 kilograms. _____ _____ _____ is excellent."

08 When she steps in the shower, water _____ _____ from the top and sides.

09 _____ _____ _____, warm air comes out and dries her.

10 When she gets out, _____ _____ _____ with today's clothes.

11 In the kitchen, her father says, "Good morning, Honey. What do you want _____ _____?"

12 Minji says, "_____ _____, please."

13 Mr. Kim presses _____ _____ _____ on the cooking machine.

14 The machine _____ _____ some bacon, eggs and bread.

15 Mr. Kim says goodbye and _____ _____ the door.

16 A few minutes later, Minji's father appears on a screen and shouts, "I _____ _____ _____!"

17 Ms. Kim smiles and answers, "No problem. I'll _____ _____ to your office."

중요 문장

01 오전 7시이다. 침대가 흔들리고 김민지가 "5분만 더!"라고 소리를 지른다.

02 침대가 흔들기를 멈춘다.

03 갑자기, 민지의 엄마가 벽 스크린에 나타나 말한다. "너 학교에 늦겠어!"

04 민지는 눈을 비비며 "창문들을 투명하게 해 줘."라고 말한다.

05 어두운 창문들이 투명해지며 창문들을 통해 햇살이 밝게 비춘다.

06 욕실에서, 빨간 빛이 민지의 몸을 정밀 검사한다.

07 목소리가 "54킬로그램. 당신의 건강 상태가 매우 좋습니다."라고 말한다.

08 그녀가 샤워실 안에 발을 디디자, 위쪽과 양옆에서 물이 나온다.

09 샤워 후에, 따뜻한 공기가 나와 그녀를 말려 준다.

10 그녀가 나가자, 서랍이 열리며 오늘의 옷이 나타난다.

11 부엌에서, 그녀의 아빠가 "좋은 아침이구나, 얘야. 아침으로 무엇을 먹고 싶니?"라고 말한다.

12 민지는 "늘 먹던 걸로 주세요."라고 말한다.

13 아빠가 요리 기계의 버튼 몇 개를 누른다.

14 기계는 베이컨, 달걀, 빵을 출력한다.

15 아빠는 작별 인사를 하고 문 밖으로 급히 나간다.

16 몇 분 후에, 민지의 아빠가 스크린에 나타나 소리친다. "내가 안경을 깜빡했어요!"

17 엄마가 미소 지으며 답한다. "괜찮아요. 내가 드론을 당신의 사무실로 보낼게요."

18 Mr. Kim says, "_____ _____ _____!"

18 아빠가 "정말 고마워요!"라고 말한다.

19 Ms. Kim and Minji _____ _____ a driverless flying car.

19 엄마와 민지는 운전자가 필요 없는 비행 자동차에 탄다.

20 They sit in _____ _____ around a table.

20 그들은 탁자 주변의 편안한 의자에 앉는다.

21 Ms. Kim touches the car window _____ _____ the groceries for this week.

21 엄마가 이번 주에 쓸 식료품을 고르기 위해 자동차 창문을 터치한다.

22 She pays for them _____ _____ _____ _____ on a sensor.

22 그녀는 센서에 손가락을 올려서 식료품 값을 지불한다.

23 They _____ _____ _____ to her house.

23 그것들은 그녀의 집으로 배달될 것이다.

24 The car lands at Minji's school _____ _____ _____ a 150-story building.

24 자동차는 150층짜리 건물의 꼭대기에 있는 민지의 학교에 내린다.

25 Today Minji _____ _____ _____ _____ with Dona, a student in America.

25 오늘 민지는 미국에 있는 학생 Dona와 함께 발표를 할 것이다.

26 But Minji _____ _____ _____ go to America.

26 하지만 민지가 미국에 갈 필요는 없다.

27 Thanks to a VR classroom, they will _____ _____ they are in the same classroom.

27 VR(가상 현실) 교실 덕분에, 그들은 같은 교실에 있는 것처럼 느낄 것이다.

28 When Minji's family comes back home, _____ _____ _____.

28 민지의 가족이 집에 돌아오자 저녁이 준비된다.

29 They eat and talk _____ _____ _____.

29 그들은 식사를 하며 자신들의 하루에 관해 이야기한다.

30 After a delicious dinner, the cleaning robot clears the table and _____ _____ _____.

30 맛있는 저녁 식사 후에, 청소 로봇이 식탁을 치우고 설거지를 한다.

31 Minji says, "I learned a game _____ _____ today. Do you want to play?"

31 민지가 "오늘 체스라고 불리는 놀이를 배웠어요. 해 보실래요?"라고 말한다.

32 Everyone _____.

32 모두가 동의한다.

33 A 3-D chess board _____ on the table.

33 탁자 위에 삼차원 체스 판이 나타난다.

34 They _____ _____ _____ _____.

34 그들은 매우 즐거운 시간을 보낸다.

35 Right before Minji goes to bed, she _____ _____ her watch.

35 민지는 자러 가기 직전에, 자신의 손목시계에 속삭인다.

36 "Remind Daddy _____ _____ _____ tomorrow."

36 "아빠께 내일 안경을 가져가시라고 상기시켜 드려."

Reading
바른 어휘 · 어법 고르기

STEP A

글의 내용과 문장의 어법에 맞게 괄호 안에서 알맞은 어휘를 고르시오.

01 It's 7 a.m. The bed shakes and Minji Kim yells, "Five (more / much) minutes!"

02 The bed stops (to shake / shaking).

03 Suddenly, Minji's mom appears on a screen on the wall and says, "You're going to be late (to / for) school!"

04 Minji rubs her eyes and (say / says), "Clear the windows."

05 The (dark / bright) windows become clear and the sun shines brightly through them.

06 In the bathroom, a red light (scan / scans) Minji's body.

07 A voice says, "54 kilograms. Your health condition (are / is) excellent."

08 (When / During) she steps in the shower, water comes out from the top and sides.

09 After her shower, warm air comes out and (to dry / dries) her.

10 When she (get / gets) out, a drawer opens with today's clothes.

11 In the kitchen, her father says, "Good morning, Honey. What do you want (for / to) breakfast?"

12 Minji says, "The (unusual / usual), please."

13 Mr. Kim presses (few / a few) buttons on the cooking machine.

14 The machine prints out some bacon, eggs (and / but) bread.

15 Mr. Kim says goodbye and rushes (in / out) the door.

16 A few minutes (late / later), Minji's father appears on a screen and shouts, "I forgot my glasses!"

17 Ms. Kim smiles and answers, "No problem. I'll send a drone (to / from) your office."

18 Mr. Kim says, "Thanks (a / an) million!"

19 Ms. Kim and Minji (get / turn) into a driverless flying car.

20 They sit in comfortable chairs (on / around) a table.

21 Ms. Kim touches the car window (selected / to select) the groceries for this week.

22 She pays for (it / them) by putting her finger on a sensor.

23 They will (be delivered / delivered) to her house.

24 The car (land / lands) at Minji's school on top of a 150-story building.

25 Today Minji will give a presentation (with / without) Dona, a student in America.

26 But Minji doesn't have to (go / gone) to America.

27 Thanks (to / at) a VR classroom, they will feel like they are in the same classroom.

28 When Minji's family (comes / to come) back home, dinner is ready.

29 They eat and talk about (their / its) day.

30 After a delicious dinner, the cleaning robot (clear / clears) the table and washes the dishes.

31 Minji says, "I learned a game (calling / called) chess today. Do you want to play?"

32 (Everyone / No one) agrees.

33 A 3-D chess board (appears / appear) on the table.

34 They have (many / lots of) fun.

35 Right (until / before) Minji goes to bed, she whispers to her watch.

36 "(Remind / Reminded) Daddy to take his glasses tomorrow."

Reading
틀린 문장 고치기

밑줄 친 부분이 내용이나 어법상 바르면 ○, 어색하면 ✕에 표시하고 고쳐 쓰시오.

01   It's 7 a.m. The bed shakes and Minji Kim <u>yell</u>, "Five more minutes!"   ○ ✕

02   The bed <u>starts</u> shaking.   ○ ✕

03   <u>Sudden</u>, Minji's mom appears on a screen on the wall and says, "You're going to be late for school!"   ○ ✕

04   Minji rubs her eyes and says, "<u>Clears</u> the windows."   ○ ✕

05   The dark windows become clear and the sun shines brightly through <u>it</u>.   ○ ✕

06   In the bathroom, a red light scans <u>Minji</u> body.   ○ ✕

07   A voice says, "54 kilograms. Your health condition is <u>excellently</u>."   ○ ✕

08   When she <u>steps in</u> the shower, water comes out from the top and sides.   ○ ✕

09   <u>Before</u> her shower, warm air comes out and dries her.   ○ ✕

10   <u>Unless</u> she gets out, a drawer opens with today's clothes.   ○ ✕

11   In the kitchen, her father says, "Good morning, Honey. What do you <u>wanted</u> for breakfast?"   ○ ✕

12   Minji says, "<u>The usual, please.</u>"   ○ ✕

13   Mr. Kim presses a few <u>button</u> on the cooking machine.   ○ ✕

14   The machine <u>prints out</u> some bacon, eggs and bread.   ○ ✕

15   Mr. Kim <u>says hello</u> and rushes out the door.   ○ ✕

16   A few minutes later, Minji's father appears on a screen and shouts, "I <u>forgot</u> my glasses!"   ○ ✕

17   Ms. Kim smiles and answers, "No problem. I'll <u>sending</u> a drone to your office."   ○ ✕

18   Mr. Kim says, "<u>Thanks a million!</u>"   ☐ ○ | × ☐

19   Ms. Kim and Minji get into a driverless <u>fly</u> car.   ☐ ○ | × ☐

20   They sit in <u>uncomfortable</u> chairs around a table.   ☐ ○ | × ☐

21   Ms. Kim touches the car window to select the groceries for <u>last</u> week.   ☐ ○ | × ☐

22   She pays for them by <u>put</u> her finger on a sensor.   ☐ ○ | × ☐

23   <u>It</u> will be delivered to her house.   ☐ ○ | × ☐

24   The car lands at Minji's school on top of <u>a 150-story building</u>.   ☐ ○ | × ☐

25   Today Minji will <u>take a presentation</u> with Dona, a student in America.   ☐ ○ | × ☐

26   But Minji <u>has to go</u> to America.   ☐ ○ | × ☐

27   Thanks to a VR classroom, they will feel like they are in the <u>different</u> classroom.   ☐ ○ | × ☐

28   When Minji's family comes back home, dinner <u>is ready</u>.   ☐ ○ | × ☐

29   They eat and <u>talking</u> about their day.   ☐ ○ | × ☐

30   <u>Before</u> a delicious dinner, the cleaning robot clears the table and washes the dishes.   ☐ ○ | × ☐

31   Minji says, "I learned a game called chess today. Do you want <u>play</u>?"   ☐ ○ | × ☐

32   Everyone <u>agree</u>.   ☐ ○ | × ☐

33   A 3-D chess board <u>disappears</u> on the table.   ☐ ○ | × ☐

34   They <u>have</u> lots of fun.   ☐ ○ | × ☐

35   Right before Minji goes to bed, she whispers <u>of</u> her watch.   ☐ ○ | × ☐

36   "Remind Daddy <u>taking</u> his glasses tomorrow."   ☐ ○ | × ☐

STEP A

주어진 단어를 바르게 배열하여 문장을 쓰시오.

01 오전 7시이다. 침대가 흔들리고 김민지가 "5분만 데!"라고 소리를 지른다.
(7 a.m. / it's / yells, / five more minutes / the bed / and / shakes / Minji Kim)
→

02 침대가 흔들기를 멈춘다. (stops / the bed / shaking)
→

03 갑자기, 민지의 엄마가 벽 스크린에 나타나 말한다. "너 학교에 늦겠어!"
(Minji's mom / suddenly, / and says, / for school / appears / on a screen / you're going to / on the wall / be late)
→

04 민지는 눈을 비비며 "창문들을 투명하게 해 줘."라고 말한다. (and says, / rubs / Minji / clear the windows / her eyes)
→

05 어두운 창문들이 투명해지며 그것들을 통해 햇살이 밝게 비춘다.
(brightly / the sun / the dark windows / shines / and / through them / become clear)
→

06 욕실에서, 빨간 빛이 민지의 몸을 정밀 검사한다. (scans / in the bathroom, / Minji's body / a red light)
→

07 목소리가 "54킬로그램. 당신의 건강 상태가 매우 좋습니다."라고 말한다.
(is / your health condition / says, / excellent / 54 kilograms / a voice)
→

08 그녀가 샤워실 안에 발을 디디자, 위쪽과 양옆에서 물이 나온다.
(water / when / from the top and sides / steps / in the shower, / she / comes out)
→

09 샤워 후에, 따뜻한 공기가 나와 그녀를 말려 준다. (after / warm air / her shower, / comes out / dries her / and)
→

10 그녀가 나가자, 서랍이 열리며 오늘의 옷이 나타난다. (with today's clothes / a drawer / when / gets out, / opens / she)
→

11 부엌에서, 그녀의 아빠가 "좋은 아침이구나, 얘야. 아침으로 무엇을 먹고 싶니?"라고 말한다.
(good morning, / Honey / in the kitchen, / for breakfast / her father says, / do you want / what)
→

12 민지는 "늘 먹던 걸로 주세요."라고 말한다. (says, / Minji / please / the usual,)
→

13 아빠(Mr. Kim)가 요리 기계의 버튼 몇 개를 누른다. (a few buttons / Mr. Kim / on the cooking machine / presses)
→

14 기계는 베이컨, 달걀, 빵을 출력한다. (some bacon, / the machine / eggs / prints out / and / bread)
→

15 아빠(Mr. Kim)는 작별 인사를 하고 문 밖으로 급히 나간다. (and / Mr. Kim / goodbye / rushes out / says / the door)
→

16 몇 분 후에, 민지의 아빠가 스크린에 나타나 소리친다. "내가 안경을 깜빡했어요!"
(appears / I forgot / a few minutes later, / Minji's father / on a screen / and / shouts, / my glasses)

17 엄마(Ms. Kim)가 미소 지으며 답한다. "괜찮아요. 내가 드론을 당신의 사무실로 보낼게요."
(smiles / Ms. Kim / to your office / no problem / and answers, / I'll send / a drone)
→

18 아빠(Mr. Kim)가 "정말 고마워요!"라고 말한다. (says, / thanks a million / Mr. Kim)
→

19 엄마(Ms. Kim)와 민지는 운전자가 필요 없는 비행 자동차에 탄다. (get into / and Minji / a driverless flying car / Ms. Kim)
→

20 그들은 탁자 주변의 편안한 의자에 앉는다. (in comfortable chairs / they / around a table / sit)
→

21 엄마(Ms. Kim)가 이번 주에 쓸 식료품을 고르기 위해 자동차 창문을 터치한다.
(the car window / touches / Ms. Kim / the groceries / to select / for this week)
→

22 그녀는 센서에 손가락을 올려서 그것들의 값을 지불한다. (by putting / pays for / her finger / them / on a sensor / she)
→

23 그것들은 그녀의 집으로 배달될 것이다. (be delivered / they / to her house / will)
→

24 자동차는 150층짜리 건물의 꼭대기에 있는 민지의 학교에 내린다.
(lands / on top / the car / at Minji's school / of a 150-story building)
→

25 오늘 민지는 미국에 있는 학생 Dona와 함께 발표를 할 것이다.
(will / a student in America / give a presentation / Minji / with Dona, / today)
→

26 하지만 민지가 미국에 갈 필요는 없다. (doesn't have to / Minji / go / but / to America)
→

27 VR(가상 현실) 교실 덕분에, 그들은 같은 교실에 있는 것처럼 느낄 것이다.
(they / thanks to / in the same classroom / they are / a VR classroom, / will feel like)
→

28 민지의 가족이 집에 돌아오자, 저녁이 준비된다. (comes back home, / dinner / when / Minji's family / is ready)
→

29 그들은 식사를 하며 자신들의 하루에 관해 이야기한다. (eat and talk / about / they / their day)
→

30 맛있는 저녁 식사 후에, 청소 로봇이 식탁을 치우고 설거지를 한다.
(after / washes the dishes / the cleaning robot / and / clears the table / a delicious dinner,)
→

31 민지가 "오늘 체스라고 불리는 놀이를 배웠어요. 해 보실래요?"라고 말한다.
(learned / do / a game / Minji says, / called chess / today / I / want to play / you)
→

32 모두가 동의한다. (agrees / everyone)
→

33 탁자 위에 삼차원 체스 판이 나타난다. (on the table / appears / a 3-D chess board)
→

34 그들은 매우 즐거운 시간을 보낸다. (have / lots of / they / fun)
→

35 민지는 자러 가기 직전에, 자신의 손목시계에 속삭인다. (she / right before / Minji / whispers / to her watch / goes to bed,)
→

36 "아빠께 내일 안경을 가져가시라고 상기시켜 드려." (Daddy / tomorrow / his glasses / remind / to take)
→

[01-02] 다음 글을 읽고, 물음에 답하시오.

It's 7 a.m. The bed shakes and Minji Kim ①yells, "Five more minutes!" The bed stops _____. Suddenly, Minji's mom ②disappears on a screen on the wall and says, "You're going to be ③late for school!" Minji ④rubs her eyes and says, "Clear the windows." The dark windows become clear and the sun shines ⑤brightly through them.

01 윗글의 밑줄 친 ①~⑤ 중 흐름상 어색한 것은?

① ② ③ ④ ⑤

02 윗글의 빈칸에 들어갈 동사의 형태로 알맞은 것은?

① shake   ② shakes   ③ shook
④ shaking   ⑤ to shake

[03-05] 다음 글을 읽고, 물음에 답하시오.

In the bathroom, a red light scans Minji's body. (①) A voice says, "54 kilograms. Your health condition is excellent." (②) When she steps in the shower, water comes out from the top and sides. (③) When she gets out, a drawer opens with today's clothes.

In the kitchen, her father says, "Good morning, Honey. What do you want for breakfast?" (④) Minji says, "The usual, please." Mr. Kim presses a few buttons on the cooking machine. (⑤) The machine prints _____ some bacon, eggs and bread. Mr. Kim says goodbye and rushes _____ the door.

03 윗글의 ①~⑤ 중 주어진 문장이 들어갈 알맞은 곳은?

> After her shower, warm air comes out and dries her.

① ② ③ ④ ⑤

04 윗글의 빈칸에 공통으로 들어갈 말로 알맞은 것은?

① in   ② of   ③ for
④ to   ⑤ out

05 윗글의 내용과 일치하는 것은?

① 민지는 침실에서 건강 상태를 검사받는다.
② 민지는 샤워 후에 자동으로 열리는 서랍에서 직접 옷을 고른다.
③ 민지는 아침을 먹고 싶어 하지 않는다.
④ 아침 식사는 요리 기계가 만들어 낸다.
⑤ 민지는 아침 식사 후 아빠와 함께 집을 나간다.

[06-08] 다음 글을 읽고, 물음에 답하시오.

①A few minutes later, Minji's father appears on a screen and shouts, "I forgot my glasses!" Ms. Kim smiles and answers, "No problem. I'll send a drone to your office." Mr. Kim says, "②Thanks a million!"

Ms. Kim and Minji get into a driverless flying car. ⓐThey sit in comfortable chairs around a table. Ms. Kim touches the car window ③to select the groceries for this week. She pays for ⓑthem by putting her finger on a sensor. ⓒThey will be delivered to her house.

The car lands at Minji's school ④on top of a 150-story building. Today Minji will give a presentation with Dona, a student in America. But Minji doesn't have to go to America. ⑤Thanks to a VR classroom, ⓓthey will feel like they are in the same classroom.

06 윗글의 밑줄 친 ①~⑤의 우리말 뜻이 알맞지 <u>않은</u> 것은?

① 몇 분 후에   ② 정말 고마워요
③ 고르기 위해   ④ ~의 꼭대기에
⑤ ~에 대해 고마워서

07 윗글의 밑줄 친 ⓐ~ⓓ 중 가리키는 대상이 같은 것끼리 짝지어진 것은?

① ⓐ, ⓑ   ② ⓐ, ⓑ, ⓓ   ③ ⓑ, ⓒ

④ ⓑ, ⓒ, ⓓ   ⑤ ⓒ, ⓓ

08 윗글을 읽고 답할 수 없는 질문은?

① What did Minji's father forget?
② How will Ms. Kim send Mr. Kim's glasses to his office?
③ What will Minji do at school today?
④ Where does Dona live?
⑤ What is the topic for Minji's presentation?

[09-10] 다음 글을 읽고, 물음에 답하시오.

When Minji's family comes back home, dinner is ready. They eat and talk about their day. ①After a delicious dinner, the cleaning robot clears the table and washes the dishes. Minji says, "저는 오늘 체스라고 불리는 놀이를 배웠어요. Do you want to play?" Everyone ②agrees. A 3-D chess board appears on the table. They have ③lots of fun.
④Right before Minji goes to bed, she whispers to her watch. "Remind Daddy ⑤taking his glasses tomorrow."

09 윗글의 밑줄 친 ①~⑤ 중 어법상 틀린 것은?

①   ②   ③   ④   ⑤

10 윗글의 밑줄 친 우리말을 다음과 같이 7단어의 영어 문장으로 옮길 때, 다섯 번째로 오는 단어는?

_____ today.

① a   ② chess   ③ game
④ called   ⑤ learned

서술형

[11-12] 다음 글을 읽고, 물음에 답하시오.

It's 7 a.m. The bed shakes and Minji Kim yells, "Five more minutes!" The bed stops shaking. Suddenly, Minji's mom appears on a screen on the wall and says, "You're going to be late for school!" Minji rubs her eyes and says, "Clear the windows." The dark windows become clearly and the sun shines brightly through them.

11 윗글에서 어법상 틀린 부분을 찾아 바르게 고쳐 쓰시오.

_____ → _____

12 윗글의 밑줄 친 문장을 우리말로 해석하시오.

→ _____

[13-14] 다음 글을 읽고, 물음에 답하시오.

Ms. Kim and Minji get into a driverless flying car. They sit in comfortable chairs around a table. Ms. Kim touches the car window to select the groceries for this week. She pays for them by putting her finger on a sensor. 그것들은 그녀의 집으로 배달될 것이다.

13 윗글의 밑줄 친 우리말을 괄호 안의 단어들을 이용하여 영어로 쓰시오.

→ _____
(will, deliver, house)

14 윗글의 내용과 일치하도록 다음 질문에 완전한 영어 문장으로 답하시오.

Q: How does Ms. Kim pay for the groceries for this week?

A: _____

W **Words**

고득점 맞기

01 다음 중 짝 지어진 단어의 관계가 [보기]와 같은 것은?

> [보기] select – choose

① top – bottom
② yell – shout
③ usual – unusual
④ appear – disappear
⑤ agree – disagree

02 다음 문장의 빈칸에 공통으로 들어갈 말로 알맞은 것은?

> • The liquid is perfectly _____ and colorless.
> • Let's _____ the table before we play soccer together.

① set
② clear
③ scan
④ shake
⑤ touch

03 다음 중 주어진 영어 뜻풀이에 해당하는 단어가 쓰인 문장은?

> to cause someone to remember something

① Mike whispered to the kid next to him.
② The package was delivered this morning.
③ The firefighters rushed to the scene of the accident.
④ Remind me to buy some groceries after work.
⑤ The stars were shining brightly when I looked up at the sky.

04 다음 영어 뜻풀이의 빈칸에 들어갈 말로 알맞은 것은?

> comfortable: allowing you to be _____

① scared
② bored
③ relaxed
④ touched
⑤ excited

05 다음 문장의 빈칸에 들어가지 <u>않는</u> 단어는?

> • The boy hid his doll in the middle _____ of the desk.
> • Don't _____ your eyes with your dirty hands.
> • Just _____ the red button to start the machine.
> • The doctor said my grandma's _____ was hopeless.

① rub
② press
③ condition
④ sensor
⑤ drawer

06 다음 중 밑줄 친 단어의 의미가 같은 것끼리 짝 지어진 것은?

① Be careful not to <u>step</u> in the mud.
  What's the next <u>step</u> in the process?
② The plane will <u>land</u> safely.
  This <u>land</u> is not good for growing crops.
③ Their new house has four <u>stories</u>.
  He read some interesting <u>stories</u> to the children.
④ I'll have the <u>usual</u>, please.
  Make a tomato sauce in the <u>usual</u> way.
⑤ You can <u>save</u> a lot of time if you go by car.
  If you <u>save</u> energy, you can protect the environment.

[07-08] 괄호 안의 우리말과 같도록 빈칸에 알맞은 말을 쓰시오.

07 How much do you _____ _____ your cell phone every month?
(너는 매달 휴대 전화 요금을 얼마나 지불하니?)

08 I _____ _____ _____ listening to the same music.
(나는 같은 음악을 듣는 것에 싫증이 난다.)

영작하기

다음 우리말과 일치하도록 각 문장을 바르게 영작하시오.

01

_____

오전 7시이다. 침대가 흔들리고 김민지가 "5분만 더!"라고 소리를 지른다.

02

_____

침대가 흔들기를 멈춘다.

03

_____

갑자기, 민지의 엄마가 벽 스크린에 나타나 말한다. "너 학교에 늦겠어!"

04

_____

민지는 눈을 비비며 "창문들을 투명하게 해 줘."라고 말한다.

05

_____

어두운 창문들이 투명해지며 그것들을 통해 햇살이 밝게 비춘다.

06

_____

욕실에서, 빨간 빛이 민지의 몸을 정밀 검사한다.

07

_____

목소리가 "54킬로그램. 당신의 건강 상태가 매우 좋습니다."라고 말한다.

08

_____

☆ 그녀가 샤워실 안에 발을 디디자, 위쪽과 양옆에서 물이 나온다.

09

_____

☆ 샤워 후에, 따뜻한 공기가 나와 그녀를 말려 준다.

10

_____

그녀가 나가자, 서랍이 열리며 오늘의 옷이 나타난다.

11

_____

부엌에서, 그녀의 아빠가 "좋은 아침이구나, 얘야. 아침으로 무엇을 먹고 싶니?"라고 말한다.

12

_____

민지는 "늘 먹던 걸로 주세요."라고 말한다.

13

_____

아빠(Mr. Kim)가 요리 기계의 버튼 몇 개를 누른다.

14

_____

☆ 기계는 베이컨, 달걀, 빵을 출력한다.

15

_____

아빠(Mr. Kim)는 작별 인사를 하고 문 밖으로 급히 나간다.

16

_____

☆ 몇 분 후에, 민지의 아빠가 스크린에 나타나 소리친다. "내가 안경을 깜빡했어요!"

17

_____

엄마(Ms. Kim)가 미소 지으며 답한다. "괜찮아요. 내가 드론을 당신의 사무실로 보낼게요."

18
_____

아빠(Mr. Kim)가 "정말 고마워요!"라고 말한다.

19
_____

☆ 엄마(Ms. Kim)와 민지는 운전자가 필요 없는 비행 자동차에 탄다.

20
_____

그들은 탁자 주변의 편안한 의자에 앉는다.

21
_____

엄마(Ms. Kim)가 이번 주에 쓸 식료품을 고르기 위해 자동차 창문을 터치한다.

22
_____

☆ 그녀는 센서에 손가락을 올려서 그것들의 값을 지불한다.

23
_____

그것들은 그녀의 집으로 배달될 것이다.

24
_____

자동차는 150층짜리 건물의 꼭대기에 있는 민지의 학교에 내린다.

25
_____

오늘 민지는 미국에 있는 학생 Dona와 함께 발표를 할 것이다.

26
_____

하지만 민지가 미국에 갈 필요는 없다.

27
_____

☆ VR(가상 현실) 교실 덕분에, 그들은 같은 교실에 있는 것처럼 느낄 것이다.

28
_____

민지의 가족이 집에 돌아오자, 저녁이 준비된다.

29
_____

그들은 식사를 하며 자신들의 하루에 관해 이야기한다.

30
_____

맛있는 저녁 식사 후에, 청소 로봇이 식탁을 치우고 설거지를 한다.

31
_____

민지가 "오늘 체스라고 불리는 놀이를 배웠어요. 해 보실래요?"라고 말한다.

32
_____

모두가 동의한다.

33
_____

☆ 탁자 위에 삼차원 체스 판이 나타난다.

34
_____

그들은 매우 즐거운 시간을 보낸다.

35
_____

☆ 민지는 자러 가기 직전에, 자신의 손목시계에 속삭인다.

36
_____

☆ "아빠께 내일 안경을 가져가시라고 상기시켜 드려."

Reading
고득점 맞기

[01-02] 다음 글을 읽고, 물음에 답하시오.

It's 7 a.m. The bed shakes and Minji Kim yells, "Five more minutes!" The bed stops shaking. Suddenly, Minji's mom appears on a screen on the wall and says, "You're going to be late for school!" Minji rubs her eyes and says, "Clear the windows." The dark windows become clear and the sun shines brightly through them.

01 다음 영어 뜻풀이에 해당하는 단어 중 윗글에서 찾을 수 있는 것은?

① normal or regular
② to have the same opinion
③ to speak very softly or quietly
④ not having a person as a driver
⑤ to move something along a surface with pressure

02 윗글의 내용과 일치하지 <u>않는</u> 것은?

① 아침 7시에 민지의 침대가 흔들린다.
② 민지는 5분 더 자고 싶어 한다.
③ 민지의 엄마는 민지를 깨우기 위해 민지의 방에 들어간다.
④ 민지의 방 창문들은 민지의 말에 투명해진다.
⑤ 창문들을 통해 햇살이 밝게 비춘다.

[03-04] 다음 글을 읽고, 물음에 답하시오.

(①) Ms. Kim and Minji get into a driverless flying car. (②) They sit in comfortable chairs around a table. (③) Ms. Kim touches the car window <u>to select</u> the groceries for this week. (④) She pays for them by putting her finger on a sensor. (⑤)

03 윗글의 ①~⑤ 중 주어진 문장이 들어갈 알맞은 곳은?

> They will be delivered to her house.

①   ②   ③   ④   ⑤

04 윗글의 밑줄 친 to select와 쓰임이 같은 것은?

① We need three more chairs to sit on.
② It is difficult for me to make a speech.
③ Alice practiced hard to pass the audition.
④ The teacher ordered us to turn off the lights.
⑤ I was so surprised to see him at the restaurant.

[05-06] 다음 글을 읽고, 물음에 답하시오.

In the bathroom, a red light _____ⓐ_____ Minji's body. A voice says, "54 kilograms. Your health condition is excellent." When she steps in the shower, water comes out from the top and sides. After her shower, warm air comes out and _____ⓑ_____ her. When she gets out, a drawer opens with today's clothes.

In the kitchen, her father says, "Good morning, Honey. What do you want for breakfast?" Minji says, "The usual, please." Mr. Kim _____ⓒ_____ a few buttons on the cooking machine. The machine prints out some bacon, eggs and bread. Mr. Kim says goodbye and _____ⓓ_____ out the door.

05 윗글의 빈칸 ⓐ~ⓓ에 들어가지 <u>않는</u> 단어는?

① dries   ② rushes   ③ presses
④ scans   ⑤ appears

06 윗글을 읽고 알 수 있는 것을 <u>모두</u> 고르면?

① 민지의 건강 상태
② 민지가 오늘 입을 옷의 색깔
③ 요리 기계의 모양
④ 민지의 아침 식사 메뉴
⑤ 민지의 아빠가 출근하는 시간

[07-09] 다음 글을 읽고, 물음에 답하시오.

①When Minji's family comes back home, dinner is ready. They eat and talk about ②their day. After a delicious dinner, the cleaning robot clears the table and (A)[wash / washes] the dishes. Minji says, "I learned a game (B)[calling / called] chess today. Do you want to play?" Everyone ③disagrees. A 3-D chess board appears on the table. They have lots of fun.

④Right before Minji goes to bed, she whispers to her watch. "⑤Remind Daddy (C)[take / to take] his glasses tomorrow."

07 윗글의 밑줄 친 ①~⑤ 중 흐름상 어색한 것은?

①   ②   ③   ④   ⑤

08 윗글의 (A)~(C)에서 어법상 알맞은 말이 바르게 짝 지어진 것은?

     (A)   (B)   (C)

① wash   – calling – to take

② wash   – called – take

③ washes – calling – take

④ washes – called – take

⑤ washes – called – to take

09 윗글을 읽고 답할 수 있는 질문끼리 짝 지어진 것은?

ⓐ What time does Minji's family come back home?

ⓑ Who made the dinner?

ⓒ What does the cleaning robot do after dinner?

ⓓ Which game did Minji learn today?

① ⓐ, ⓑ   ② ⓐ, ⓒ   ③ ⓑ, ⓒ

④ ⓑ, ⓓ   ⑤ ⓒ, ⓓ

서술형

10 다음 글을 읽고, 주어진 질문에 완전한 영어 문장으로 답하시오. (한 문장으로 답할 것)

A few minutes later, Minji's father appears on a screen and shouts, "I forgot my glasses!" Ms. Kim smiles and answers, "No problem. I'll send a drone to your office." Mr. Kim says, "Thanks a million!"

Q: What will deliver Mr. Kim's glasses? Where will they be delivered?

A: _____

[11-12] 다음 글을 읽고, 물음에 답하시오.

그 자동차는 150층짜리 건물의 꼭대기에 있는 민지의 학교에 내린다. Today Minji will give a presentation with Dona, a student in America. But Minji doesn't have to go to America. Thanks to a VR classroom, they will feel like they are in the same classroom.

11 윗글의 밑줄 친 우리말을 괄호 안의 단어들을 이용하여 영어로 쓰시오. (12단어로 쓸 것)

→ _____

(land, at, top, 150-story)

12 윗글의 내용과 일치하도록 다음 대화의 빈칸에 알맞은 말을 쓰시오.

Mom: Minji, what will you do at school today?

Minji: (1) _____ with Dona.

Mom: Dona? Is she your classmate?

Minji: No, she lives (2) _____.
Thanks to a VR classroom, however, we will feel like (3) _____.

서술형 1

01 다음 영어 뜻풀이에 알맞은 단어를 [보기]에서 골라 쓰시오. [각 2점]

[보기]	scan	rush	sensor

(1) _____ : to move or do something very quickly

(2) _____ : a device that detects heat, light, sound, motion, etc.

(3) _____ : to look at something carefully in order to get information

02 다음 빈칸에 공통으로 들어갈 말로 알맞은 것은? [5점]

> • The birds are on top _____ the tower.
> • We were tired _____ waiting for her to call.

① at   ② by   ③ of
④ to   ⑤ with

03 다음 중 밑줄 친 단어의 우리말 뜻이 알맞지 <u>않은</u> 것은? [6점]

① You can <u>select</u> one of three colors.
　　　　　(선택하다)
② A stranger <u>suddenly</u> appeared in the doorway.
　　　　　　　　(갑자기)
③ The man was watching his children <u>through</u> the kitchen window.　　(~을 통해)
④ Our flight was scheduled to <u>land</u> in Seattle at 6:40.　　　　　(이륙하다)
⑤ Our restaurant provides our customers with delicious meals and <u>comfortable</u> seats.
　　　　　　　　　　　(편안한)

04 다음 빈칸에 들어갈 말의 형태로 알맞은 것은? [6점]

> I didn't expect her _____ a famous singer.

① become   ② became   ③ becoming
④ to become   ⑤ to becoming

05 다음 중 buy를 이용하여 문장의 빈칸을 완성할 때, 형태가 다른 하나는? [7점]

① She wanted me _____ the fantasy novel.
② I told Terry _____ his sister the yellow dress.
③ He allowed Sally _____ the brand-new laptop.
④ I saw him _____ the bag at the department store.
⑤ Remind me _____ a bottle of water at Sam's Supermarket.

서술형 2

06 다음 중 어법상 틀린 문장을 두 개 골라 기호를 쓴 후, 문장을 바르게 고쳐 쓰시오. [각 4점]

> ⓐ The police officer ordered him stop.
> ⓑ I advised her not to go out alone at night.
> ⓒ After the war, many soldiers stayed in Spain.
> ⓓ Mr. Anderson didn't allow me to change my schedule.
> ⓔ The phone rang during Kate was washing the dishes.

(　　) → _____

(　　) → _____

[07-08] 다음 글을 읽고, 물음에 답하시오.

> It's 7 a.m. The bed shakes and Minji Kim yells, "Five more minutes!" The bed stops shaking. _____ⓐ_____, Minji's mom appears on a screen on the wall and says, "You're going to be late for school!" Minji rubs her eyes and says, "Clear the windows." The dark windows become _____ⓑ_____ and the sun shines brightly through them.
>
> In the bathroom, a red light scans Minji's body. A voice says, "54 kilograms. Your health condition is excellent." When she steps in the shower, water comes out from the top and sides. After her shower, warm air comes out and dries her. When she gets out, a drawer opens with today's clothes.

07 윗글의 빈칸 ⓐ와 ⓑ에 들어갈 말이 바르게 짝 지어진 것은? [6점]

① Sudden – clear
② Sudden – clearly
③ Suddenly – clear
④ Suddenly – clearly
⑤ Suddenly – clears

서술형3

08 윗글을 읽고 답할 수 있는 질문을 두 개 골라 기호를 쓴 후, 완전한 영어 문장으로 답하시오. [각 5점]

> ⓐ What time does Minji's bed start to shake?
> ⓑ What does Minji's mom look like?
> ⓒ How does Minji go to school?
> ⓓ Where does Minji check her health?

(　　) → _____

(　　) → _____

[09-11] 다음 글을 읽고, 물음에 답하시오.

> Ms. Kim and Minji ①get into a driverless flying car. They sit in ②comfortable chairs around a table. Ms. Kim touches the car window (A) selecting / to select the groceries for this week. She pays for them by (B) putting / to put her finger on a sensor. They ③will be delivered to her house.
>
> The car ④lands at Minji's school on top of a 150-story building. Today Minji will give a presentation with Dona, a student in America. But Minji ⑤has to go to America. Thanks (C) to / of a VR classroom, they will feel like they are in the same classroom.
>
> * Ms. Kim = Minji's mom

09 윗글의 밑줄 친 ①~⑤ 중 흐름상 어색한 것은? [6점]

①　　　②　　　③　　　④　　　⑤

10 윗글의 (A)~(C)에서 어법상 알맞은 말이 바르게 짝 지어진 것은? [7점]

	(A)	(B)	(C)
①	selecting	putting	to
②	selecting	to put	of
③	to select	putting	to
④	to select	putting	of
⑤	to select	to put	to

11 윗글의 내용과 일치하지 않는 것은? [7점]

① Ms. Kim doesn't have to drive a flying car herself.
② Ms. Kim orders the groceries in the flying car.
③ Ms. Kim pays for the groceries by her credit card.
④ Minji's school is on top of a 150-story building.
⑤ Minji will give a presentation with Dona.

[12-14] 다음 글을 읽고, 물음에 답하시오.

> _____(A)_____ Minji's family comes back home, dinner is ready. They eat and talk about their day. _____(B)_____ a delicious dinner, the cleaning robot clears the table and washes the dishes. Minji says, "I learned a game called chess today. Do you want to play?" Everyone agrees. A 3-D chess board appears on the table. They have lots of fun.
>
> Right _____(C)_____ Minji goes to bed, she whispers to her watch. "<u>아빠께 내일 그의 안경을 가져가시라고 상기시켜 드려.</u>"

12 윗글의 빈칸 (A)~(C)에 들어갈 말이 바르게 짝 지어진 것은? [6점]

	(A)	(B)	(C)
①	When	– After	– until
②	When	– After	– before
③	When	– Before	– until
④	Although	– After	– before
⑤	Although	– Before	– although

서술형 **4**

13 윗글의 밑줄 친 우리말을 괄호 안의 단어를 이용하여 영어로 쓰시오. [8점]

→ _____

(remind, Daddy, take)

14 윗글을 읽고 알 수 있는 것을 <u>모두</u> 고르면? [6점]

① 민지의 가족이 집에 돌아온 시각
② 민지의 가족이 먹은 저녁 메뉴
③ 민지 가족의 저녁 식사 후 청소 로봇이 한 일
④ 민지가 오늘 배운 놀이의 이름
⑤ 민지가 다음 날 아빠에게 안경을 가져가시라고 직접 말하지 않은 이유

서술형 **5**

15 다음 글의 밑줄 친 우리말을 [조건]에 맞게 영어로 쓰시오. [6점]

> <u>당신은 세탁하는 것이 지겨운가요?</u> Here's the solution: The Super Clean Shirt. Press the button, and the shirt will be cleaned in minutes.

[조건]	1. tired와 do를 이용할 것
	2. 7단어로 쓸 것
	3. 대소문자를 구별하고 문장 부호를 정확히 쓸 것

→ _____

제**2**회 대표 기출로 **내신 적중 모의고사**

01 다음 주어진 단어의 영어 뜻풀이에 해당하지 <u>않는</u> 것은?
[6점]

> agree   remind   whisper   comfortable

① to have the same opinion
② to speak very softly or quietly
③ allowing you to be relaxed
④ to cause someone to remember something
⑤ to move something along a surface with pressure

02 다음 빈칸에 알맞은 말이 순서대로 짝 지어진 것은? [7점]

> ⓐ The street lamps _____ very brightly.
> ⓑ Use your elbow instead of your finger to _____ the button.
> ⓒ She was immediately taken to the hospital and is now in good _____.

① shine – press – condition
② shine – press – solution
③ shine – whisper – condition
④ land – whisper – solution
⑤ land – press – condition

서술형**1**
03 다음 문장의 빈칸에 알맞은 말을 [보기]에서 골라 쓰시오.
[각 2점]

> [보기]   pay for   clear the table
>   print out   give a presentation

(1) It won't take long to _____ this document.
(2) I have to _____ on global warming in the science class.
(3) Andrew is looking for a part-time job in order to _____ housing, food and so on.
(4) It's your turn to _____ after breakfast.

04 다음 문장의 빈칸에 들어갈 수 <u>없는</u> 것을 <u>모두</u> 고르면?
[6점]

> Paul _____ me to go to Alice's birthday party.

① saw   ② made   ③ wanted
④ expected   ⑤ reminded

05 다음 밑줄 친 부분을 어법상 바르게 고친 것 중 <u>틀린</u> 것은?
[7점]

① The teacher ordered them <u>be</u> quiet. (→ being)
② What did you do <u>during</u> I was sleeping? (→ while)
③ My parents let me <u>going</u> to the movies on Friday night. (→ go)
④ David scored two goals <u>while</u> the football game. (→ during)
⑤ I watched my favorite TV program <u>after</u> I finished my homework. (→ 고칠 필요 없음)

[06-09] 다음 글을 읽고, 물음에 답하시오.

In the kitchen, her father says, "Good morning, Honey. What do you want for breakfast?" (①) Minji says, "The usual, please." (②) Mr. Kim presses a few buttons on the cooking machine. The machine prints out some bacon, eggs and bread. (③)

A few minutes later, Minji's father appears on a screen and shouts, "I forgot my glasses!" (④) Ms. Kim smiles and answers, "No problem. I'll send a drone to your office." (⑤) Mr. Kim says, "＿＿＿＿＿＿＿＿"

06 윗글의 ①~⑤ 중 주어진 문장이 들어갈 알맞은 곳은? [6점]

Mr. Kim says goodbye and rushes out the door.

①　　　②　　　③　　　④　　　⑤

07 윗글의 빈칸에 들어갈 말로 알맞은 것은? [6점]

① I don't think so. ② You're welcome.
③ Thanks a million! ④ That's too bad.
⑤ Let me help you.

08 윗글의 내용과 일치하면 T, 일치하지 않으면 F라고 할 때, 순서대로 바르게 짝 지어진 것은? [6점]

ⓐ Minji doesn't want to have breakfast this morning.
ⓑ Minji usually eats some bacon, eggs and bread for breakfast.
ⓒ Minji's father left his glasses at his office.
ⓓ Minji's father will get his glasses by a drone.

① F – T – F – F ② F – T – F – T
③ F – F – T – F ④ T – F – F – T
⑤ T – T – F – T

09 What does Mr. Kim do to get some bacon, eggs and bread? [8점]

→ ＿＿＿＿＿＿＿＿＿＿＿＿＿＿＿＿＿＿

[10-11] 다음 글을 읽고, 물음에 답하시오.

When Minji's family comes back home, dinner is ready. They eat and talk about their day. ⓐAfter a delicious dinner, the cleaning robot clears the table and washes the dishes. Minji says, "ⓑI learned a game call chess today. Do you want to play?" ⓒEveryone agrees. A 3-D chess board appears on the table. They have lots of fun.

ⓓRight before Minji goes to bed, she whispers to her watch. "ⓔRemind Daddy to take his glasses tomorrow."

10 윗글의 밑줄 친 ⓐ~ⓔ 중 어법상 틀린 문장의 기호를 쓴 후, 문장을 바르게 고쳐 쓰시오. [6점]

(　　) → ＿＿＿＿＿＿＿＿＿＿＿＿＿＿＿

11 윗글의 내용과 일치하는 것은? [6점]

① 민지의 가족은 집에 돌아와서 함께 저녁 식사를 준비한다.
② 민지는 저녁 식사 후에 설거지를 한다.
③ 민지의 가족은 체스 놀이를 하면서 즐거운 시간을 보냈다.
④ 민지는 평소보다 일찍 잠자리에 들었다.
⑤ 민지는 자기 전에 아빠에게 내일 안경을 가져가시라고 직접 말한다.

[12-14] 다음 글을 읽고, 물음에 답하시오.

Ms. Kim and Minji get into a driverless flying car. They sit in comfortable chairs around a table. Ms. Kim touches the car window to select the groceries for this week. She pays for them by putting her finger on a sensor. _____ ⓐ _____

The car lands at Minji's school on top of a 150-story building. Today Minji will give a presentation with Dona, a student in America. But Minji doesn't have to go to America. Thanks to a VR classroom, they will feel like they _____ ⓑ _____ .

* Ms. Kim = Minji's mom

서술형 4

12 윗글의 빈칸 ⓐ에 알맞은 말이 되도록 주어진 단어들을 바르게 배열하여 문장을 쓰시오. (필요 없는 한 단어는 제외할 것) [7점]

will, to, they, be, her, delivered, house, by

→ _____

13 윗글의 빈칸 ⓑ에 들어갈 말로 알맞은 것은? [6점]

① stay home

② eat lunch together

③ are on top of the building

④ travel around the world

⑤ are in the same classroom

14 윗글을 읽고 알 수 없는 것을 모두 고르면? [6점]

① 민지의 엄마가 식료품 값을 지불하는 방법

② 집에서 민지의 학교까지 비행 자동차로 걸리는 시간

③ 민지의 학교가 있는 건물의 층수

④ Dona가 살고 있는 나라

⑤ 민지와 Dona의 발표 주제

서술형 5

15 다음 우리말과 같도록 괄호 안의 단어들을 이용하여 영어로 쓰시오. [각 3점]

(1) 그 의사는 그녀에게 규칙적으로 운동하라고 충고했다.

(advise, exercise, regularly)

→ _____

_____

(2) 나는 그 전시회에 가기 전에 Andy를 만날 것이다.

(meet, before, the exhibition)

→ _____

_____

(3) 점심 식사 후에 배드민턴을 치자.

(let, badminton, after)

→ _____

_____

동아출판 영어 교재 가이드

영역	브랜드	초1~2	초3~4	초5~6	중1	중2	중3	고1	고2	고3
문법	[초·중등] 개념서 **그래머 클리어 스타터** **중학 영문법 클리어**		Grammar CLEAR Starter1	Grammar CLEAR Starter2	중학 영문법 클리어 1	중학 영문법 클리어 2	중학 영문법 클리어 3			
	[중등] 문법 문제서 **그래머 클라우드 3000제**				그래머 클라우드 3000제 1	그래머 클라우드 3000제 2	그래머 클라우드 3000제 3			
	[중등] 실전 문제서 **빠르게 통하는 영문법** **핵심 1200제**				빠르게 통하는 영문법 1200제 1	빠르게 통하는 영문법 1200제 2	빠르게 통하는 영문법 1200제 3			
	[중등] 서술형 영문법 **서술형에 더 강해지는** **중학 영문법**				서술형에 더 강해지는 중학 영문법 1	서술형에 더 강해지는 중학 영문법 2	서술형에 더 강해지는 중학 영문법 3			
	[고등] 시험 영문법 **시험에 더 강해지는** **고등 영문법**							시험에 더 강해지는 고등영문법		
	[고등] 개념서 **Supreme 고등 영문법**							Supreme 고등영문법		
어법	[고등] 기본서 **Supreme 수능 어법** 기본 실전							Supreme 수능 어법 기본 / 실전		
쓰기	[중등] 영작 집중 훈련서 **중학 문법+쓰기 클리어**				중학 문법 쓰기 클리어 1	중학 문법 쓰기 클리어 2	중학 문법 쓰기 클리어 3			

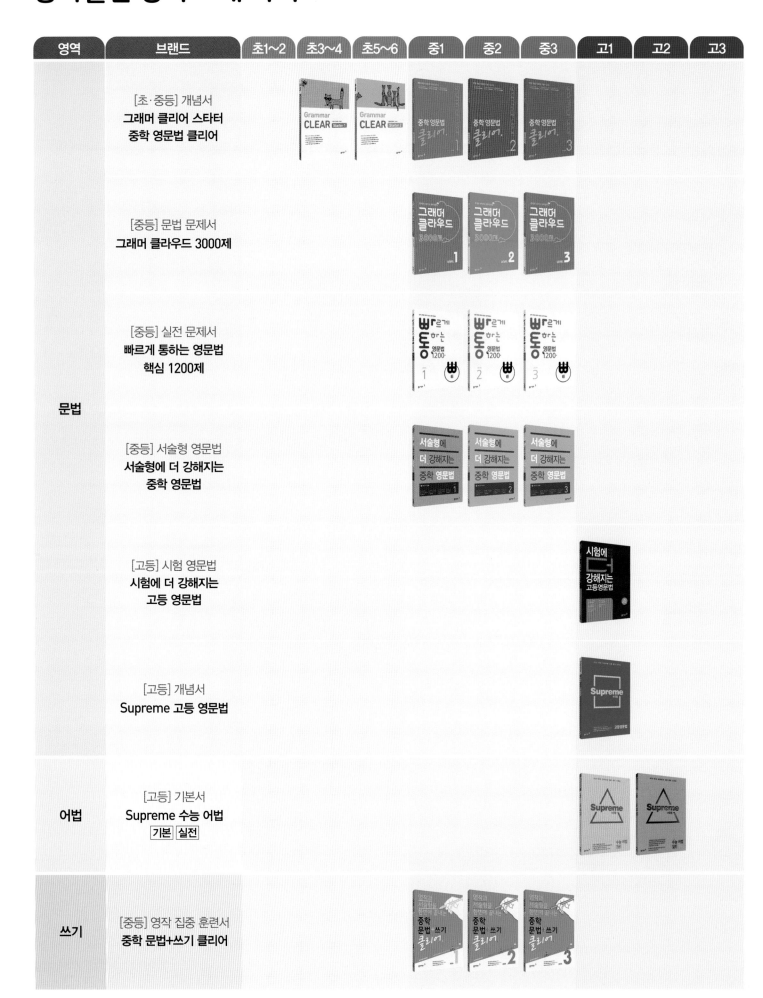

동아출판이 만든 진짜 기출예상문제집

특급기출

기말고사

중학 영어 3-2

이병민

정답 및 해설

동아출판

Lesson 7
Feel the Wonder

STEP A

Words 연습 문제 p. 9

A 01 단단히, 꽉
　02 경치, 풍경
　03 완전히
　04 대걸레로 닦다
　05 숨, 호흡
　06 진공청소기로 청소하다
　07 몇몇의
　08 북극 (지방)
　09 가까이에, 근처에
　10 발견하다, 찾아내다
　11 도구
　12 친절한, 상냥한
　13 속이다, 기만하다
　14 발견하다
　15 조개
　16 (동물의) 꼬리
　17 궁금하다, 궁금해하다, 경이, 경탄, 놀라움
　18 나타나다
　19 아마도
　20 때려 부수다, 깨뜨리다

B 21 blow
　22 planet
　23 average
　24 species
　25 hide
　26 surface
　27 breathe
　28 serve
　29 enemy
　30 distance
　31 deep
　32 calculate
　33 temperature
　34 abroad
　35 surround
　36 someday
　37 whale
　38 round
　39 weather forecast
　40 the South Pole

C 01 수많은
　02 ~까지
　03 마침내, 결국
　04 ~을 (한번) 보다
　05 ~ 없이 지내다
　06 포기하다
　07 ~으로 덮여 있다
　08 이맘때는, 이맘때쯤이면

Words Plus 연습 문제 p. 11

A 1 tightly, 단단히, 꽉　2 distance, 거리
　3 serve, (음식을) 제공하다, 차려 주다　4 tool, 도구

---

5 smash, 때려 부수다, 깨뜨리다　6 clam, 조개
7 dive, 뛰어들다, 다이빙하다　8 forecast, 예측, 예보
B 1 probably　2 appear　3 completely　4 friendly
C 1 spot　2 breath　3 average　4 surface　5 wonder
D 1 up to　2 give up　3 this time of year　4 go without
　5 Take a look at

Words 실전 TEST p. 12

01 ②　02 ①　03 ④　04 ①　05 ②　06 ②　07 ⑤
08 up to

01 ② breathe는 '숨을 쉬다'라는 뜻의 동사이고, 나머지는 모두 명사이다.
02 '보이거나 발견될 수 없는 장소에 가거나 머물다'라는 의미의 단어는 hide(숨다)이다.
03 첫 번째 문장의 빈칸에는 '바보'라는 뜻의 명사 fool이 들어가고, 두 번째 문장의 빈칸에는 '속이다'라는 뜻의 동사 fool이 들어가는 것이 알맞다.
　|해석| • 경험은 바보조차 현명하게 만든다.
　• 그의 친절한 미소에 속지 마라.
04 ① take a look at: ~을 (한번) 보다
　|해석| ① 내가 네 옛 사진들을 한번 봐도 될까?
　② Luke의 소설은 수많은 독자들에게 즐거움을 주었다.
　③ 만약 네가 네 목표를 이루고 싶다면, 계속 하고 포기하지 마라.
　④ 결국, 그들은 집에서 크리스마스를 보내기로 결정했다.
　⑤ 사람이 40일 동안 음식과 물 없이 지내는 것은 불가능하다.
05 '표면, 수면'이라는 뜻의 단어는 surface이다
06 주어진 문장과 ②의 spot은 '장소, 위치'라는 뜻의 명사로 쓰였다.
　①, ④ 얼룩 〈명사〉
　③, ⑤ 발견하다, 찾아내다 〈동사〉
　|해석| 이곳은 사진 찍기에 가장 좋은 장소이다.
　① Olivia는 치마에 잉크 얼룩이 있다.
　② 그는 차를 주차할 좋은 장소를 알고 있다.
　③ 나는 숲에서 사슴을 발견하길 기대했다.
　④ 네 흰 블라우스에 묻은 얼룩을 지워라.
　⑤ 여러분은 빛 축제에서 알록달록한 등불들을 쉽게 발견할 수 있다.
07 대화의 흐름상 휴가에 필요한 돈이 얼마인지 '계산해 본다(calculate)'고 하는 것이 자연스럽다.
　|해석| A: 너는 무엇을 하고 있니?
　B: 나는 휴가에 내가 얼마의 돈이 필요할지 계산해 보고 있어.
08 '~까지'는 up to로 나타낸다.

Q1 소녀는 오르고 있는 산의 높이를 궁금해한다.

Q2 7월이 12월보다 더 춥다.

Q3 비록 그곳은 매우 춥지만 눈은 많이 내리지 않는다.

Q4 It's in front of the police station.

Q5 날씨가 아주 좋다.

Q6 약 두 시간 걸린다.

Q7 on Sunday

Q8 과학자들이 새로운 행성을 발견했다는 내용이다.

Q9 They are walking in a line in the desert.

Q10 낙타들이 사막에서 물 없이 얼마나 오래 지낼 수 있는지에 관해 찾아보았다.

1 at the top, I wonder how high, keep going

2 look very cold, the coldest place, how cold it is, is colder than, Although it's very cold

3 look around, where the bus stop is, in front of

4 How about going, Can you check, The weather forecast says

5 I'm going to go hiking, I'd love to, thinking of going to, it's covered with, The Internet says

6 What are you doing, anything interesting, have discovered a new planet

7 are walking in a line, very hot and dry, how long camels can go, The Internet says, want to travel

1 ⓑ-ⓔ-ⓒ-ⓓ-ⓐ

2 ⓐ-ⓔ-ⓒ-ⓑ-ⓕ-ⓖ-ⓓ-ⓗ

3 ⓒ-ⓐ-ⓔ-ⓓ-ⓑ

4 ⓔ-ⓑ-ⓓ-ⓒ-ⓐ

5 ⓒ-ⓖ-ⓐ-ⓕ-ⓓ-ⓔ-ⓘ-ⓑ-ⓗ

6 ⓑ-ⓒ-ⓓ-ⓐ

7 ⓓ-ⓔ-ⓗ-ⓐ-ⓑ-ⓕ-ⓒ-ⓖ

01 ①   02 ②   03 ①   04 ⑤   05 ④   06 ②   07 ⑤

08 ⑤   09 ②

[서술형]

10 I wonder how big Jupiter is.

11 (1) Do you want to join me?

   (2) I heard that it's covered with red autumn leaves now.

   (3) The Internet says it takes about two hours.

12 They are going to go hiking to Namsan (on Sunday).

01 B가 높이가 2,000미터 정도라고 답하는 것으로 보아, 빈칸에는 높이를 궁금해하는 말이 오는 것이 알맞다.

02 무엇을 하고 있는지 묻자(A) 신문을 읽고 있다고 답한(D) 후, 신문에 재미있는 내용이 있는지 묻고(B) 신문에 난 기사를 알려주는(C) 흐름이 되는 것이 자연스럽다.

03 I wonder ~.는 '나는 ~이 궁금하다.'라는 뜻으로, I wonder 뒤에는 「의문사＋주어＋동사」로 이루어진 의문사절이 올 수 있다. 이에 따라 우리말을 영어로 옮기면 I wonder where the library is.가 된다.

04 일기 예보에서 오후의 날씨를 확인한 후 Oh, no!라고 하고, 다음에 소풍을 가고 하는 말이 이어지는 것으로 보아, 오후의 날씨가 소풍 가기에 적합하지 않음을 알 수 있다. 따라서 일기 예보에 따르면 오후에 맑을 거라는 ⑤가 대화의 흐름상 어색하다.

05 ④ I wonder 뒤에 의문사가 이끄는 절이 올 때 「의문사＋형용사＋주어＋동사」의 어순으로 쓰므로, I wonder how cold it is로 써야 한다.

06 7월 평균 기온은 약 섭씨 영하 58도이고, 12월 평균 기온은 약 섭씨 영하 26도이므로, 7월이 12월보다 더 춥다.

07 ⑤ 남극에 왜 눈이 많이 내리지 않는지는 대화를 통해 알 수 없다.

  |해석| ① 그들은 텔레비전에서 무엇을 보고 있는가?

  ② 지구상에서 가장 추운 곳은 어디인가?

  ③ Sally는 무엇이 궁금한가?

  ④ 남극에서 12월의 평균 기온은 얼마인가?

  ⑤ 남극에는 왜 눈이 많이 내리지 않는가?

08 인터넷에서 찾은 정보가 낙타가 물 없이 2주 정도를 지낼 수 있다는 내용이므로, Tony가 궁금해한 것은 낙타가 사막에서 물 없이 얼마나 오래(how long) 지낼 수 있는지에 대한 것임을 알 수 있다.

09 ② The Internet says ~. 문장을 통해 두 사람은 궁금한 점을 인터넷에서 찾아보았음을 알 수 있다.

10 I wonder ~.는 '나는 ~이 궁금하다.'라는 뜻으로 I wonder 뒤에는 의문사절이 「의문사＋형용사＋주어＋동사」의 어순으로 이어진다.

11 (1) B의 말에 A가 I'd love to.(그러고 싶어.)라고 답했으므로, 빈칸에는 B가 등산을 같이 가자고 제안하는 것이 알맞다.

  (2) 남산의 경치가 이맘때쯤에 아주 아름답다는 A의 말에 동의하면서 그에 대해 부연 설명하는 것이 알맞다.

  (3) 가장 짧은 등산 코스가 얼마나 걸리는지 물었으므로, 그 답으로 인터넷에서 찾은 정보를 말해 주는 것이 알맞다.

12 두 사람은 일요일에 남산으로 등산을 갈 예정이다.

G Grammar 핵심 노트 1
p. 22

QUICK CHECK

1 (1) whose   (2) whom   (3) whose

2 (1) ⓑ   (2) ⓒ   (3) ⓐ

1 |해석| (1) 팔이 부러진 소녀는 Olivia이다.

(2) Brown 선생님은 내가 가장 존경하는 선생님이다.

(3) 나는 주인이 프랑스인인 식당에서 저녁을 먹었다.

2 |해석| (1) 나는 머리카락이 회색인 한 노인을 만났다.

(2) 그 가족은 이름이 Max인 개가 한 마리 있다.

(3) 직업이 유명한 사람들의 사진을 찍는 것인 그 여성은 나의 이웃이다.

G Grammar 핵심 노트 2
p. 23

QUICK CHECK

1 (1) when   (2) After   (3) since

2 (1) until the snow stops, 눈이 그칠 때까지

(2) Before I left the room, 나는 방을 나가기 전에

(3) when I passed the audition, 나는 오디션에 통과했을 때

1 |해석| (1) 내 스웨터는 내가 그것을 뜨거운 물에 세탁했을 <u>때</u> 작아졌다.

(2) 그는 짐을 싼 <u>후에</u> 출장을 떠났다.

(3) 나의 아빠는 내가 어렸을 <u>때부터</u> 은행에서 일하신다.

2 |해석| (1) 눈이 그칠 때까지 기다리자.

(2) 나는 방을 나가기 전에 전등을 껐다.

(3) 나는 오디션에 통과했을 때 정말 기뻤다.

G Grammar 연습 문제 1
p. 24

A 1 whose 2 which 3 whose 4 who 5 whose

B 1 whose 2 who(that) 3 whose 4 옳음

5 which(that)

C 1 whose bike was stolen called the police

2 whose head is round

3 the student whose name is Paul Anderson

D 1 a woman whose car broke down

2 a friend whose favorite subject is Math

3 beautiful princess whose hair is very long

A |해석| 1. 나는 꿈이 유명한 무용수가 되는 것인 한 소녀를 안다.

2. Joan이 길에서 발견한 그 지갑은 나의 것이 아니다.

3. 나는 할아버지가 과학 선생님인 한 아이를 만났다.

4. 나는 다른 사람들에게 친절한 사람들을 좋아한다.

5. Bill은 색이 빨간 뱀을 보았다.

B |해석| 1. Mary는 눈이 파란색인 고양이가 있다.

2. 나는 자신의 개들을 산책시키고 있던 소년을 발견했다.

3. 우리는 아들이 테니스 선수인 남자에 대해 이야기했다.

4. 이름이 Emma인 소녀가 벤치에 앉아 있다.

5. 내 남동생이 잡은 물고기는 매우 컸다.

C |해석| 1. 그 여자는 경찰을 불렀다. 그녀의 자전거를 도난당했다.

→ 자전거를 도난당한 그 여자는 경찰을 불렀다.

2. 문어를 봐. 그것의 머리는 둥글다.

→ 머리가 둥근 문어를 봐.

3. 너는 그 학생을 아니? 그의 이름은 Paul Anderson이다.

→ 너는 이름이 Paul Anderson인 학생을 아니?

G Grammar 연습 문제 2
p. 25

A 1 since 2 while 3 After 4 until

B 1 before 2 until 3 while

C 1 will come → comes   2 During → While

3 up to → until

D 1 When Kevin called me

2 has been busy since he came back

3 before we went to the amusement park

4 cleaned the windows while her sister vacuumed the living room

B |해석| 1. 잠자리에 들기 전에 양치질을 해라.

2. 나는 누군가가 나올 때까지 문 앞에서 기다렸다.

3. 그녀는 차로 출근하는 동안 음악을 듣고 있었다.

C |해석| 1. 그녀가 집에 오면 거실을 청소할 것이다.

2. 그가 런던에 살았던 동안 많은 친구들이 그를 방문했다.

3. 내 여동생과 나는 반짝거려 보일 때까지 대걸레로 바닥을 닦았다.

G Grammar 실전 TEST
pp. 26~29

01 ② 02 ④ 03 ⑤ 04 ③ 05 ④ 06 ④ 07 ⑤
08 ① 09 ④ 10 ④ 11 ③ 12 ② 13 whom → whose 14 ⑤ 15 ① 16 ① 17 ⑤ 18 ③ 19 ①
20 ③ 21 ② 22 ④

[서술형]

23 (1) They played basketball until it got dark.

해석: 어두워질 때까지 그들은 농구를 했다.

(2) She read a newspaper while the baby was sleeping.

해석: 아기가 자는 동안에 그녀는 신문을 읽었다.

(3) You have to eat something before you take this medicine.

해석: 너는 이 약을 먹기 전에 뭔가를 먹어야 한다.

24 (1) has a dog whose ears are very long

(2) whose name is Melisa is flying a drone

25 (1) When Amy visited me

(2) after she worked out

(3) before she goes to bed

26 (1) The girl whose hair is long and curly is Kate.

(2) I want to have a robot which(that) can cook for me.

(3) Look at the parrot whose feathers are orange.

27 (1) while, vacuumed the living room

(2) until, looked very shiny

(3) After, finished cleaning

01 '~할 때까지'라는 의미의 접속사는 until이다.

02 '나는 기차를 기다리는 동안 Terry를 보았다.'라는 의미가 자연스러우므로 접속사 while(~하는 동안에)이 알맞다.

|해석| 나는 기차를 기다리는 동안 Terry를 보았다.

03 빈칸을 포함하는 절은 바로 앞의 선행사 a friend를 수식하는 관계대명사절로, 빈칸에는 소유격 대명사를 대신하는 소유격 관계대명사 whose가 알맞다.

|해석| 나는 할머니가 유명한 화가인 친구가 한 명 있다.

04 첫 번째 빈칸에는 '신호등이 빨간색일 때 너는 인도에서 기다려야 한다.'는 의미가 자연스러우므로 접속사 when(~할 때)이 알맞다.

두 번째 빈칸에는 '먹기 전에 채소를 주의 깊게 씻어라.'는 의미가 자연스러우므로 접속사 before(~하기 전에)가 알맞다.

|해석| • 신호등이 빨간색일 때 너는 인도에서 기다려야 한다.

• 먹기 전에 채소를 주의 깊게 씻어라.

05 첫 번째 빈칸에는 선행사(two books)가 사물이고 주어를 대신해야 하므로, 주격 관계대명사 which가 알맞다.

두 번째 빈칸에는 선행사가 a woman이고 소유격 대명사를 대신해야 하므로, 소유격 관계대명사 whose가 알맞다.

|해석| • 나는 Roald Dahl에 의해 쓰인 책이 두 권 있다.

• 나는 자신의 개가 20살이 넘는 여성을 인터뷰했다.

06 '~한 이후로'라는 의미의 접속사는 since이다.

07 선행사인 a man 뒤에 선행사를 수식하는 관계대명사절이 이어져야 하는데, '그 남자의(그의) 별명'이라는 의미로 소유격 대명사 his를 대신하는 소유격 관계대명사 whose가 와야 한다.

08 ①의 when은 '언제'라는 의미의 의문사로 when이 이끄는 절이 목적어로 쓰인 간접의문문이다. 나머지 When(when)은 '~할 때'라는 의미의 접속사로 쓰였다.

|해석| ① 나는 우리가 언제 그녀를 방문할 수 있는지 모른다.

② 내가 어렸을 때, 나는 스페인어를 배웠다.

③ Brian은 태어났을 때 아주 작았다.

④ 나는 스마트폰을 사용할 때 눈이 건조함을 느낀다.

⑤ 어두워지면 너는 별이 빛나는 것을 볼 수 있다.

09 두 문장에서 the tiger와 Its가 공통된 부분이므로 소유격 대명사 Its를 대신하는 소유격 관계대명사 whose를 사용하여 문장을 연결한다. 이때 관계대명사가 대신한 Its는 삭제해야 한다.

10 ④ 시간을 나타내는 접속사가 이끄는 부사절은 미래의 의미일지라도 현재시제로 쓰므로 finish로 고쳐 써야 한다.

11 문장을 완성하면 The vet healed my dog whose leg was broken. 이다.

12 after는 '~한 후에'라는 의미의 접속사로 아침을 먹은 후에 산책을 하는 순서를 나타낸다. 따라서 '~하기 전에'라는 의미의 접속사 before를 사용하여 '산책을 하기 전에 아침을 먹는다'라고 할 수 있다.

|해석| David는 아침을 먹은 후에 산책을 한다.

13 '그 여자의(그녀의) 가방'이라는 의미로 소유격 대명사 her를 대신해야 하므로, whom을 소유격 관계대명사 whose로 고쳐 써야 한다.

|해석| 가방을 도난당한 그 여자는 경찰서에 갔다.

14 ⑤의 빈칸에는 목적격 관계대명사가 들어가야 하는데, 선행사(this desk)가 사물이므로 which나 that이 알맞다. 나머지는 소유격 관계대명사 whose가 알맞다.

|해석| ① 나는 코가 아주 납작한 고양이를 보았다.

② 나는 머리카락이 갈색인 그 여자를 안다.

③ 그는 자신의 책이 흥행한 영화가 된 저자이다.

④ 여기 털이 매우 비싼 양들이 있다.

⑤ 나는 삼촌이 내게 만들어 준 이 책상이 마음에 든다.

15 ① '~하는 동안에'라는 의미의 접속사 while이 와야 한다. before는 '~하기 전에'라는 의미의 접속사이다.

16 '~한 이후로'라는 의미의 시간을 나타내는 접속사와 '~이기 때문에'라는 의미의 이유를 나타내는 접속사로 쓰일 수 있는 것은 since이다.

|해석| • Jason은 10살 때부터 이 마을에 살고 있다.

• 나는 아기를 깨우고 싶지 않았기 때문에 방에 조용히 들어왔다.

17 '누구의'라는 의미의 의문사와 소유격 관계대명사로 쓰일 수 있는 것은 whose이다.

|해석| • 그들은 누구의 이름이 목록에 있는지 말하지 않을 것이다.

• 삼촌이 유명한 발명가인 Daisy는 나의 가장 친한 친구이다.

18 ③ during은 전치사로 뒤에 명사(구)가 오는데 「주어+동사」의 절이 이어지고 있으므로, '~하는 동안에'라는 의미의 접속사 while로 고쳐 써야 한다.

|해석| ① Jessie는 파리로 이사 간 후에 프랑스어를 배웠다.

② 우리는 날씨가 좋을 때 캠핑을 갈 것이다.

③ 운전하는 동안 스마트폰을 사용하지 마라.

④ 숨겨진 보물을 발견할 때까지 계속 걸어가자.

⑤ 나는 지난주 토요일에 그와 점심을 먹은 이후로 그를 보지 못했다.

19 ① '그 소녀의(그녀의) 이름'이라는 의미로 소유격을 대신하므로 소유격 관계대명사 whose로 고쳐 써야 한다.

|해석| ① 나는 이름이 Anna인 한 소녀를 만났다.

② 털이 두꺼운 토끼를 찾자.

③ 거북이는 딱딱한 껍데기를 가진 동물이다.

④ 그녀가 하고 있는 목걸이는 금으로 만들어졌다.

⑤ 기자는 금메달을 딴 수영 선수를 인터뷰했다.

20 ⓐ, ⓓ '누구의'라는 의미의 의문사이다.

ⓑ, ⓒ a boy와 an animal을 선행사로 하는 소유격 관계대명사이다.

|해석| ⓐ 너는 저것이 누구의 노트북인지 아니?

ⓑ 나는 꿈이 유명한 발레 무용수가 되는 것인 한 소년을 안다.

ⓒ 순록은 뿔이 나뭇가지처럼 생긴 동물이다.

ⓓ 나는 누구의 이야기가 학교 연극에 채택되었는지 궁금하다.

21 ② 소유격 관계대명사 whose는 that으로 바꿔 쓸 수 없다.

|해석| ⓐ Paul은 팔이 부러진 한 남자를 도와주었다.

ⓑ 내가 집에 도착하면 내 개는 항상 문 앞에 앉아 있다.

22 ⓑ, ⓒ, ⓔ가 옳은 문장이다.

ⓐ until이 '~할 때까지'라는 의미의 접속사로 쓰였으므로 「주어+동사 ~」로 이루어진 절이 와야 한다. 따라서 주어(it)가 필요하다.

ⓓ whose 뒤의 절에 목적어가 없으므로 whose를 목적격 관계대명사 which나 that으로 고쳐 써야 한다.

|해석| ⓐ 버터가 갈색으로 변할 때까지 열을 가해라.

ⓑ 그는 운동을 끝낸 후에 샤워를 했다.

ⓒ 피노키오는 소년이 되는 것이 바람인 귀여운 인형이다.

ⓓ Clark 씨가 나에게 보여 준 그림들은 아름다웠다.

ⓔ 방을 나가기 전에 창문을 닫아라.

23 시간 접속사 until(~할 때까지), while(~하는 동안에), before(~하기 전에) 다음에 「주어+동사 ~」의 순서로 절을 완성한다.

24 소유격 대명사(Its, Her)를 대신하는 소유격 관계대명사 whose를 사용하여 문장을 연결한다. 이때 소유격 관계대명사가 대신한 Its나 Her는 삭제해야 한다.

|해석| (1) Ted는 개가 한 마리 있다. 그것의 귀는 매우 길다.
→ Ted는 귀가 매우 긴 개가 한 마리 있다.

(2) 한 소녀가 드론을 날리고 있다. 그녀의 이름은 Melisa이다.
→ 이름이 Melisa인 소녀가 드론을 날리고 있다.

25 접속사 when(~할 때), after(~한 후에), before(~하기 전에)가 이끄는 부사절을 써서 문장을 완성한다.

26 (1) 선행사는 The girl이고, '그 소녀의(그녀의) 머리카락'이라는 의미로 쓰이는 소유격 대명사 her를 대신하는 소유격 관계대명사 whose를 사용하여 문장을 완성한다.

(2) a robot을 선행사로 하는 주격 관계대명사 which나 that을 사용하여 문장을 완성한다.

(3) the parrot을 선행사로 하는 소유격 관계대명사 whose를 사용하여 문장을 완성한다.

27 (1) '아빠가 거실을 진공청소기로 청소하는 동안 지호는 창문을 닦았다.'는 말이 되는 것이 알맞다.

(2) '바닥이 매우 반짝여 보일 때까지 그(지호)의 여동생이 바닥을 대걸레로 닦았다.'는 말이 되는 것이 알맞다.

(3) '그들이 청소하는 것을 끝낸 후에, 엄마가 탁자 위에 꽃을 놓았다.'는 말이 되는 것이 알맞다.

Ⓡ Reading 빈칸 채우기　pp.32~33

01 is covered by　02 millions of　03 are learning
04 Let's find out　05 Dreams　06 Can you guess
07 in a group　08 are actually sleeping
09 stand on their tails　10 near the surface
11 to breathe　12 don't fall asleep completely
13 come out of the water　14 Enjoy　15 take a look at
16 whose favorite food is clams
17 cannot be easily discovered　18 until a clam appears
19 is closed tightly　20 doesn't give up
21 smashes, against　22 In the end　23 Jump
24 to catch a fish　25 have you ever seen
26 have to be careful　27 grow up to　28 let its size fool
29 quick and smart　30 its speed and distance
31 When the bird flies nearby

Ⓡ Reading 바른 어휘 • 어법 고르기　pp.34~35

01 Two-thirds　02 full　03 them　04 about　05 Dreams
06 what　07 like　08 sleeping　09 while　10 near
11 Since　12 asleep　13 wake up　14 Enjoy　15 If
16 whose　17 cannot　18 until　19 it
20 doesn't give up　21 smashes　22 is served　23 Jump
24 fly　25 seen　26 careful　27 up to　28 fool　29 quick
30 its　31 catches

Ⓡ Reading 틀린 문장 고치기　pp.36~37

01 ×, covered → is covered　02 ×, is → are　03 ○
04 ×, finding out → find out　05 ○　06 ×, is → are
07 ×, looks → looks like　08 ○　09 ×, back → tails
10 ○　11 ×, Although → Since
12 ×, complete → completely　13 ×, Before → When
14 ×, Enjoys → Enjoy　15 ×, As → If　16 ○
17 ×, cannot be easily discover → cannot be easily
　　discovered
18 ×, disappears → appears　19 ×, open → closed
20 ○　21 ○　22 ×, serves → is served　23 ○
24 ×, catch → to catch　25 ×, jumps → jump　26 ○
27 ×, grows → grow　28 ×, fooling → fool　29 ○
30 ×, calculates → calculate　31 ○

01 (A) is (B) learning   02 ③   03 ②   04 ②   05 ③

06 ⑤   07 ⑤   08 ③   09 ④   10 ①   11 ③   12 ②

13 ①   14 ①   15 calculate   16 ⑤   17 ③   18 ③

19 ⑤   20 ②   21 ③

[서술형]

22 혹등고래는 잠을 자는 동안 꼬리로 서 있다.

23 This small fish whose favorite food is clams uses a tool to open them.

24 (1) They usually hide under the sand.

　　(2) It smashes the clam against a rock.

25 But have you ever seen a fish jump out of the water to catch a bird?

26 (모범답) big/large, quick and smart

27 When the bird flies nearby, the giant trevally jumps out of the water and catches it.

01 (A) 주어가 「분수(Two-thirds)+of+명사(our planet)」일 때 of 다음의 명사의 수에 동사의 수를 일치시킨다. 따라서 단수 동사 is가 알맞다.

(B) 문맥상 능동의 의미가 되어야 하고 앞에 be동사 are가 있으므로 현재진행형 시제가 되도록 learning이 알맞다.

02 ⓐ be full of: ~으로 가득 차다

ⓑ millions of: 수많은

03 마지막 문장에서 '몇몇 흥미로운 바다 동물들을 알아보자.'라고 했으므로 이어질 내용으로 가장 알맞은 것은 ②이다.

04 주어진 문장은 '그러나 그것들은 실제로는 잠을 자고 있다!'라는 내용이므로 글의 흐름상 '그것들은 무리를 지어 서 있는 것처럼 보인다.'는 문장 뒤에 오는 것이 자연스럽다.

05 '그들은 물고기가 아니기 때문에 숨을 쉬기 위해 위로 나올 필요가 있다.'라는 의미가 되어야 하므로, 이유를 나타내는 접속사 Since가 알맞다.

06 ⑤ 혹등고래는 잠에서 깨면 심호흡을 하러 물 밖으로 나왔다가 바다로 다시 뛰어든다고 했다.

07 '이 작은 물고기의(그것의)'라는 의미로 소유격 대명사 its를 대신하는 소유격 관계대명사 whose가 알맞다.

08 (A) 조개는 대개 모래 아래에 숨어 있다고 했으므로 '쉽게 발견될 (discovered) 수 없다'고 하는 것이 자연스럽다.

(B) 모래 아래에 숨어 있는 조개가 '나타날(appears)' 때까지 모래에 입김을 분다고 하는 것이 자연스럽다.

(C) 단단히 닫혀 있는 조개를 바위에 내리친다고 했고 뒤에 식사가 준비된다는 말이 이어지는 것으로 보아, 마침내 조개가 '열린다(opens)'고 하는 것이 자연스럽다.

09 it은 앞에 나온 the clam을 가리킨다.

10 ① 앞에서 조개가 단단히 닫혀 있어서 열 수 없다고 했고 뒤에서는 조개를 바위에 내리쳐서 연다고 했으므로, 조개를 여는 것을 포기하지 않는다고 하는 것이 자연스럽다.

|해석| ① 포기하지 않는다

② 모래를 깐다

③ 도구를 사용하지 않는다

④ 그것을 먹고 싶어 하지 않는다

⑤ 조개를 숨기려고 한다

11 ③ 조개를 열기 위해 바위에 내리친다고 했으므로 이용하는 도구가 바위임을 알 수 있다.

12 ② 「지각동사(see)+목적어(a fish)+목적격보어」 구문에서 목적격보어로 to부정사는 쓸 수 없고 동사원형이나 현재분사를 쓴다.

13 ① giant trevally가 새를 잡는다는 내용의 글이므로, giant trevally가 주변에 있을 때 '새들은 조심해야 한다'는 내용이 되는 것이 알맞다.

|해석| ① 조심해야 한다

② 흥미로운 도구를 사용한다

③ 물고기를 쉽게 잡을 수 있다

④ 천적이 없다

⑤ 서로 의사소통을 해야 한다

14 ⓐ, ⓑ는 giant trevally를 가리키고, ⓒ, ⓓ는 a flying bird를 가리킨다.

15 '수학적인 방법을 사용해서 수, 답 등을 찾다'는 calculate(계산하다)의 영어 뜻풀이다.

16 ⑤ giant trevally는 날고 있는 새의 속도와 거리를 계산해서 물 밖으로 뛰어올라서 새를 잡는다고 했다. 새를 유인해서 잡는다는 내용은 없다.

17 ③ take a look at: ~을 (한번) 보다

18 (A) 잠자는 동안의 모습을 설명하고 있으므로 '~하는 동안'을 뜻하는 접속사 while이 들어가는 것이 알맞다.

(B) 조개가 보통 모래 아래에 숨어 있어 쉽게 찾을 수 없다고 했으므로, '조개가 나타날 때까지 모래에 입김을 분다'는 내용이 되는 것이 자연스럽다. 따라서 접속사 until(~할 때까지)이 알맞다.

19 ⓐ와 ⑤는 '~하기 위해서'라는 의미의 목적을 나타내는 부사적 용법의 to부정사로 쓰였다.

① 앞의 명사 수식 (형용사적 용법)

② 진주어 (명사적 용법)

③ 보어 역할 (명사적 용법)

④ 목적어 역할 (명사적 용법)

|해석| ① 그녀는 먹을 빵을 좀 원한다.

② 자연을 보호하는 것이 중요하다.

③ 지나의 꿈은 조종사가 되는 것이다.

④ 그들은 모두 해변에 가는 것에 동의했다.

⑤ 나는 책을 반납하기 위해 도서관에 갔다.

20 ② 주어는 3인칭 단수 형태인 This small fish이고 whose favorite food is clams는 This small fish를 수식하는 관계대명사절이다. 따라서 동사도 단수 형태인 uses가 되어야 한다. 또한 이 작은 물고기가 도구를 사용한다는 능동태가 되어야 하므로 수동태로 쓰지 않는다.

21 ③ 혹등고래가 하루에 몇 시간을 자는지는 글을 통해 알 수 없다.

|해석| ① 혹등고래는 어디에서 자는가?

② 혹등고래는 왜 물 밖으로 나오는가?

③ 혹등고래는 하루에 몇 시간을 자는가?

④ 조개는 주로 어디에 숨어 있는가?

⑤ tuskfish는 어떻게 조개를 여는가?

22 Humpback whales stand on their tails while they sleep.에서 혹등고래가 자는 모습을 알 수 있다.

23 This small fish가 문장의 주어이자 관계대명사절의 수식을 받는 선행사가 되고, '이 작은 물고기의(그것의) 가장 좋아하는 먹이'라는 뜻이 되어야 하므로 소유격 관계대명사 whose를 사용하여 관계대명사절을 쓴다. 동사는 주어인 This small fish에 맞춰 단수형인 uses를 쓴다.

24 (1) 조개는 대개 모래 아래에 숨어 있다고 했다.
(2) tuskfish는 조개를 바위에 내리쳐서 연다고 했다.
|해석| (1) 조개는 주로 어디에 숨어 있는가?
(2) tuskfish는 어떻게 조개를 여는가?

25 「Have you ever+과거분사(지각동사)+목적어+목적격보어 ~?」의 어순이 되도록 단어를 배열한다. 또한 '~하기 위해서'라는 의미로 목적을 나타내는 to부정사를 사용한다.

26 물고기가 170cm 길이에 80kg의 무게까지 자랄 수 있다면서 그 크기에 속지 말라는 말은 '물고기가 매우 크지만' 빠르고 영리하다는 말과 의미가 통한다.

27 giant trevally는 새가 가까이에 날고 있을 때, 물 밖으로 뛰어올라 새를 잡는다고 했다.
|해석| giant trevally는 어떻게 날고 있는 새를 잡나요? 영어로 답하시오.

 기타 지문 **실전 TEST**   pp. 46~47

01 Two-thirds of our planet is covered   **02** ⑤   **03** ⑤
04 ②   **05** ⑤   **06** ⑤   **07** I have no bones so I can move around easily   **08** ②   **09** ④   **10** ②   **11** ④   **12** It shoots out dark black ink and swims away.   **13** (A) smallest (B) is surrounded   **14** ④

---

01 분수를 쓸 때 분자는 기수로, 분모는 서수로 표현하며, 분자가 2 이상일 때는 분모를 나타내는 서수에 -s를 붙인다. 또한 주어가 「분수+of+명사」일 때 of 다음의 명사에 동사의 수를 일치시킨다.

02 바다 동물들에 관한 재미있는 사실이 많이 있다는 문장 뒤에 그 예로 혹등고래에 대해 설명하고 있으므로, '예를 들어'라는 의미의 For example이 알맞다.

03 주어진 문장이 '하지만 자라자 제 몸은 흰색이 되었어요!'라는 의미를 나타내므로, 태어났을 때 회색이었다는 문장 다음에 오는 것이 자연스럽다.

04 몇몇 소리를 낼 수 있는데 이러한 소리들을 다른 고래들과 이야기할 때 사용한다고 했다. 이는 곧 의사소통을 할 수 있음을 의미한다.
|해석| ① 높이 뛰다
② 의사소통을 하다
③ 물고기를 쉽게 잡다
④ 사람들과 친구가 되다

⑤ 하루에 130킬로미터까지 이동하다

05 ⑤ 태어났을 때는 몸이 회색이었다고 했다.

06 ⓐ be different from: ~과 다르다
ⓑ from my enemies: 나의 적으로부터

07 뼈가 없어서 쉽게 돌아다닐 수 있다는 내용이 되도록 배열한다. so는 '그래서'라는 의미의 접속사이다.

08 ② 문어의 평균 수명은 글에 나와 있지 않다.

09 ④ That's because ~.는 '그것은 ~이기 때문이다.'라는 의미이고, That's why ~.는 '그것이 ~한 이유이다.'라는 의미이다. Beluga 고래의 온몸이 하얀 것이 사람들이 Beluga 고래를 흰고래라고 부르는 이유이므로 That's why ~.가 되어야 한다.

10 '~할 때'라는 의미의 시간의 접속사 When(when)이 알맞다.

11 글 속 about과 ⓑ, ⓓ의 about은 '~에 관한'이라는 의미의 전치사이다. ⓐ와 ⓒ의 about은 '약, 대략'이라는 의미의 부사이다.
|해석| ⓐ 나의 자전거의 수리는 대략 50달러가 들 것이다.
ⓑ 나는 기후 변화에 관한 책을 찾고 있다.
ⓒ 양파와 마늘을 약 2분 동안 볶으세요.
ⓓ 너는 한글에 관한 역사 프로젝트를 언제 시작할 예정이니?

12 문어는 적을 만나면 먹물을 내뿜고 헤엄쳐 가 버린다고 했다.
|해석| 문어는 적을 만나면 무엇을 하나요? 영어로 답하시오.

13 (A) 앞에 the가 쓰였고 '다섯 개의 대양 중에서'라는 범위를 한정하는 표현이 뒤에 있으므로, 최상급으로 쓰는 것이 알맞다.
(B) 그것(북극해)이 유럽, 아시아, 북아메리카에 둘러싸여 있는 것이므로 수동태(be동사+과거분사)로 쓰는 것이 알맞다.

14 ④ 북극해 주변에 북극곰이 산다고 했다.
|해석| ① 북극해는 얼마나 큰가?
② 북극해는 얼마나 깊은가?
③ 북극해에 사람들이 사는가?
④ 북극해 근처에 어떤 동물들이 사는가?
⑤ 북극해에서 몇 개의 섬이 발견되었는가?

STEP B

W **Words 고득점 맞기** pp. 48~49

01 ④	02 ①	03 ②	04 ①	05 ④	06 (f)ool	07 ②
08 go without		09 ⑤	10 ①	11 ③		12 ④
13 (1) distance (2) species (3) wonder				14 ②		

01 [보기]는 「형용사(쉬운)-부사(쉽게)」의 관계이다. ④는 「명사(친구)-형용사(친절한, 상냥한)」의 관계이고, 나머지는 「형용사-부사」의 관계이다.

02 blow((입으로) 불다)는 '입으로부터 공기(air)를 내보내다'를 의미한다.

03 '특정 지역이나 장소'라는 의미와 '보거나 발견하기 어려운 누군가나 무언가를 보거나 알아차리다'라는 의미를 모두 가진 단어는 spot(장소, 위치 / 발견하다, 찾아내다)이다.

04 ① '그 배는 10톤까지 운반할 수 있다.'라는 의미가 되는 것이 자연스러우므로 '~까지'라는 뜻의 up to를 쓰는 것이 알맞다.
② this time of year: 이맘때는, 이맘때쯤이면
③ take a look at: ~을 (한번) 보다
④ millions of: 수많은
⑤ give up: 포기하다
|해석| ① 그 배는 10톤까지 운반할 수 있다.
② 날씨는 이맘때쯤 매우 춥다.
③ 정글에 사는 몇몇 야생 동물들을 한번 보자.
④ 그 슈퍼스타는 매달 수많은 팬레터를 받는다.
⑤ Clare는 자신의 꿈을 포기하지 않고 매일 피아노를 치는 것을 연습했다.

05 순서대로 vacuumed(진공청소기로 청소했다), smashed(때려 부수었다, 깨뜨렸다), breathed(숨을 쉬었다), discovered(발견했다)가 들어가는 것이 알맞다.
|해석| • 내가 거실을 진공청소기로 청소한 후에, 내 여동생이 바닥을 대걸레로 닦았다.
• 그 장인은 하나를 제외하고 모든 꽃병을 망치로 깨뜨렸다.
• Dean은 다시 말을 시작하기 전에 깊게 숨을 쉬었다.
• 그 과학자들은 지진을 예측하는 방법을 발견했다.

06 첫 번째와 세 번째 빈칸에는 '바보'라는 의미의 명사 fool이 들어가고, 두 번째 빈칸에는 '속이다'라는 뜻의 동사 fool이 들어가는 것이 알맞다.
|해석| • 바보같이 굴지 마!
• 그 소년은 자신의 나이에 관해 다른 사람들을 속이려고 한다.
• 바보처럼, 나는 모두에게 내 비밀을 말했다.

07 B가 그녀가 만든 지도를 찾으면 보물을 찾을 수 있다고 하는 것으로 보아, A는 그녀가 보물을 어디에 '숨겼는지' 묻는 것이 자연스럽다. 따라서 빈칸에는 hide(숨기다)의 과거형인 hid가 들어가는 것이 알맞다.
|해석| A: 너는 그녀가 그 보물을 어디에 숨겼는지 아니?
B: 아니, 하지만 나는 그녀가 지도를 만들었다고 들었어. 만약 우리가 그 지도를 찾는다면, 우리는 그 보물을 찾을 수 있어.

08 go without: ~ 없이 지내다

09 completely와 totally는 '완전히'라는 뜻을 나타낸다.
|해석| 나는 오늘이 Sam의 생일이라는 것을 완전히 잊었다.

10 ⓐ 걸어갈 수 있는 거리에 주차되어 있다고 했으므로 차가 '근처에(nearby)' 있다고 하는 것이 알맞다.
ⓑ 디저트가 '제공된다'고 하는 것이 자연스러우므로 '(음식을) 제공하다'라는 뜻의 serve의 과거분사형인 served가 알맞다.
ⓒ 컴퓨터가 총액을 우리보다 훨씬 더 빨리 '계산한다(calculate)'는 것이 자연스럽다.
|해석| ⓐ 내 차가 근처에 주차되어 있어서 우리는 그곳에 걸어갈 수 있다.
ⓑ 디저트는 식사를 마친 후에 제공될 것입니다.
ⓒ 컴퓨터는 총액을 우리가 할 수 있는 것보다 훨씬 더 빨리 계산할 수 있다.

11 ⓐ up to: ~까지
ⓑ take a look at: ~을 (한번) 보다
ⓒ look around: 둘러보다
|해석| ⓐ 이 지역은 7월에 기온이 섭씨 42도까지 올라간다.
ⓑ 이 그림을 자세히 한번 봐.
ⓒ Ann은 마을을 둘러보는 데 오후를 보냈다.

12 ④는 dive((물속으로) 뛰어들다)의 영어 뜻풀이고, smash(때려 부수다, 깨뜨리다)의 영어 뜻풀이는 to break something into many pieces(무언가를 여러 조각으로 부수다)이다.

13 |해석| (1) 두 지점 사이의 거리를 재라.
(2) 일부 식물과 동물의 종은 아마존 열대 우림에서만 발견된다.
(3) 그녀가 그랜드 캐니언을 보았을 때, 그녀의 눈은 경이로움으로 커졌다.

14 '특정한 일을 위해 손으로 사용하는 장비'는 tool(도구)의 영어 뜻풀이다.
|해석| ① 섭씨 230도의 온도까지 오븐을 예열해라.
② 이 도구는 다양한 방식으로 사용될 수 있다.
③ Brown 씨의 바람은 자신의 식당을 운영하는 것이다.
④ 모두가 우리 행성을 보호하는 데 참여해야 한다.
⑤ 그 연못의 수면은 빨간 단풍잎으로 덮여 있었다.

L&S **Listen & Speak 고득점 맞기** pp. 52~53

01 ②	02 ③	03 ①	04 ④	05 ③

[서술형]
06 (1) The weather is so nice outside.
(2) Good idea.
(3) The weather forecast says it'll be rainy in the afternoon.

07 I wonder how high Mt. Everest is.

08 (1) the largest animal in the world
(2) how large
(3) it is about 30m long

09 They are walking in a line in the desert.

10 (1) the Internet
(2) can go about two weeks without water
(3) travel with camels in the desert someday

8 정답 및 해설

01 A가 남극이 지구상에서 가장 추운 곳이라고 했고 빈칸 다음에 남극의 평균 기온에 대해 말하고 있으므로, 빈칸에는 남극이 얼마나 추운지 궁금하다는 말인 ②가 알맞다.

02 ⓐ 두 사람은 텔레비전에 나온 아기 펭귄들을 보고 있다.

ⓑ 남극에서는 7월이 12월보다 더 춥다고 했으므로 12월은 가장 추운 달이 아니다.

ⓒ 남극은 매우 춥지만 눈은 많이 내리지 않는다고 했다.

ⓓ A는 남극이 지구상에서 가장 추운 곳이라고 말했다.

|해석| ⓐ 그들은 텔레비전을 보고 있다.

ⓑ 12월은 남극에서 가장 추운 달이다.

ⓒ 남극에는 눈이 많이 내린다.

ⓓ 그들은 세계에서 가장 추운 곳이 어디인지 모른다.

03 주어진 문장은 어디로 가고 싶은지 묻고 있으므로 남산에 가려고 생각 중이라는 문장 앞인 ①에 오는 것이 자연스럽다.

04 ④ Brian은 매년 이맘때 남산의 경치가 아주 아름답다고 말했다.

05 ③ 버스 정류장이 어디에 있는지 궁금하다는 말에 1005번 버스를 탈 수 있다고 답하는 것은 어색하다.

|해석| ① A: 나는 세상에서 가장 작은 나라가 무엇인지 궁금해.

B: 인터넷에서 찾아보자.

② A: 이 산은 높이가 약 2,000미터야.

B: 와! 정말 높은 산이구나.

③ A: 나는 버스 정류장이 어디에 있는지 궁금해.

B: 너는 1005번 버스를 탈 수 있어.

④ A: 세상에서 가장 긴 강은 무엇이니?

B: 나는 아마존강이라고 생각해.

⑤ A: 신문에 재미있는 내용이 있니?

B: 이 기사에 따르면 과학자들이 새로운 행성을 발견했대.

06 (1) Yeah.라고 답하면서 오늘 오후에 소풍을 가자고 제안하는 것으로 보아 날씨가 아주 좋다는 말이 알맞다.

(2) 오후에 소풍 가자는 제안에 날씨를 확인해 달라고 요청하는 것으로 보아 제안에 동의하는 말이 알맞다.

(3) 날씨를 확인한 후 다음에 가자고 하는 것으로 보아 오후 날씨가 소풍 가기에 적합하지 않음을 알 수 있다.

07 I wonder 뒤에 「의문사(how)+형용사(high)+주어(Mt. Everest)+동사(is)」의 어순으로 배열하여 문장을 완성한다.

08 대왕고래는 세상에서 가장 큰 동물이며, 기사에 따르면 길이가 약 30미터 정도이다.

|해석| A: 세상에서 가장 큰 동물은 뭐니?

B: 대왕고래야.

A: 나는 그것이 얼마나 큰지 궁금해.

B: 기사에 따르면 그것은 길이가 약 30미터야.

A: 놀랍구나!

09 사진 속 낙타들은 사막에서 한 줄로 걸어가고 있다고 했다.

|해석| Q: 사진 속 낙타들이 무엇을 하고 있는가?

10 |해석| Tony는 낙타들이 사막에서 물 없이 얼마나 오래 지낼 수 있는지 궁금해한다. 인터넷에 따르면 낙타들은 물 없이 2주 정도 지낼 수 있다. Tony는 언젠가 사막에서 낙타와 여행하고 싶어 한다.

---

01 ④ **02** ④ **03** ① **04** ④ **05** ③, ⑤ **06** ①, ③, ⑤

07 ⑤ **08** ④ **09** ② **10** ④ **11** ② **12** ② **13** ①, ④

[서술형]

14 (1) I met a boy whose dream is to be a scientist.

(2) Can you see the man whose arm is broken?

(3) I'm looking for a book which(that) I borrowed from Bill yesterday.

(4) Look at the spiders whose shapes are all similar.

15 (1) Keep going until I tell you to stop.

(2) She changed her name after she left Spain. / After she left Spain, she changed her name.

(3) I have lived in Seoul since I was born.

(4) I washed the dishes when Lucas watered the flowers in the garden. / When Lucas watered the flowers in the garden, I washed the dishes.

16 ⓑ → I want to visit the British Museum while I am in London.

ⓔ → The present (which/that) my aunt sent to me hasn't arrived yet.

17 (1) While you were sleeping

(2) I saw a dog whose legs were very short

(3) I'll have lunch after I take a shower

---

01 a pianist를 선행사로 하는 소유격 관계대명사 whose가 쓰인 문장이다. 따라서 관계대명사가 소유격 대명사를 대신하는 경우만 빈칸에 들어갈 수 있다. ④와 같이 소유격 대명사(her)는 소유격 관계대명사와 함께 쓸 수 없다.

02 첫 번째 빈칸에는 빈칸 뒤의 절에 목적어가 없고 선행사(The novels)가 사물이므로 목적격 관계대명사 which나 that이 알맞다.

두 번째 빈칸에는 빈칸 뒤의 절에 주어가 없고 선행사(students)가 사람이므로 주격 관계대명사 who나 that이 알맞다.

세 번째 빈칸에는 소유격 대명사 her를 대신하는 소유격 관계대명사 whose가 알맞다.

|해석| • J. K. Rowling이 쓴 소설들은 많은 나라에서 읽힌다.

• 우리는 일요일에 봉사 활동을 할 수 있는 학생들을 찾고 있다.

• Helen은 운동화가 빨간색과 흰색인 소녀이다.

03 순서대로 '~하는 동안'이라는 의미의 접속사 while, '~할 때까지'라는 의미의 접속사 until, '~하기 전에'라는 의미의 접속사 before가 알맞다.

|해석| • 네가 나가 있는 동안, 누군가 문을 두드렸다.

• 음식이 모두에게 나올 때까지 먹기 시작하지 마세요.

• 우리는 너무 늦기 전에 우리의 행성을 보호해야 한다.

04 두 문장에서 my neighbor와 His가 공통 대상이므로 소유격 대명사 His를 대신하는 소유격 관계대명사 whose를 사용하여 문장을 연결한다. 이때 관계대명사가 대신한 His는 삭제해야 한다.

05 '~한 후에'를 뜻하는 접속사 after를 사용하여 부사절을 완성한다. 시

간을 나타내는 접속사가 이끄는 부사절은 미래의 의미일지라도 현재시제로 쓰므로 will은 부사절에 필요하지 않다. 문장을 완성하면 After I buy a pair of roller skates, Joan will show me how to ride them.이 된다.

06 ① 소유격 관계대명사 whose와 ③ 선행사를 포함하는 관계대명사 what, ⑤ 주격 관계대명사 who는 생략할 수 없다.

|해석| ① 머리카락이 금발인 그 소년을 봐.

② Mary는 그녀의 엄마가 만든 모자를 쓰고 있다.

③ 너는 저녁으로 네가 먹은 것을 기억하니?

④ 네가 보고 있는 사진은 내가 가장 좋아하는 것이다.

⑤ 이 마을에 사는 사람들은 매우 친절하다.

07 [보기]와 ⑤의 when은 '~할 때'라는 의미의 접속사이고, 나머지 when(When)은 '언제'라는 의미의 의문사이다.

|해석| [보기] 내가 라디오를 켰을 때 벨이 울렸다.

① 너는 나에게 언제 도착하는지 말해 줄 수 있니?

② 당신의 신곡은 언제 나오나요?

③ 나는 그 다리가 언제 지어졌는지 알고 싶다.

④ 그는 나에게 여름 방학이 언제 시작했는지 물었다.

⑤ 나는 대중 앞에서 이야기할 때 목소리가 매우 낮아진다.

08 ① 소유격 관계대명사 whose로 고쳐야 한다.

② 선행사를 포함하는 관계대명사 what으로 고쳐야 한다.

③ 목적격 관계대명사 which나 that으로 고쳐야 한다.

⑤ 주격 관계대명사 who나 that으로 고쳐야 한다.

|해석| ① 나는 어머니가 유명한 과학자인 한 소녀를 안다.

② 오늘 할 수 있는 일을 내일로 미루지 마라.

③ 내가 지난주에 산 자전거는 이미 고장이 났다.

④ 코가 하얀 그 말은 Moore 씨의 소유이다.

⑤ 너는 이 사진의 사람처럼 생긴 남자를 본 적이 있니?

09 ② 둘 다 '~할 때까지'라는 의미를 나타내는 접속사로 쓰였다.

① ~하는 동안 〈접속사〉 / ~하는 반면에 〈접속사〉

③ ~한 이후로 〈접속사〉 / ~이기 때문에 〈접속사〉

④ ~인지 아닌지 〈접속사〉 / 만약 ~라면 〈접속사〉

⑤ 언제 〈의문사〉 / ~할 때 〈접속사〉

|해석| ① 그는 해외에 있는 동안 많은 외국인들을 만났다.

Kelly는 외향적인 반면에 그녀의 쌍둥이 여동생은 부끄러움을 많이 탄다.

② 그 아기는 엄마가 올 때까지 계속 울었다.

비가 그칠 때까지 건물 안에서 기다리자.

③ 그들은 12살 때부터 친구로 지내 왔다.

Peter가 독감에 걸렸기 때문에 우리는 소풍을 취소했다.

④ 나는 Robert가 그 사실을 아는지 궁금하다.

문의 사항이 있으시다면, 우리에게 언제든지 연락 주세요.

⑤ 너는 그 차 사고가 언제 났는지 기억하니?

나는 눈이 피로할 때 잠시 동안 눈을 감는다.

10 ④ '그 파란 배낭의(그것의) 주머니'라는 의미로 소유격 대명사 its를 대신하는 소유격 관계대명사 whose로 고쳐 써야 한다.

|해석| A: 너는 Green 공원에서 열린 벼룩시장에 갔었니?

B: 응, 갔었어. 거의 새것인 유용한 물건들이 많았어.

A: 좋구나. 너는 벼룩시장에서 무언가 샀니?

B: 응, 샀지. 나는 주머니가 아주 큰 파란색 배낭을 샀어. 너는?

A: 음, 나는 거기에 가고 싶었지만 가지 못했어. 나는 남동생을 돌봐야 했거든.

11 ② 빈칸 뒤의 절에 주어가 없고 선행사(the car)가 사물이므로 주격 관계대명사 which나 that이 들어가야 한다.

① '누구의'라는 의미의 의문사 whose가 들어간다.

③, ④, ⑤ 소유격 관계대명사 whose가 들어간다.

|해석| ① 너는 그것이 누구의 스마트폰인지 아니?

② 먼지로 덮인 차를 봐.

③ Shrek은 몸이 녹색인 다정한 괴물이다.

④ 눈이 녹색인 그 소년은 Jane의 사촌이다.

⑤ 저에게 소매가 짧은 셔츠를 보여 주시겠어요?

12 ⓑ whose 뒤의 절에 주어가 없고 선행사(a person)가 사람이므로 whose를 주격 관계대명사 who나 that으로 고쳐 써야 한다.

ⓒ during은 전치사로 뒤에 명사(구)가 오는데, 뒤에 「주어+동사 ~」로 이루어진 절이 있으므로 during을 접속사 while로 고쳐 써야 한다.

|해석| ⓐ 우리는 버스 체계가 편리한 마을에 갔다.

ⓑ 좀도둑은 가게에서 물건을 훔치는 사람이다.

ⓒ 내가 병원에 있는 동안 네가 내 고양이들을 돌봐 줄 수 있니?

ⓓ Rosa는 그 판타지 소설을 읽은 후에 Colin에게 빌려주었다.

13 ① '그 원숭이의(그것의) 꼬리'라는 의미로 소유격 대명사를 대신하는 소유격 관계대명사 whose의 쓰임은 옳다.

④ Since는 '~이기 때문에'라는 의미의 이유를 나타내는 접속사로 쓰였으므로, 시간을 나타내는 접속사인 When으로 바꿔 쓸 수 없다.

|해석| ① 꼬리가 13센티미터 길이인 원숭이를 봐.

② 나는 그들이 일을 마친 후에 그들에게 그 소식을 말할 것이다.

③ Emma는 백화점이 문을 열 때까지 밖에서 기다렸다.

④ 이번 주 화요일은 휴일이기 때문에 우리는 학교에 갈 필요가 없다.

⑤ 이 기부금은 폭풍에 집이 부서진 가족들을 위해 사용될 것이다.

14 (1), (2), (4) 관계대명사가 소유격 대명사(His, His, Their)를 대신하므로 소유격 관계대명사 whose를 사용하여 두 문장을 연결한다. 이때 관계대명사가 대신한 소유격 대명사는 삭제해야 한다.

(3) 관계대명사가 목적어 it을 대신하고 선행사(a book)가 사물이므로 목적격 관계대명사 which나 that을 사용하여 두 문장을 연결한다. 이때 관계대명사가 대신한 목적어 it은 삭제해야 한다.

|해석| (1) 나는 한 소년을 만났다. 그의 꿈은 과학자가 되는 것이다.

(2) 너는 그 남자가 보이니? 그의 팔이 부러졌다.

(3) 나는 책을 한 권 찾고 있다. 나는 그것을 어제 Bill에게 빌렸다.

(4) 거미들을 봐. 그들의 모양이 모두 비슷하다.

15 (1)은 until(~할 때까지), (2)는 after(~한 후에), (3)은 since(~한 이후로), (4)는 when(~할 때)을 사용하여 문장을 완성한다.

16 ⓑ 시간을 나타내는 접속사(while)가 이끄는 부사절은 미래의 의미를 나타내도 현재시제로 쓰므로 will be는 am으로 고쳐 써야 한다.

ⓔ 관계대명사가 이끄는 절에 목적어가 없고 선행사(The present)가 사물이므로, whose를 목적격 관계대명사 which나 that으로 고쳐 쓰

거나 생략할 수 있다.

|해석| ⓐ 우리가 어제 만난 여자는 변호사다.

ⓑ 내가 런던에 있는 동안 나는 대영 박물관을 방문하고 싶다.

ⓒ 우리 축구팀은 Jacob이 팀에 합류한 후로 모든 경기를 이겼다.

ⓓ Charlotte은 가장 친한 친구가 Wilbur인 현명한 거미이다.

ⓔ 이모가 나에게 보낸 선물은 아직 도착하지 않았다.

17 (1) '~하는 동안'이라는 의미의 접속사 while 뒤에 「주어+동사 ~」의 절이 되도록 배열한다.

(2) 소유격 관계대명사 whose가 이끄는 관계대명사절이 선행사 a dog를 수식하도록 배열한다.

(3) 대화의 흐름상 샤워를 한 후에(after) 점심을 먹겠다는 의미가 자연스럽다.

|해석| A: 저 집에 왔어요, 엄마.

B: 오, Mike. 내가 잠시 잠이 들었구나. Lucky와 나갔었니?

A: 네, 엄마. 엄마가 주무시는 동안 저는 공원 주변에서 Lucky를 산책시켰어요.

B: 잘했구나! 착한 아이구나.

A: 공원에서, 저는 다리가 매우 짧은 개를 보았어요. 정말 귀여웠어요.

B: 그랬구나. 지금 점심을 먹을래?

A: 음, 저는 샤워를 한 후에 점심을 먹을게요.

Ⓡ Reading 고득점 맞기   pp. 59~61

01 ② **02** ③ **03** ③ **04** ②, ④ **05** ③ **06** ④ **07** ②
08 ③ **09** ⑤ **10** ③ **11** ⑤ **12** ③

[서술형]

13 Can you guess what these whales are doing

14 They come out of the water for a deep breath. / They come out of the water to breathe.

15 (1) This small fish whose favorite food is clams uses a tool to open them.

(2) Clams usually hide under the sand, so they cannot be easily discovered.

16 (1) Its favorite food

(2) blows on the sand until a clam appears

(3) smashes the clam against a rock

17 (1) grow up to 170cm and 80kg

(2) calculate its speed and distance

(3) When the bird flies nearby, the giant trevally jumps out of the water and catches it.

---

01 그림 속 고래들이 무리를 지어 서 있는 것처럼 보이지만 실제로는 잠을 자고 있다는 내용이 되어야 하므로 sleeping이 알맞다.

02 (A) 문맥상 '잠을 자는 동안(while) 꼬리로 서 있다'는 말이 되는 것이 알맞다.

(B) 문맥상 '물고기가 아니기 때문에(since) 숨을 쉬기 위해 위로 나올 필요가 있다'는 말이 되는 것이 알맞다.

(C) '잠에서 깰 때(when) 심호흡을 하러 물 밖으로 나왔다가 바다로 다시 뛰어든다'는 말이 되는 것이 알맞다.

03 ① 주어가 「분수(Two-thirds)+of+명사(our planet)」일 경우 동사는 of 뒤의 명사(our planet)의 수에 일치시키므로 are를 단수 동사 is로 고쳐야 한다.

④ looks likely를 '~처럼 보이다'라는 뜻을 나타내는 looks like로 고쳐야 한다.

04 ① 우리 행성(지구)의 3분의 2가 대양들로 덮여 있다고 했다.

③ 혹등고래는 잠을 자는 동안 꼬리로 서 있다고 했다.

⑤ 혹등고래는 잠에서 깨면 심호흡을 하러 물 밖으로 나온다고 했다.

05 ③ 문장의 주어는 This small fish(단수형)이므로 단수 동사 uses의 쓰임은 옳다.

06 ⓐ와 ④는 '~하기 위해서'라는 의미의 목적을 나타내는 부사적 용법의 to부정사이다.

① 목적어 역할 (명사적 용법) ② 앞의 대명사 수식 (형용사적 용법)

③ 진주어 (명사적 용법) ⑤ 목적어 역할 (명사적 용법)

|해석| ① Kevin은 언젠가 자신의 꿈이 실현되기를 바란다.

② 나는 학교 축제에 관해 너에게 말할 것이 있다.

③ 나는 일요일에 일찍 일어나는 것이 어렵다.

④ 그 배드민턴 선수는 경기에서 이기기 위해 매우 열심히 연습했다.

⑤ 나의 동아리 부원들은 봉사 활동으로 벽화 그리기를 하기로 결정했다.

07 조개는 대개 모래 아래에 숨어 있어서 쉽게 발견될 수 없다고 했으므로, tuskfish는 조개가 나타날 때까지 모래에 입김을 분다는 내용이 되는 것이 알맞다.

|해석| ① 조개가 움직이는 동안

② 조개가 나타날 때까지

③ 조개가 사라진 후에

④ 만약 조개가 지나가지 않는다면

⑤ 조개가 딱딱한 껍데기를 가지고 있기 때문에

08 ③ '땅이나 물의 면적의 상층'을 뜻하는 surface(표면, 수면)의 영어 뜻풀이로, 글에서는 surface가 쓰이지 않았다.

① blow의 영어 뜻풀이다.

② smash의 영어 뜻풀이다.

④ discover의 영어 뜻풀이다.

⑤ tool의 영어 뜻풀이다.

09 ① This small fish가 tuskfish를 가리키므로 거대한 물고기는 아님을 알 수 있다.

② tuskfish가 가장 좋아하는 먹이는 조개라고 했다.

③ 조개는 보통 모래 아래에 숨어 있다고 했다.

④ tuskfish는 모래에 입김을 불어서 모래 아래에 숨어 있는 조개를 찾는다고 했다.

| 해석 | ① tuskfish는 거대한 물고기이다.

② tuskfish는 조개를 먹는 것을 좋아하지 않는다.

③ 조개는 대개 바위 사이에서 발견된다.

④ tuskfish가 조개를 발견하는 것은 불가능하다.

⑤ tuskfish는 조개를 열기 위해 바위를 사용한다.

10 주어진 문장은 But으로 시작하면서 그것의 크기에 속지 말라는 내용이므로, 170센티미터에 80킬로그램까지 자랄 수 있다는 내용 다음에 오는 것이 알맞다.

11 밑줄 친 spot은 '발견하다'라는 의미의 동사로 쓰였다.

①, ③ 얼룩 〈명사〉 ②, ④ 장소 〈명사〉 ⑤ 발견하다 〈동사〉

| 해석 | ① 커튼에 큰 얼룩이 있었다.

② 우리는 소풍을 위한 좋은 장소를 찾고 있다.

③ 너는 티셔츠의 얼룩을 씻어 내야 한다.

④ 나는 이곳이 벼룩시장을 열기에 가장 좋은 장소라고 생각한다.

⑤ 네가 큰 모자를 쓰고 있었기 때문에 나는 관중석에서 너를 쉽게 발견할 수 있었다.

12 ③ giant trevally가 가장 좋아하는 음식이 무엇인지는 글에 나와 있지 않다.

| 해석 | ① giant trevally는 얼마나 크게 자랄 수 있는가?

② giant trevally는 무엇을 계산할 수 있는가?

③ giant trevally가 가장 좋아하는 먹이는 무엇인가?

④ giant trevally는 어떻게 새를 잡는가?

⑤ giant trevally가 주변에 있을 때 새는 왜 조심해야 하는가?

13 의문사가 이끄는 절(의문사(what)+주어(these whales)+동사(are doing))이 동사 guess의 목적어로 쓰인 문장을 완성한다.

14 혹등고래는 잠에서 깨면 심호흡을 하러 물 밖으로 나온다고 했다.

| 해석 | Q: 혹등고래는 잠에서 깨어났을 때 왜 물 밖으로 나오는가?

15 (1) which를 '이 작은 물고기의(그것의)'라는 의미로 소유격 대명사를 대신하는 소유격 관계대명사 whose로 고쳐야 한다.

(2) 주어인 they는 조개를 가리키므로, 조개는 모래 아래에 숨어서 쉽게 발견될 수 없다는 의미의 조동사가 있는 수동태 「조동사(cannot)+be+과거분사(discovered)」가 되어야 한다.

16 (1) tuskfish가 가장 좋아하는 먹이는 조개라고 했다.

(2) tuskfish는 모래 속에 숨어 있는 조개가 나타날 때까지 모래에 입김을 분다고 했다.

(3) 찾은 조개가 단단히 닫혀 있어서 조개를 바위에 내리친다고 했다.

| 해석 | A: 너는 tuskfish에 대해 들어 본 적이 있니?

B: 아니, 없어. 그것에 관해 나에게 말해 주겠니?

A: 물론이야. 그것이 가장 좋아하는 먹이는 조개야.

B: 조개? 음, 조개는 대개 모래 아래에 숨어 있잖아. tuskfish가 조개를 어떻게 발견하니?

A: 이 물고기는 조개가 나타날 때까지 모래에 입김을 불어.

B: 흥미롭구나!

A: 응. 하지만 조개는 단단히 닫혀 있어서 그 물고기는 조개를 바위에 내리쳐.

B: 오, tuskfish는 매우 똑똑하구나!

17 (1) giant trevally는 170센티미터에 80킬로그램까지 자랄 수 있다.

(2) 빠르고 똑똑해서 날고 있는 새를 발견하고 그 새의 속도와 거리를 계산할 수 있다.

(3) 새가 가까이에 날고 있을 때 물 밖으로 뛰어올라 새를 잡는다.

서술형 100% TEST
pp. 62~65

01 breathe

02 (모범답) Did you spot some mistakes in my writing?

03 (1) go without
해석: 인간은 얼마나 오래 음식 없이 지낼 수 있을까?

(2) up to
해석: 그 나무들은 30미터까지 자랄 수 있다.

(3) millions of
해석: 이 약은 수많은 생명을 구할 수 있다.

04 I wonder where the museum is.

05 (1) How about going on a picnic this afternoon?

(2) The weather forecast says it'll be rainy in the afternoon.

06 (1) the South Pole

(2) in July

(3) in December

(4) colder than

(5) it doesn't snow much

07 (1) The camels are walking in a line in the desert.

(2) I wonder how long camels can go without water in the desert.

08 (1) how big it(Jupiter) is

(2) says it(Jupiter) is over 11 times bigger than Earth

09 (1) Dean is the student whose nickname is Smile Prince.

(2) I want to ride a horse whose tail is black.

(3) We're looking for the girl who(that) is wearing a blue hat.

10 (1) (모범답) I didn't eat carrots

(2) (모범답) I took a walk with Sam

(3) (모범답) I will watch my favorite TV show

11 (1) whose hobby is rock-climbing

(2) what I do in my free time

(3) whose top is covered with snow

(4) which(that) was written by Shakespeare

12 (1) Genie whose body is blue lives in a magic lamp.

(2) The student whose smartphone was stolen called the police.

(3) I will play tennis with Bill after I finish my homework. / After I finish my homework, I will play tennis with Bill.

(4) We haven't heard from him since he went to Italy.

13 (1) stand on their tails while they sleep

(2) Since they are not fish, need to come up to breathe

14 This small fish whose favorite food is clams uses a tool

15 Because they usually hide under the sand.

16 조개를 바위에 내리쳐서 연다.

17 (1) It can grow up to 170cm and 80kg.

(2) When the bird flies nearby, the giant trevally jumps out of the water and catches it.

18 (1) It lives in the Arctic Ocean.

(2) It usually eats fish and clams.

(3) It was gray (when it was born).

(4) They use several sounds (to communicate with each other).

19 (1) small → smallest

(2) surrounds → is surrounded

01 '공기를 폐 안팎으로 움직이게 하다'라는 뜻을 나타내는 동사 breathe (숨을 쉬다)가 알맞다.

|해석| 당신은 입을 통해서가 아니라 코를 통해서 숨을 쉴 필요가 있다.

02 주어진 문장의 spot은 '발견하다, 찾아내다'라는 의미의 동사로 쓰였다.

|해석| 도시에서 밤에 별을 발견하는 것은 쉽지 않다.

03 (1) go without: ~ 없이 지내다

(2) up to: ~까지

(3) millions of: 수많은

04 지도에서 카페와 제과점 사이에 있는 것은 박물관이므로 빈칸에는 박물관의 위치를 궁금해하는 말이 들어가는 것이 알맞다. I wonder 뒤에는 「의문사(where)+주어(the museum)+동사(is)」의 어순으로 쓴다.

05 (1) How about ~?을 사용하여 제안하는 표현을 쓴다. about 뒤에 동사가 올 경우 동명사 형태로 쓰는 것에 유의한다.

(2) 일기 예보의 내용을 보고할 때 The weather forecast says ~.로 표현할 수 있다.

06 (1) 남극이 지구상에서 가장 추운 곳이라고 했다.

(2), (3), (4) 남극은 평균 기온이 7월에는 약 섭씨 영하 58도이고, 12월에는 약 섭씨 영하 26도로, 7월이 12월보다 더 춥다고 했다.

(5) 남극은 매우 춥지만 눈은 많이 내리지 않는다고 했다.

|해석| 지구상에서 가장 추운 곳은 남극이다. 평균 기온이 7월에는 약 섭씨 영하 58도이고, 12월에는 약 섭씨 영하 26도이다. 흥미로운 점은 그곳은 7월이 12월보다 더 춥다는 것이다. 또한, 그곳은 매우 춥지만 눈은 많이 내리지 않는다.

07 (1) 주어(The camels) 다음에 현재진행형(are walking)이 오고, '한 줄로'라는 뜻의 in a line과 '사막에서'라는 뜻의 in the desert가 이어진다.

(2) 궁금함을 표현하는 I wonder 뒤에 「의문사(how)+형용사(long)+주어(camels)+동사(can go) ~」의 어순으로 배열한다.

08 (1) 목성이 얼마나 큰지 궁금하다는 말이 알맞다. I wonder 뒤에 「의문사(how)+형용사(big)+주어(it/Jupiter)+동사(is)」의 어순으로 쓴다.

(2) 주어진 인터넷 정보에 따르면 목성은 지구보다 11배 이상 더 크다. 인터넷 정보를 전달할 때 The Internet says ~.로 표현한다.

|해석| 여러분은 태양계에서 어느 행성이 가장 큰지 아니요? 정답은 목성입니다. 그것은 지구보다 11배 이상 더 큽니다. 얼마나 놀라운가요!

09 (1) who를 소유격 대명사(his)를 대신하는 소유격 관계대명사 whose로 고쳐야 한다.

(2) a horse 뒤에 a horse를 선행사로 하는 소유격 관계대명사 whose를 써야 한다.

(3) 관계대명사가 주어 역할을 해야 하고 선행사(the girl)가 사람이므로 whose를 주격 관계대명사 who나 that으로 고쳐야 한다.

|해석| (1) Dean은 별명이 '미소 왕자'인 학생이다.

(2) 나는 꼬리가 검은 말을 타고 싶다.

(3) 우리는 파란색 모자를 쓰고 있는 소녀를 찾고 있다.

10 접속사 when(~할 때), until(~할 때까지), after(~한 후에)의 의미에 맞게 문장을 완성한다.

11 (1) '그 여자의(그녀의) 취미'라는 의미가 되도록 소유격 관계대명사 whose를 사용한다.

(2) 선행사를 포함하는 관계대명사 what을 사용한다.

(3) '그 산의(그것의) 꼭대기'라는 의미가 되도록 소유격 관계대명사 whose를 사용한다.

(4) 주격 관계대명사 which나 that을 사용한다.

|해석| (1) 나는 취미가 암벽 등반인 한 여성을 만났다.

(2) 그림 그리기는 내가 여가 시간에 하는 것이다.

(3) 꼭대기가 눈으로 덮여 있는 산을 봐.

(4) 그는 셰익스피어가 쓴 책을 한 권 샀다.

12 (1), (2) 'Genie의(그의) 몸'과 '그 학생의 스마트폰'이라는 의미가 되도록 소유격 관계대명사 whose를 사용하여 문장을 영작한다.

(3) '~한 후에'라는 의미의 접속사 after를 사용하여 문장을 영작한다.

(4) '~한 이후로'라는 의미의 접속사 since를 사용하여 문장을 영작한다.

13 (1) '~하는 동안'이라는 의미의 접속사 while을 사용한다.

(2) '~이기 때문에'라는 의미의 이유를 나타내는 접속사 since를 사용한다.

14 '가장 좋아하는 먹이가 조개인 이 작은 물고기는 조개를 열기 위해 도구를 사용한다.'라는 의미가 되도록 문장을 배열한다. 소유격 관계대명사 whose가 이끄는 절(whose favorite food is clams)이 주어이자 선행사인 This small fish를 수식하는 구조가 되도록 문장을 완성한다.

15 조개는 대개 모래 아래에 숨어 있어서 쉽게 발견될 수 없다고 했다.

|해석| 왜 조개가 쉽게 발견될 수 없나요? 영어로 답하시오.

16 It smashes the clam against a rock.에서 tuskfish가 조개를 여는 방법을 알 수 있다.

17 (1) giant trevally는 170센티미터에 80킬로그램까지 자랄 수 있다고 했다.

(2) giant trevally는 새가 가까이 날고 있을 때 물 밖으로 뛰어올라 새를 잡는다고 했다.

|해석| A: 너는 과학 리포트의 주제를 정했니?

B: 응. 나는 큰 물고기인 giant trevally를 소개할 거야.

A: 나는 그것에 대해 들어 본 적이 전혀 없어. 그것은 얼마나 크니?

B: 그것은 170센티미터에 80킬로그램까지 자랄 수 있어.

A: 오, 물고기치고는 크구나. 그것이 왜 흥미롭니?

B: 그것은 날고 있는 새를 잡을 수 있어.

A: 왜! 그 물고기가 어떻게 새를 잡니?

B: 새가 가까이에 날고 있을 때, giant trevally는 물 밖으로 뛰어올라 새를 잡아.

A: 그거 놀랍구나!

18 (1) Beluga 고래는 북극해에 산다고 했다.

(2) Beluga 고래는 주로 물고기와 조개를 먹는다고 했다.

(3) Beluga 고래는 태어났을 때 회색이었다고 했다.

(4) Beluga 고래는 소리를 사용해 의사소통을 한다고 했다.

|해석| (1) beluga 고래는 어디에 사는가?

(2) beluga 고래는 주로 무엇을 먹는가?

(3) beluga 고래는 태어났을 때 무슨 색이었는가?

(4) beluga 고래는 서로 의사소통을 하기 위해 무엇을 사용하는가?

19 (1) 앞에 the가 쓰였고, '다섯 개의 대양 중에서'라고 범위를 한정하고 있으므로, 형용사 small을 '가장 작은'이라는 의미의 최상급으로 고쳐야 한다.

(2) 그것(북극해)은 유럽, 아시아, 북아메리카에 '둘러싸여 있는' 것이므로 수동태(be동사+과거분사)로 고쳐야 한다.

모의고사

제 **1** 회   대표 기출로 내신 **적중** 모의고사   pp. 66~69

01 ④   **02** ④   **03** ②   **04** ②   **05** ①   **06** is colder than
07 ⑤   **08** ③   **09** ②   **10** They are going to Namsan on Sunday.   **11** ③, ⑤   **12** ⑤   **13** ③   **14** (1) I met a boy whose hobby is taking pictures.   (2) I had lunch at the restaurant whose owner is Canadian.   **15** (1) She hurt her knee while she was playing baseball. / While she was playing baseball, she hurt her knee.   (2) You should wash your hands before you have meals. / Before you have meals, you should wash your hands.   (3) The clerk had to wait until the last customer left.   **16** It looks like they are standing up in a group.   **17** ③   **18** ⑤
19 They sleep near the surface.   **20** ④   **21** ③
22 This small fish whose favorite food is clams uses a tool to open them.   **23** ④   **24** ③   **25** ⓓ → It can change the color of its skin.

01 probably는 '아마도'를 뜻하는 부사이고, 나머지는 모두 형용사이다.

02 ④ '수학적인 방법을 사용해서 수, 답 등을 찾다'는 calculate(계산하다)의 영어 뜻풀이다.

03 up to: ~까지 / give up: 포기하다

|해석| • 그 동물은 매일 나뭇잎을 30킬로그램까지 먹을 수 있다.

• 나는 오디션에 여러 번 떨어졌지만 내 꿈을 포기하지 않았다.

04 문맥상 순서대로 nearby(가까이에, 근처에), blow(불다), appear(나타나다), average(평균의)가 들어가는 것이 알맞다.

|해석| • 근처에 괜찮은 식당이 있니?

• 케이크에 있는 촛불을 모두 불어서 끄자.

• 태양이 구름 뒤에서 나타나기 시작했다.

• 그 기차는 평균 시속 200킬로미터로 달릴 수 있다.

05 ① B가 학교 옆에 있다며 위치를 말하고 있으므로 빈칸에는 박물관의 위치를 궁금해하는 말이 들어가는 것이 알맞다.

|해석| ① 나는 박물관이 어디에 있는지 궁금해.

② 나는 학교가 얼마나 오래되었는지 궁금해.

③ 나는 박물관이 언제 문을 닫는지 몰라.

④ 너는 나에게 학교가 어디에 있는지 말해 줄 수 있니?

⑤ 기사에 따르면 전시회가 다음 주에 박물관에서 열린다.

06 평균 기온이 7월에는 약 섭씨 영하 58도이고, 12월에는 약 섭씨 영하 26도라고 했으므로 7월이 12월보다 더 춥다고 하는 것이 알맞다.

07 ⑤ 남극은 매우 춥지만 눈이 많이 내리지 않는다고 했다.

|해석| ① 그들은 텔레비전에 나온 아기 펭귄들을 보고 있다.

② 지구상에서 가장 추운 곳은 남극이다.

③ 남극의 7월의 평균 기온은 약 섭씨 영하 58도이다.

④ Sally는 남극이 얼마나 추운지 궁금해한다.

⑤ 남극에는 눈이 많이 내린다.

08 밖의 날씨가 아주 좋아서(B) 오늘 오후에 소풍을 가자고 제안하고(D), 좋은 생각이라며 날씨를 확인해 달라고 한(A) 후, 일기 예보에서 오후에 비가 올 거라고 전하자(C) 소풍은 다음에 가자고 말하는(E) 흐름이 되는 것이 자연스럽다.

09 ② 대화의 맨 마지막에 A가 일요일에 보자고 말하는 것으로 보아 A는 일요일에 등산을 같이 가자는 수민이의 제안을 수락했음을 알 수 있다. 따라서 ②는 거절이 아닌 수락하는 표현(I'd love to.)이 되어야 한다.

10 두 사람은 일요일에 남산에 갈 예정이다.

|해석| 그들은 언제 남산에 갈 예정인가?

11 남산의 등산 코스의 개수와 남산까지 가는 방법에 대해서는 대화에 나와 있지 않다.

① 단풍잎을 언급하는 것으로 보아 현재 계절은 가을이다.

② 현재 남산은 빨간 단풍잎으로 덮여 있다고 했다.

④ 남산의 가장 짧은 등산 코스가 두 시간 정도 걸린다고 했다.

12 빈칸을 포함하는 절이 바로 앞의 선행사 a rabbit을 수식하는 역할을 하는 관계대명사절로, 빈칸에는 소유격 대명사를 대신하는 소유격 관계대명사 whose가 알맞다.

13 ③ 잠자리에 든 후에 양치질하는 것을 잊지 말라는 것은 어색하므로 접속사 after(~한 후에)를 before(~하기 전에)로 바꾸어야 자연스럽다.

|해석| ① 그는 식사를 하는 동안 말을 하지 않는다.

② 색이 변할 때까지 새우를 쪄라.

③ 잠자리에 든 후에(→ 들기 전에) 양치질하는 것을 잊지 마.

④ 그들은 일곱 살 때부터 서로 알아 왔다.

⑤ 내가 숙제를 끝냈을 때 밖은 어두웠다.

14 (1) 선행사는 a boy이고 '그 소년(그)의 취미'라는 의미로 소유격 대명사 his를 대신하는 소유격 관계대명사 whose를 사용하여 문장을 쓴다.

(2) 선행사는 the restaurant이고 '그 식당(그곳)의 주인'이라는 의미로 소유격 대명사 its를 대신하는 소유격 관계대명사 whose를 사용하여 문장을 쓴다.

15 (1) 접속사 while은 '~하는 동안'이라는 의미를 나타낸다.

(2) 접속사 before는 '~하기 전에'라는 의미를 나타낸다.

(3) 접속사 until은 '~할 때까지'라는 의미를 나타낸다.

|해석| (1) 그녀는 무릎을 다쳤다. 그녀는 야구를 하고 있었다.

(2) 너는 손을 씻어야 한다. 너는 식사를 한다.

(3) 점원은 기다려야 했다. 마지막 손님이 나갔다.

16 It looks like 뒤에 「주어+동사 ~」로 이루어진 절이 이어지는 문장을 쓴다.

17 (A) '~하는 동안'이라는 의미의 접속사 while이 알맞다.

(B) '~이기 때문에'라는 의미의 이유를 나타내는 접속사 Since가 알맞다.

(C) '~할 때'라는 의미의 접속사 When이 알맞다.

18 ⑤는 명사구 many things를 꾸며 주는 형용사적 용법의 to부정사이고, ⓐ와 나머지는 모두 '~하기 위해서'라는 의미의 목적을 나타내는 부사적 용법의 to부정사이다.

|해석| ① 그들은 상을 타기 위해 최선을 다했다.

② 그는 빵을 좀 사기 위해 제과점에 갔다.

③ Ann은 이메일을 확인하기 위해 컴퓨터를 켰다.

④ 우리 팀은 실수를 하지 않기 위해 열심히 연습했다.

⑤ 해야 할 많은 일들이 있기 때문에 나는 도움이 필요하다.

19 혹등고래는 수면 근처에서 잠을 잔다고 했다.

|해석| 혹등고래는 어디서 자는가?

20 Humpback whales stand on their tails while they sleep.을 통해 잠자는 모습을 알 수 있다. 나머지는 글에 나와 있지 않다.

21 ⓐ는 일반적인 물고기를 가리키고, ⓔ는 the clam을 가리킨다. 나머지는 the tuskfish를 가리킨다.

22 주어가 This small fish이고 소유격 관계대명사가 이끄는 절인 whose favorite food is clams가 주어를 수식하는 구조의 문장이다. 따라서 문장의 동사는 주어에 맞춰 3인칭 단수 동사인 uses로 고쳐 써야 한다.

23 ⓐ giant trevally가 새를 잡는다고 했으므로 새는 giant trevally가 근처에 있으면 '조심해야' 한다는 말이 되는 것이 자연스럽다.

ⓑ giant trevally가 날고 있는 새를 발견하고 그 새의 속도와 거리를 계산할 수 있다고 했으므로 '똑똑하다'고 하는 것이 자연스럽다.

24 ③ giant trevally는 새가 가까이 날고 있을 때 물 밖으로 뛰어올라 새를 잡는다고 했다.

25 ⓓ 문어는 적으로부터 숨기 위해 피부색을 바꿀 수 있다고 했다.

|해석| ⓐ 문어는 몇 개의 팔이 있는가?

ⓑ 문어는 왜 작은 물고기를 먹는가?

ⓒ 문어의 피는 무슨 색인가?

ⓓ 문어는 적으로부터 숨기 위해 무엇을 하는가?

제 2 회 대표 기출로 내신 적중 모의고사   pp. 70~73

01 ④   **02** ②   **03** ⑤   **04** I wonder how high this mountain is.   **05** ①   **06** ④   **07** ③   **08** The Internet says it is about 7,000km long.   **09** ②   **10** They(Camels) can go about two weeks without water.   **11** ③   **12** ②   **13** (1) I have a cat whose name is Dubu. (2) He's the writer whose new book became a bestseller.   **14** ④   **15** (1) Let's play inside until the rain stops. (2) I listened to music after I had dinner. / After I had dinner, I listened to music.   **16** ②   **17** ②   **18** ⓐ → Humpback whales are sleeping in the picture. ⓒ → Humpback whales don't fall asleep completely.   **19** ③   **20** ③   **21** (1) Clams (2) give up (3) a rock   **22** But have you ever seen a fish jump out of the water to catch a bird?   **23** ⑤   **24** ①   **25** ③

01 ④ hide(숨다)의 영어 뜻풀이로 '보이거나 발견될 수 없는 장소에 가거나 머물다'가 알맞다.

02 첫 번째 문장의 빈칸에는 '장소'라는 뜻을 나타내는 명사 spot이 들어가고, 두 번째 문장의 빈칸에는 '발견하다, 찾아내다'라는 뜻을 나타내는 동사 spot이 들어가는 것이 알맞다.

|해석| • 미나와 David는 그 나무를 심기에 좋은 장소를 찾았다.

• 너는 이 두 그림 사이의 차이점을 찾아낼 수 있니?

03 ⑤ up to: ~까지

|해석| ① 보스턴은 이맘때쯤이면 무척 아름답다.

② Anderson 씨는 새 프로젝트를 포기하기로 결정했다.

③ 이 도구는 매일 수많은 사람들에 의해 사용된다.

④ 우리가 공기 없이 지내는 것은 불가능하다.

⑤ 어제는 올해 가장 무더운 날이었다. 기온이 섭씨 43도까지 올라갔다.

04 빈칸 다음에 A가 오르고 있는 산의 높이를 말해 주고 있으므로, 빈칸에는 산이 얼마나 높은지 궁금하다는 말이 오는 것이 알맞다. I wonder 뒤에는 「의문사(how)+형용사(high)+주어(this mountain)+동사(is)」의 어순으로 쓴다.

05 주어진 문장은 함께 가자고 제안하는 내용이므로 이에 대한 수락의 답을 하는 I'd love to. 앞에 오는 것이 알맞다.

06 ④ 남산의 가장 아름다운 풍경을 어디에서 볼 수 있는지에 관해서는 언급되지 않았다.

|해석| ① 그들은 일요일에 무엇을 할 것인가?

② 이맘때 남산의 경치는 어떤가?

③ 지금은 어느 계절인가?

④ 어디에서 남산의 가장 아름다운 경치를 즐길 수 있는가?

⑤ 남산에서 가장 짧은 등산 코스는 얼마나 걸리는가?

07 ③ 버스 정류장이 어디에 있는지 궁금하다는 말에 1005번 버스를 타면 된다고 답하는 것은 어색하다.

|해석| ① A: 남극은 매우 춥지만 눈은 많이 내리지 않아.

　　 B: 흥미롭구나!

② A: 오늘 오후에 소풍 가는 게 어때?

　　 B: 좋은 생각이야. 날씨를 확인해 줄래?

③ A: 나는 버스 정류장이 어디에 있는지 궁금해.

　　 B: 1005번 버스를 타면 돼.

④ A: 태양계에서 가장 큰 행성이 무엇이니?

　　 B: 목성이야.

⑤ A: 신문에 재미있는 내용이 있니?

　　 B: 이 기사에 따르면 고래 가족이 동해에서 발견되었대.

08 인터넷의 정보를 보고하거나 전달할 때 The Internet says ~.(인터넷에 따르면 ~.)라고 표현한다.

09 빈칸 앞에서 낙타들이 사막에서 물 없이 얼마나 오래 지낼 수 있는지 궁금하다고 했고, 빈칸 다음에 인터넷에서 찾은 정보를 말하고 있으므로, 빈칸에는 인터넷에서 정보를 찾아보자는 말이 들어가는 것이 자연스럽다.

|해석| ① 그들은 낙타를 타고 있어.

② 인터넷에서 찾아보자.

③ 그것에 관해 과학 선생님께 물어보는 게 어떠니?

④ 너는 그것에 관해 과학 수업에서 배운 적이 있니?

⑤ 너는 도서관에서 그 책을 빌리는 게 어떠니?

10 낙타들은 사막에서 물 없이 2주 정도 지낼 수 있다고 했다.

|해석| 낙타에 관한 흥미로운 사실

Q: 낙타들은 사막에서 물 없이 얼마나 오래 지내는가?

11 자연스러운 문장으로 배열하면 Look at the man whose hair is blond.가 된다.

12 '~할 때'라는 의미의 시간의 접속사 when을 사용하며, 시간을 나타내는 접속사가 이끄는 부사절은 미래의 의미일지라도 현재시제로 쓴다.

13 각각 소유격 대명사 Its와 His를 대신하는 소유격 관계대명사 whose를 사용하여 두 문장을 연결하며, whose가 대신한 소유격 대명사는 삭제한다.

|해석| (1) 나는 고양이가 있다. 그것의 이름은 두부이다.

(2) 그는 작가이다. 그의 새 책이 베스트셀러가 되었다.

14 ⓐ 관계대명사가 이끄는 절에 주어가 없고 선행사(a robot)가 사물이므로 whose를 주격 관계대명사 which나 that으로 고쳐 써야 한다.

ⓒ '그 소년(그)의 이름'이라는 의미가 되어야 하므로 that을 소유격 대명사를 대신하는 소유격 관계대명사 whose로 고쳐 써야 한다.

|해석| ⓐ 나는 말할 수 있는 로봇을 발명하고 싶다.

ⓑ 나는 색이 빨간 자전거를 살 것이다.

ⓒ 너는 이름이 Eric인 소년을 아니?

ⓓ 그녀는 영화를 보러 가기 전에, 자신의 일을 끝낼 것이다.

15 (1) '~할 때까지'라는 의미의 접속사 until을 사용하여 문장을 완성한다.

(2) '~한 후에'라는 의미의 접속사 after를 사용하여 문장을 완성한다.

16 ② ⓐ의 접속사 since는 '~한 이후로'라는 의미를 나타내므로 '~이기 때문에'라는 의미의 이유를 나타내는 접속사 because로 바꿔 쓸 수 없다.

|해석| ⓐ 우리가 처음 만났을 때부터 나는 그녀를 좋아했다.

ⓑ 나는 삼촌이 런던에 살고 있는 친구가 있다.

17 stand up: 서 있다 / wake up: (잠에서) 깨다

18 ⓐ 그림 속 혹등고래들은 잠을 자고 있다고 했다.

ⓒ 혹등고래는 완전히 잠들지 않는다고 했다.

|해석| ⓐ 그림에서 혹등고래는 놀고 있다.

ⓑ 혹등고래는 수면 근처에서 잠을 잔다.

ⓒ 혹등고래는 항상 완전히 잠이 든다.

ⓓ 혹등고래는 숨을 쉬기 위해 물 밖으로 나올 필요가 있다.

19 '이 작은 물고기(그것)의 가장 좋아하는 먹이'라는 의미가 되어야 하므로 소유격 대명사를 대신하는 소유격 관계대명사 whose가 알맞다.

20 조개는 대개 모래 아래에 숨어 있어서 '쉽게 발견되지 않는다'는 내용이 되어야 tuskfish가 조개가 나타날 때까지 모래에 입김을 분다는 다음 문장과의 연결이 자연스럽다.

|해석| ① 매우 빨리 헤엄쳐 가 버릴 수 있다

② 스스로 움직일 수 없다

③ 쉽게 발견될 수 없다

④ 모래 속에서 먹이를 얻을 수 있다

⑤ 껍데기를 단단히 닫을 수 없다

21 |해석| tuskfish가 가장 좋아하는 먹이인 조개는 단단히 닫혀 있다. 하지만 tuskfish는 포기하지 않는다. 그것은 조개를 여는 데 바위를 이용한다.

22 But 다음에 '너는 ~해 본 적이 있니?'라는 의미를 나타내는 「Have you ever+과거분사(seen) ~?」가 오며, seen의 원형은 see로 지각동사이므로 「지각동사(seen)+목적어(a fish)+목적격보어(jump)」의 형태가 되도록 배열한다. '~하기 위해서'는 목적을 나타내는 부사적 용법의 to부정사로 쓴다.

23 ⑤는 a flying bird를 가리키고, 나머지는 a giant trevally를 가리킨다.

24 ① giant trevally는 170센티미터에 80킬로그램까지 자랄 수 있다고 했다.

25 ③ 뒤에 so로 연결되면서 '그래서 사람들은 나를 흰고래라고도 부른다'라는 말이 나오므로, 온몸이 '하얗다(white)'고 하는 것이 알맞다.

16 정답 및 해설

01 ④　**02** ②　**03** ②　**04** I wonder / I'm curious about
05 (1) I wonder how high it is.　(2) The newspaper says Mt. Everest is about 8,850m high.　**06** ③　**07** how cold, the South Pole　**08** ②　**09** ②　**10** (1) go hiking　(2) red autumn leaves　(3) takes about two hours　**11** ⑤　**12** ③
13 ①　**14** ③, ⑤　**15** ④　**16** (1) 모범답 since he came back from holiday　(2) 모범답 until the snow melted
(3) 모범답 When spring comes　**17** ④　**18** When they wake up, they come out of the water for a deep breath and dive back into the sea.　**19** ③　**20** ⑤　**21** But don't let its size fool you.　**22** ⑤　**23** ⑤　**24** ④　**25** (1) in the Arctic Ocean　(2) fish and clams　(3) when it grows up, its body becomes white

01 ①은 Arctic(북극 (지방)), ②는 smash(때려 부수다, 깨뜨리다), ③은 calculate(계산하다), ⑤는 forecast(예측, 예보)의 영어 뜻풀이다. ④는 discover(발견하다)의 영어 뜻풀이다.

02 up to: ~까지 / go without: ~ 없이 지내다
|해석| • 이 기계는 한 번에 3부까지 복사할 수 있다.
• 나는 일주일 동안 스마트폰 없이 지내는 것이 쉽지 않았다.

03 ② 내 눈물을 '감추기' 위해 얼굴을 돌렸다는 의미가 자연스러우므로 hide(숨기다, 감추다)를 쓰는 것이 알맞다.
|해석| ① John은 자신의 팔로 아기를 꼭 안았다.
② 나는 내 눈물을 발견하기(→ 감추기) 위해 얼굴을 돌렸다.
③ 상자 안에 세 개의 빛나는 금화가 있었다.
④ 화성은 태양으로부터 네 번째 행성이다.
⑤ 할머니를 위한 파티를 여는 데 얼마나 들지 계산해 보자.

04 궁금함을 표현할 때 I wonder ~.나 I'm curious about으로 말할 수 있다.

05 (1) '나는 ~이 궁금해.'는 I wonder ~.를 사용해 표현하며, 뒤에 의문사절이 이어질 때 「의문사+형용사+주어+동사」의 어순으로 쓴다.
(2) '신문에 따르면 ~.'은 The newspaper says ~.로 표현한다.

06 ③ 남극의 평균 기온이 7월에는 약 섭씨 영하 58도이고, 12월에는 약 섭씨 영하 26도라고 했으므로, 7월이 12월보다 더 춥다. 따라서 warmer를 colder로 바꿔 써야 한다.

07 대화에서 미나는 남극이 얼마나 추운지 궁금해했다. wonder 뒤에 이어지는 의문사절은 「의문사(how)+형용사(cold)+주어(it)+동사(is)」의 어순으로 쓴다.
|해석| 미나는 남극이 얼마나 추운지 궁금했고 Tim이 그녀에게 그 답을 알려 주었다.

08 ② 지구상에서 가장 추운 곳은 남극이라고 했다.
|해석| ① 텔레비전에 나온 아기 펭귄들은 무엇을 하고 있는가?
② 지구상에서 가장 추운 곳은 어디인가?
③ 남극에는 얼마나 많은 종이 사는가?
④ 남극에서 3월의 평균 기온은 얼마인가?
⑤ 남극에는 왜 눈이 많이 내리지 않는가?

09 일요일에 등산을 가는데 함께 갈지 물었으므로 이에 대한 수락이나 거절의 말을 해야 한다. 대화의 마지막 말을 통해 일요일에 같이 간다는 것을 알 수 있으므로 빈칸에는 제안을 수락하는 표현이 들어가야 한다.

10 (1) 두 사람은 일요일에 남산으로 등산을 가기로 했다.
(2) 남산은 지금 빨간 단풍잎으로 덮여 있다.
(3) 가장 짧은 등산 코스는 약 두 시간 정도 걸린다고 했다.
|해석| 그들은 일요일에 남산으로 등산을 갈 것이다. 남산은 현재 빨간 단풍잎으로 덮여 있다. 남산에서 가장 짧은 등산 코스는 약 두시간 정도 걸린다.

11 '~할 때'라는 의미의 시간을 나타내는 접속사와 '언제'라는 의미의 의문사 역할을 하는 것은 when이다.
|해석| • Austin은 금메달을 땄을 때 겨우 17살이었다.
• 너는 네가 언제 소포를 보냈는지 기억할 수 있니?

12 첫 번째 빈칸은 '그 소년의(그의) 자전거'라는 의미로 소유격 대명사 his를 대신하는 소유격 관계대명사 whose가 알맞다.
두 번째 빈칸은 빈칸 뒤의 절에 주어가 없고 선행사(the thief)가 사람이므로 주격 관계대명사 who나 that이 알맞다.
|해석| • 자전거를 도난당한 그 소년은 매우 화가 났다.
• 경찰은 어제 자전거를 훔친 도둑을 체포했다.

13 ① who를 '그 친구의 가장 좋아하는 숫자'라는 의미로 소유격 대명사 his(her)를 대신하는 소유격 관계대명사 whose로 고쳐 써야 한다.
|해석| ① 나는 가장 좋아하는 숫자가 1인 친구가 한 명 있다.
② 그녀는 선생님이 말하고 있는 것을 이해할 수 없었다.
③ 그들은 내가 나올 때까지 문 앞에 서 있었다.
④ 지퍼가 고장 난 그 재킷은 나의 것이 아니다.
⑤ 나는 숙제를 다 한 후에 쇼핑을 하러 갈 것이다.

14 ③ '~하는 동안'은 접속사 while로 써야 한다. until은 '~할 때까지'라는 의미의 접속사이다.
⑤ 관계대명사 뒤의 절에 목적어가 없으므로 소유격 관계대명사 whose를 목적격 관계대명사 who(m)나 that으로 고쳐 쓰거나 생략할 수 있다.

15 ④ 빈칸 뒤의 절에 주어가 없고 선행사(the letter)가 사물이므로 주격 관계대명사 which나 that이 들어가야 한다.
①, ③, ⑤ 소유격 관계대명사 whose가 알맞다.
② '누구의'라는 뜻의 의문사 whose가 알맞다.
|해석| ① 그들은 눈이 각기 다른 색인 고양이가 있다.
② 너는 누구의 그림이 상을 탔는지 내게 말해 줄 수 있니?
③ 나는 엄마가 은행에서 일하시는 아이를 만났다.
④ 너는 오늘 아침에 온 편지를 봤니?
⑤ 이름이 Melisa인 소녀가 너를 기다리고 있다.

16 자연스러운 의미가 되도록 주어진 접속사와 말을 연결하여 문장을 완성한다.
|해석| (1) 나는 그가 휴가에서 돌아온 이후로 그를 만나지 못했다.
(2) 나는 눈이 녹을 때까지 집에 머물렀다.
(3) 봄이 오면 나는 많은 나무와 꽃을 심을 것이다.

17 ④ 여기서 Since는 '~이기 때문에'라는 뜻으로 이유를 나타내는 접속사로 쓰였다.

18 혹등고래는 잠에서 깨면 심호흡을 하러 물 밖으로 나왔다가 바다로 다시 뛰어든다고 했다.

|해석| 혹등고래는 잠에서 깨면 무엇을 하는가?

19 (A) 뒤의 them은 조개를 가리키므로 tuskfish가 조개를 '열기' 위해 도구를 사용한다는 의미가 알맞다.

(B) 모래 아래에 숨어 있어서 발견하기 쉽지 않은 조개를 찾는 방법을 설명하고 있으므로 조개가 '나타날' 때까지 모래에 입김을 분다는 의미가 알맞다.

(C) 조개가 단단히 닫혀 있지만 tuskfish는 바위에 내리쳐서 결국 여는 것으로 보아 '포기하지' 않는다는 의미가 알맞다.

20 ⑤ tuskfish가 조개를 열기 위해 바위를 이용한다는 내용은 있지만 tuskfish의 서식지는 글에 나와 있지 않으므로 알 수 없다.

21 사역동사(let)의 목적격보어로 동사원형을 써야 하므로 to fool을 fool로 고쳐 써야 한다.

22 ⑤ 글 속의 spot은 '발견하다'라는 뜻의 동사로 쓰였다.

23 ①, ④, ⑤ 물 밖으로 뛰어올라 날고 있는 새를 잡는다고 했다.

② 글에 나와 있지 않으므로 알 수 없다.

③ 빠르다(quick)고 했다.

|해석| ① 그것은 새를 먹지 않는다.

② 그것은 날고 있는 새에게 먹힐 수 있다.

③ 그것은 매우 느리다.

④ 그것은 물 밖으로 뛰어오르기에는 너무 크다.

⑤ 그것은 날고 있는 새를 잡을 수 있다.

24 주어진 문장은 '그것이 사람들이 Beluga 고래를 흰고래라고 부르는 이유이다.'라는 뜻이므로 'Beluga 고래의 온몸이 하얗다'는 내용 다음에 오는 것이 알맞다.

25 (1) Beluga 고래는 북극해에 산다.

(2) Beluga 고래는 주로 물고기와 조개를 먹는다.

(3) Beluga 고래는 태어날 때는 회색이지만 다 자라면 몸이 흰색이 된다.

|해석| A: 나는 오늘 beluga 고래에 관해 배웠어.

B: 오, 그것은 북극해에 살아, 맞지?

A: 맞아! 그것은 동그란 머리를 가졌고 주로 물고기와 조개를 먹어.

B: 그렇구나. 그것에 관해 다른 건 뭘 배웠니?

A: 그것은 태어날 때 회색이야. 하지만 자라면 몸이 흰색이 돼!

B: 흥미롭구나!

제 4 회 고난도로 내신 **적중** 모의고사   pp.78~81

01 ③ **02** ⑤ **03** (1) up to (2) In the end **04** (1) large it is (2) says it is about 30m long **05** ② **06** the coldest place, doesn't snow **07** The average temperature is about -58℃ in July and -26℃ in December. **08** I wonder how long camels can go without water **09** ② **10** ③ **11** ④ **12** ④ **13** (1) 모범답 my brother drew a picture (2) 모범답 I have kept a diary (3) 모범답 aunt is a famous chef **14** ⓐ → while 이유:「주어+동사 ~」가 있는 절이 왔으므로 전치사 during을 접속사 while로 고쳐야 한다. **15** ② **16** ② **17** 모범답 Many plant and animal species are found only in the rainforests. **18** ③, ④ **19** ② **20** The tuskfish blows on the sand until a clam appears. **21** ②, ⑤ **22** ③ **23** ⓑ → It can calculate the speed and distance of a flying bird. ⓒ → It can grow up to 170cm and 80kg. ⓓ → When the bird flies nearby, the giant trevally jumps out of the water and catches it. **24** ② **25** (1) the ocean floor, small fish (2) The octopus whose favorite food is small fish lives on the ocean floor.

01 ③ '두 장소나 두 물건 사이의 공간'은 distance(거리)의 영어 뜻풀이다.

|해석| ① 바다거북은 멸종 위기에 처한 종이다.

② 우리는 자전거를 고치기 위해 도구를 몇 개 사야 한다.

③ 서울과 부산 사이의 거리는 얼마인가?

④ 오늘 아침에 기온이 영하 10도까지 떨어졌다.

⑤ Monica는 경탄과 놀라움으로 불꽃놀이를 봤다.

02 ⑤ 두 문장 모두 '발견하다'라는 뜻의 동사로 쓰였다.

① 완전한 〈형용사〉 / 완료하다, 끝마치다 〈동사〉

② 책 〈명사〉 / 예약하다 〈동사〉

③ 땅, 육지 〈명사〉 / 내려앉다 〈동사〉

④ 바보 〈명사〉 / 속이다 〈동사〉

|해석| ① 그 프로젝트는 완전한 성공이었다.

너는 그 일을 너 혼자 끝마쳤니?

② 내가 지난달에 너에게 빌려준 책을 돌려줄 수 있니?

그녀는 지금 당장 제주도행 표를 예약할 필요가 있다.

③ 그 땅은 매우 건조해서 식물이 그곳에서 살아남을 수 없다.

너는 새가 저쪽 강 위에 내려앉는 것을 보았니?

④ 내 실수를 알아차렸을 때 내가 바보처럼 느껴졌다.

그 남자는 그 사고에 대해 모두를 속이려고 했다.

⑤ 너는 어떻게 멀리서 나를 발견할 수 있었니?

그 글에서 오류를 발견하면, 그것을 연필로 표시해 줘.

03 (1) up to: ~까지 (2) in the end: 마침내, 결국

04 (1) 대왕고래가 가장 큰 동물이라고 했으므로 얼마나 큰지 궁금해하는 것이 자연스럽다.

(2) 책의 정보에 따르면 대왕고래는 길이가 약 30미터이다.

05 ② 평균 기온이 7월에는 약 섭씨 영하 58도이고, 12월에는 약 섭씨 영하 26도라고 했으므로, 7월이 12월보다 더 춥다는 말이 알맞다.

06 남극은 지구상에서 가장 추운 곳이라고 했으며, 그곳은 매우 춥지만 눈은 많이 내리지 않는다고 했다.

|해석| 남극은 지구상에서 가장 추운 곳이지만, 눈은 많이 내리지 않는다.

07 남극은 평균 기온이 7월에는 약 섭씨 영하 58도이고 12월에는 약 섭씨 영하 26도라고 했다.

|해석| 남극은 얼마나 추운가?

08 인터넷에서 찾은 정보가 낙타들이 물 없이 2주 정도 지낼 수 있다는 내용이므로 빈칸에는 낙타들이 사막에서 물 없이 얼마나 오래 지낼 수 있는지 궁금하다는 내용이 알맞다.

09 ⓐ 두 사람은 낙타에 대해 궁금한 점을 책이 아닌 인터넷에서 찾아본다.
ⓑ 낙타는 사막에서 물 없이 3주가 아닌 2주 정도 지낼 수 있다고 했다.
ⓓ Tony는 언젠가 사막에서 낙타들과 여행을 하고 싶다고 앞으로의 바람을 말했다.

|해석| ⓐ 그들은 그들의 질문에 대한 답을 책에서 찾아본다.
ⓑ 낙타들은 사막에서 물 없이 3주 동안 살 수 있다.
ⓒ 수지는 낙타들이 매우 흥미로운 동물이라고 생각한다.
ⓓ Tony는 현재 사막에서 낙타들과 여행을 하고 있다.

10 첫 번째 빈칸에는 '그 산(그것)의'라는 의미로 소유격 대명사를 대신하는 소유격 관계대명사 whose가 알맞다.
두 번째 빈칸에는 빈칸 뒤의 절에 목적어가 없고 선행사(Most people)가 사람이므로 목적격 관계대명사 who나 whom이 알맞다.
세 번째 빈칸에는 '~하는 것'이라는 의미로 선행사를 포함하는 관계대명사 what이 알맞다.

|해석| 꼭대기가 눈으로 덮여 있는 산을 봐.
• Emma가 집에 초대한 대부분의 사람들이 나타나지 않았다.
• 내가 쇼핑몰에서 산 것을 너에게 보여 줄게.

11 ④의 whose는 '누구의'라는 의미의 의문사이고, 나머지는 소유격 관계대명사 whose이다.

|해석| ① 날개가 분홍색인 요정에 대해 내게 말해 줘.
② Jack은 취미가 축구를 하는 것인 사촌이 있다.
③ 우리는 매우 넓은 정원이 있는 건축가를 찾았다.
④ 나는 누구의 장갑이 책상 위에 남겨져 있는지 모른다.
⑤ 가방이 흰색인 소녀의 이름은 무엇이니?

12 ④ whose는 The novelist를 선행사로 하는 소유격 관계대명사이다.

|해석| ① 개미는 큰 무리를 지어 사는 곤충이다.
② 그는 여기로 이사 온 후로 저 집에서 산다.
③ 우리는 개를 산책시킨 후에 박물관에 갈 것이다.
④ 이야기가 상상력으로 가득한 그 소설가는 내가 가장 좋아하는 작가이다.
⑤ 옥상에 아름다운 정원이 있는 건물을 봐.

13 (1) while: ~하는 동안에
(2) since: ~한 이후로
(3) 소유격 관계대명사 whose가 이끄는 관계대명사절이 선행사 a friend를 수식하도록 문장을 완성한다.

14 |해석| ⓐ 나는 David가 식물에 물을 주는 동안 바닥을 대걸레로 닦았다.
ⓑ 우리는 그가 도착할 때까지 기다려야 한다.
ⓒ 결정을 내리기 전에 신중하게 생각해라.

ⓓ 너는 성이 Smith인 노인을 아니?

15 ② '사람들의(그들의) 집'이라는 의미로 소유격을 대신하는 관계대명사가 필요하므로 whose로 고쳐 써야 한다.

|해석| • 겨울은 가을 뒤에 오는 계절이다.
• 집들이 태풍에 의해 부서진 많은 사람들이 있다.
• 그림이 미술관에 있는 그 남자는 내 이웃이다.
• 네가 휴가에서 돌아올 때까지 내가 네 고양이들을 돌봐 줄게.
• 나는 열 살 때부터 피아노를 쳐 왔다.

16 ⓐ 주어가 「분수+of+명사」인 경우 동사는 of 뒤의 명사의 수에 일치시키므로 are가 아닌 is가 되어야 한다.
ⓒ that이 아니라 '무엇'이라는 의미의 의문사 what이 쓰여야 한다.

17 '서로 유사한 특징을 가진 동물이나 식물군'은 species((분류상의) 종)의 영어 뜻풀이다.

18 ③ 혹등고래는 잠을 자는 동안 꼬리로 서 있다고 했다.
④ 혹등고래는 수면 근처에서 잠을 잔다고 했다.

|해석| ① Ray: 지구의 3분의 2는 대양으로 덮여 있다.
② Amy: 대양은 수많은 종의 서식지이다.
③ 태호: 혹등고래는 잠을 자는 동안 머리로(→ 꼬리로) 서 있다.
④ 지나: 혹등고래는 수면에서 멀리 떨어져서(→ 수면 근처에서) 잠을 잔다.
⑤ Joe: 혹등고래는 잠에서 깨면 숨을 쉬기 위해 물 밖으로 나온다.

19 ② so는 '그래서'라는 뜻으로 so 뒤의 절의 내용이 so 앞의 내용의 결과를 나타내므로 위치를 바꿔 쓰면 내용이 완전히 달라진다.

20 '~할 때까지'를 뜻하는 접속사 until을 사용하고, 주절과 부사절의 동사를 단수형으로 쓰는 것에 유의한다.

21 조개가 얼마 동안 닫혀 있는지와 tuskfish가 먹을 수 있는 조개의 수는 글을 통해 알 수 없다.

22 새가 물고기를 잡기 위해 바다로 날아 내려가는 것을 본 적이 있을 것이라는 첫 문장 다음에는 역접의 접속사(But)로 그 반대의 상황인 물고기가 새를 잡기 위해 물 밖으로 뛰어오르는 것을 본 적이 있는지 묻고(B), giant trevally가 주변에 있을 때 새들은 조심해야 한다는 말(D) 뒤에 그 물고기의 크기를 설명한(A) 후, 그 크기에 속지 말라고(C) 하는 흐름이 자연스럽다.

23 ⓑ 날고 있는 새의 속도와 거리를 계산할 수 있다고 했다.
ⓒ 170센티미터에 80킬로그램까지 자랄 수 있다고 했다.
ⓓ 새가 가까이에 날고 있을 때 물 밖으로 뛰어올라 새를 잡는다고 했다.

|해석| ⓐ giant trevally가 가장 좋아하는 먹이는 무엇인가?
ⓑ giant trevally는 무엇을 계산할 수 있는가?
ⓒ giant trevally는 얼마나 크게 자랄 수 있는가?
ⓓ giant trevally는 어떻게 새를 잡는가?
ⓔ giant trevally는 얼마나 높이 물 밖으로 뛰어오를 수 있는가?

24 ② 팔이 8개라는 설명만 나와 있다.

25 (1) 문어는 바다 바닥에 살고, 가장 좋아하는 먹이는 작은 물고기라고 했다.
(2) 소유격 대명사(Its)를 대신하는 소유격 관계대명사 whose를 사용하여 두 문장을 연결한다.

Lesson 8
Up to You

STEP A

A 01 ~하기로 되어 있는(예정된)
02 쏟아지다, 흐르다, 쏟다
03 고맙게 생각하다
04 실제로, 사실은
05 기여하다, 공헌하다
06 (신문 기사 등의) 표제
07 기술하다, 묘사하다
08 청중, 관중
09 실망한, 낙담한
10 상인
11 졸업(식)
12 후회하다
13 충격을 받은
14 보도하다, 기사, 보도
15 실수로
16 기부하다
17 믿을 수 없는, 믿기 어려운
18 보통의, 평범한
19 원래(는), 처음에는, 본래
20 ~보다는

B 21 habit
22 drop
23 invention
24 moment
25 move
26 score
27 graduate
28 dynamite
29 line
30 station
31 chain
32 fault
33 deeply
34 play
35 wish
36 voice
37 create
38 dirty
39 over
40 proud

C 01 ~와 어울려 지내다
02 (늦게까지) 안 자다, 깨어 있다
03 어려움에 처한
04 A를 B로 생각하다
05 눈길을 끌다
06 미루다, 연기하다
07 ~와 연락하고 지내다
08 놀라서
09 ~에서 눈을 뗄 수 없다
10 숨을 고르다

A 1 drop, 떨어뜨리다　2 contribute, 기여하다, 공헌하다
3 unbelievable, 믿을 수 없는, 믿기 어려운
4 regret, 후회하다　5 due, ~하기로 되어 있는(예정된)
6 score, 득점하다　7 disappointed, 실망한, 낙담한
8 headline, (신문 기사 등의) 표제

B 1 normal　2 educator　3 originally　4 invention
5 unbelievable

C 1 describe　2 due　3 normal　4 spill　5 originally

D 1 hang out with　2 stay up　3 put off　4 in surprise
5 rather than

C |해석| 1. 나에게 그를 묘사해 줄 수 있니?
2. 다음 기차는 5분 후에 예정되어 있다.
3. 우리의 보통 업무 시간은 9시부터 5시까지이다.
4. 그 갑작스러운 충격이 그녀가 커피를 온 바닥에 쏟게 했다.
5. 그 집이 처음 지어졌던 날짜를 확인해 보자.

01 ④　02 ④　03 up　04 ①　05 ①　06 ④
07 participate in　08 catch my breath

01 ④ normal(보통의, 평범한)과 unusual(특이한, 흔치 않은)은 반의어 관계이고, 나머지는 모두 유의어 관계이다.
|해석| ① 감동시키다 ② 잘못 ③ 실제로, 사실은 ⑤ 소리치다

02 빈칸에는 '믿을 수 없는, 믿기 어려운'을 뜻하는 unbelievable이 들어가는 것이 알맞다.
|해석| 그 이야기는 믿기 어려울 수 있지만, 그것은 사실이다.

03 give up: 포기하다
stay up: (늦게까지) 안 자다, 깨어 있다
|해석| • 나는 내 꿈을 이룰 때까지 포기하지 않을 것이다.
• 그녀는 그 책을 읽기 위해 밤에 늦게까지 깨어 있었다.

04 ① on purpose는 '고의로, 일부러'라는 뜻으로 mistakenly(실수로)의 뜻풀이로 알맞지 않다.
|해석| ② 떨어뜨리다: 무언가가 떨어지게 하다
③ 원래(는), 처음에는, 본래: 처음에는
④ 기술하다, 묘사하다: 무언가에 대해 설명하다
⑤ 보도하다: 신문이나 TV 등을 통해 어떤 것에 대해 정보를 주다

05 ① thanks to는 '~ 덕분에'라는 뜻으로 쓰인다.
|해석| ① 네 도움 덕분에 우리는 성공적이었어.
② 너는 더 이상 결정을 미루면 안 돼.
③ 갑자기 빨간 무언가가 내 눈길을 끌었다.
④ 그녀는 잠시도 그 아이에게서 눈을 뗄 수 없다.
⑤ 나는 오늘 저녁에 외출하기보다는 집에 머물고 싶다.

06 주어진 문장과 ④의 move는 '감동시키다'의 뜻으로 쓰였다.

①, ③ 이사하다 ②, ⑤ 움직이다

|해석| 그의 연설은 관중을 크게 감동시켰다.

① 우리 가족은 새 아파트로 이사했다.

② David는 주방을 향하여 움직였다.

③ Jill은 지난달 보스턴으로 이사했다.

④ 그 여자의 이야기는 그를 정말 감동시켰다.

⑤ 움직이지 마. 네 등에 거미가 있어.

07 '~에 참가하다'는 participate in을 쓴다.

08 '숨을 고르다'는 catch one's breath로 쓴다.

 Listen & Speak 만점 노트   pp. 90~91

Q1 Because he had a bad stomachache.

Q2 ⓑ

Q3 나는 그것을 마지막 순간까지 미루지 말았어야 했어.

Q4 he(she) didn't take an umbrella

Q5 He is going to read lots of books.

Q6 T

Q7 F

Q8 B가 관중을 감동시키기를 바란다.

Q9 She is reading graduation messages from her classmates.

Q10 그녀는 학급 친구들과 더 많은 시간을 보내지 않은 것을 후회한다.

 Listen & Speak 빈칸 채우기   pp. 92~93

1 late for class, I should have eaten

2 stayed up late, had to finish, shouldn't have put it off, bad habits

3 got caught, I should have taken

4 during the vacation, What about you, I'm planning to visit, I hope you

5 are you ready for, take part in, I don't think, do my best, win the contest

6 sing in the school festival, move the audience, I hope so

7 I'm reading graduation messages, looks like, What else, hang out enough with, I should have spent more time, I hope you keep in touch with

---

 Listen & Speak 대화 순서 배열하기   pp. 94~95

1 ⓓ-ⓐ-ⓒ-ⓑ

2 ⓔ-ⓒ-ⓕ-ⓐ-ⓗ-ⓑ-ⓓ-ⓖ

3 ⓑ-ⓒ-ⓓ-ⓐ

4 ⓓ-ⓐ-ⓒ-ⓑ

5 ⓐ-ⓖ-ⓔ-ⓒ-ⓘ-ⓑ-ⓕ-ⓓ-ⓗ

6 ⓒ-ⓐ-ⓓ-ⓑ

7 ⓑ-ⓖ-ⓘ-ⓙ-ⓓ-ⓕ-ⓚ-ⓔ-ⓐ-ⓒ-ⓗ-ⓛ

Listen & Speak 실전 TEST   pp. 96~97

01 ③ 02 ① 03 ② 04 ③ 05 ③ 06 ② 07 ④ 08 ⑤

09 ⑤

[서술형]

10 I should have spent more time with my classmates

11 (1) What are you going to do during the vacation?

(2) What about you?

(3) I hope you have a wonderful vacation.

12 I should have chained it.

01 「I should have+과거분사 ~.」는 과거의 일에 대한 후회를 나타낼 때 사용하는 표현이다.

02 '나는 우산을 가져왔어야 했어.'라는 뜻의 후회를 나타내는 말이 되는 것이 알맞다. 과거에 하지 않은 일에 대한 후회를 나타낼 때는 「I should have+과거분사 ~.」로 표현한다. 「I shouldn't have+과거분사 ~.」는 '나는 ~하지 말았어야 했어.'라는 뜻으로 과거에 한 일에 대한 후회를 나타낸다.

03 말하기 대회에 나간다는 상대방에게 우승하기를 바란다고 기원하는 말을 하는 것이 알맞다. 상대방에게 기원하는 말을 할 때는 I hope you ~. 를 쓴다.

04 내일 할 일을 묻는 말(C)에 학교 축제에서 노래를 부를 거라고 답(B)하고, 관중을 감동시키기를 바란다고 기원하는 말(D)에 고마움을 표현(A)하는 흐름이 되는 것이 자연스럽다.

05 (A) What's up?: 무슨 일 있니?

(B) stay up: (늦게까지) 안 자다, 깨어 있다

06 주어진 문장은 '아니, 이번엔 아니야.'라는 뜻으로, '너는 또 컴퓨터 게임을 했니?'라는 질문에 대한 응답으로 ②에 들어가는 것이 알맞다.

07 「I shouldn't have+과거분사 ~.」는 과거의 일에 대한 후회를 나타내는 표현으로 (C)는 '나는 그것을 마지막 순간까지 미루지 말았어야 했어.'라는 의미이므로 ④와 의미가 같다.

|해석| ① 나는 그것을 이미 끝냈어.

② 나는 그것을 지난 주말에 끝내야 했어.

③ 나는 그것을 제시간에 해내지 못해 후회스러워.

④ 나는 그것을 마지막 순간까지 미룬 것을 후회해.

⑤ 너는 그것을 마지막 순간까지 미루지 말아야 해.

08 ⑤ 노래 경연 대회에 나가는 친구에게 '네가 대회에서 우승하길 바라.' 라고 기원해 주는 말을 하는 것이 자연스럽다. (→ I hope you win the contest.)

09 ⑤ 재민이가 Tina와 함께 노래를 하고 싶어 한다는 언급은 없었다.

10 과거의 일에 대한 후회를 나타내는 표현인 「I should have+과거분사 ~.」를 사용하여 문장을 완성한다.

11 (1) B가 자신의 계획을 말하는 것으로 보아, A는 방학 동안 무엇을 할지 묻는 말을 하는 것이 알맞다.
(2) 자신이 할 일을 말한 후 상대방에게 되묻는 말을 하는 것이 알맞다.
(3) 대화의 마무리로 방학을 잘 보내기를 바란다고 기원하는 말을 하는 것이 알맞다.

12 과거에 하지 않은 일에 대한 후회를 나타낼 때는 「I should have+과거분사 ~.」를 쓴다.

ⓖ Grammar 핵심 노트 1 p.98

QUICK CHECK
1 (1) Being (2) Sitting (3) Not knowing
2 (1) Walking (2) (Being) Left (3) Not having

1 |해석| (1) 피곤해서 그들은 좀 쉬기로 결정했다.
(2) 해변에 앉아서 그는 아름다운 하늘을 보았다.
(3) 무엇을 해야 할지 몰라서 그는 내게 도움을 요청했다.
2 |해석| (1) 공원에서 걷다가 나는 유명한 영화배우를 만났다.
(2) 혼자 남겨지자 그 아기는 울기 시작했다.
(3) 친구가 없어서 그는 항상 외로웠다.

ⓖ Grammar 핵심 노트 2 p.99

QUICK CHECK
1 (1) had just returned (2) hadn't slept
(3) had already finished
2 (1) had, started (2) had seen (3) had never been

1 |해석| (1) 내가 태어났을 때 우리 아버지는 캐나다에서 막 돌아오셨었다.
(2) 그녀는 잘 자지 못했기 때문에 매우 피곤했다.
(3) 그가 문을 통해 걸어 들어왔을 때, 그의 가족은 이미 저녁 식사를 끝냈었다.
2 |해석| (1) 그가 극장에 도착했을 때, 연극은 이미 시작했었다.
(2) 나는 전에 그 영화를 본 적이 있어서 그것을 보지 않았다.
(3) Olivia는 그곳으로 이사하기 전에 파리에 가 본 적이 없었다.

ⓖ Grammar 연습 문제 1 p.100

A **1** Stopping the car
2 Not knowing the answer
3 Walking my dog in the park
B **1** When I opened the door
2 If you turn left at the corner
3 Because she had a bad cold
C **1** Felt → Feeling
2 Knowing not → Not knowing
3 They smiling → Smiling
4 Work → Working
D **1** Taking this bus
2 (Being) Invited to the party
3 Not finishing the homework

A |해석| 1. 그는 차를 멈춘 후에 문을 열었다.
2. 나는 답을 몰라서 그녀에게 말해 줄 수 없다.
3. 내가 공원에서 개를 산책시켰을 때 나는 내 친구를 만났다.
B |해석| 1. 문을 열었을 때 나는 남동생이 컴퓨터 게임을 하고 있는 것을 보았다.
2. 모퉁이에서 왼쪽으로 돌면, 당신은 그 서점을 찾을 것이다.
3. 독감에 걸려서 그녀는 밖에 나갈 수 없었다.
C |해석| 1. 피곤해서 그는 TV를 끄고 자러 갔다.
2. 뭐라고 말해야 할지 몰라서 나는 침묵을 지켰다.
3. 밝게 웃으며 그들은 악수를 했다.
4. 밤낮으로 일해서 그는 그 과제를 끝냈다.

ⓖ Grammar 연습 문제 2 p.101

A **1** had made **2** had already done **3** had learned
4 had not ordered
B **1** had just started **2** had never seen **3** had lost
4 met
C **1** brought, had, finished
2 had lived, got married
3 met, had been
D **1** died because she hadn't watered them
2 lost the ring that her father had bought for her
3 had already seen the movie before I recommended it

A |해석| 1. 나는 엄마가 만드신 케이크를 한 조각 먹었다.
2. 그녀가 놀러 나갔을 때쯤에 그녀는 이미 숙제를 끝냈었다.
3. 나는 지지난주에 우리가 배웠던 시를 기억할 수 없었다.
4. 그 종업원은 내가 주문하지 않았던 음료를 가져왔다.

B │해석│ 1. 우리가 버스에서 내렸을 때 막 눈이 내리기 시작했었다.

2. 그녀는 알래스카로 이사하기 전에 곰을 전혀 본 적이 없었다.

3. 나는 지갑을 잃어버렸기 때문에 돈이 한 푼도 없었다.

4. 우리가 직접 만나기 전에 나는 그를 TV에서 자주 봤었다.

Ⓖ Grammar 실전 TEST

pp. 102~105

01 ③ 02 ④ 03 ⑤ 04 ③ 05 ④ 06 ⑤ 07 ③ 08 ①
09 ① 10 ① 11 ⑤ 12 ② 13 ③ 14 ② 15 ④ 16 ④
17 ④ 18 ④ 19 ⑤ 20 ③

[서술형]

21 (1) Hearing the news
 (2) Not feeling well
 (3) (Being) Interested in movies

22 (1) Because I don't have any money, I can't buy the bag.
 (2) When I wash the dishes, I sing songs.
 (3) If you leave now, you can catch the train.

23 (1) had already watered the plants
 (2) had already cleaned the board
 (3) had already eaten an apple

24 (1) I had never met him
 (2) he had been sick for years
 (3) Mary had already left for the airport

---

01 분사구문은 부사절의 접속사와 주어를 생략하고, 동사를 현재분사로 써서 나타낸다.
│해석│ Jack은 서울에 머물렀을 때, 많은 재미있는 곳들을 방문했다.

02 문맥상 분사구문이 주절에 대한 이유에 해당하므로 빈칸에는 접속사 Because가 알맞다.
│해석│ 나는 답을 받지 못했기 때문에 그녀에게 다시 편지를 썼다.

03 알람을 설정하는 것을 잊은 것은 늦잠을 잔 것보다 이전의 일이므로, 과거완료 시제인 had forgotten으로 쓴다.
│해석│ 나는 알람을 설정하는 것을 잊었기 때문에 늦잠을 잤다.

04 '벤치에 앉아서 나는 샌드위치와 사과를 먹었다.'라는 뜻이 되는 것이 알맞으므로, 현재분사 Sitting으로 시작하는 분사구문이 되어야 한다.

05 도둑들이 떠난 것이 경찰들이 도착한 것보다 먼저 일어난 일이므로, 주절의 동사를 과거완료(had left) 시제로 쓰고 부사절의 동사를 과거(arrived) 시제로 쓰는 것이 알맞다.
│해석│ 경찰들이 마침내 도착했을 때, 도둑들은 은행을 떠났다.

06 문맥상 '몇 주 동안 비가 내리지 않았어서'라는 뜻이 되는 것이 알맞은데, 과거완료의 부정은 「had not+과거분사」의 형태로 쓰므로 not은 ⑤에 들어가야 한다.
│해석│ 몇 주 동안 비가 내리지 않았어서 땅이 매우 건조했다.

07 내가 집에 도착한 것은 과거(got) 시제로 쓰고, 아버지는 그 이전에 이미 잠자리에 든 상황이므로 과거완료(had gone) 시제로 써야 한다.
│해석│ ① 내가 집에 도착한 후에 아버지는 잠자리에 드셨다.

② 아버지는 내가 집에 도착하기 전에 잠자리에 들지 않으셨다.

④ 아버지는 내가 집에 도착하기 전에 잠자리에 들지 않으신다.

08 ①은 전치사 for 뒤에 쓰인 동명사이고, 나머지는 모두 현재분사이다.
 ②, ⑤ 지각동사의 목적격보어로 쓰인 현재분사
 ③, ④ 분사구문으로 쓰인 현재분사
│해석│ ① 나를 도와줘서 고마워.

② 나는 그 소년이 저기로 달려가고 있는 것을 보았다.

③ 답을 알아서 나는 손을 들었다.

④ 그는 신문을 읽으며 커피를 마셨다.

⑤ 나는 오늘 아침에 그녀가 소리치는 것을 들었다.

09 ① 분사구문으로 시작하는 문장으로, 분사구문의 주체가 he이므로 현재분사로 써야 한다. (→ Seeing)
│해석│ 버스가 모퉁이를 돌아서 오고 있는 것을 봤을 때 그는 달리기 시작했다.

10 ① 스무 살이 된 것이 과거이고, 네 가지의 악기를 배운 것은 그 이전의 일이므로 과거완료 시제로 써야 한다. (→ had learned)
│해석│ 그녀는 스무 살이 되기 전에 네 가지의 악기를 연주하는 것을 배웠다.

11 주어진 우리말을 영어로 옮기면 The concert had already ended by the time I arrived there.이므로, 쓰이지 않는 단어는 have이다.

12 ② 「being+과거분사」 형태의 수동형 분사구문에서 being은 주로 생략된다.
│해석│ 결과가 만족스럽지 않아서 그는 고개를 젓고 울기 시작했다.

13 ③ 그를 본 것은 과거이고, 그가 반지를 찾고 있던 것은 그 이전부터 계속된 일이므로 과거완료 시제로 써야 한다. (→ had looked for)
│해석│ ① 거리를 걸을 때 나는 Simon을 보았다.

② 수영장에 떠 있으면서 그녀는 파란 하늘을 올려다봤다.

③ 내가 그를 보았을 때 그는 한 시간 동안 그의 반지를 찾고 있었다.

④ White 씨는 지난주에 나에게 무슨 일이 일어났었는지 물었다.

⑤ Tom의 질문을 이해하지 못해서 나는 그에게 답을 줄 수 없었다.

14 ② 분사구문은 부사절의 접속사와 주어를 생략하고(부사절과 주절의 주어가 같을 경우), 동사를 현재분사로 써서 나타낸다. 수동형 분사구문(being+과거분사)의 경우 being은 주로 생략한다.
│해석│ Jake는 그 소식에 놀라서 한마디도 할 수 없었다.

15 ④ ⓑ의 분사구문의 주어가 주절의 주어(he)와 일치하므로, 수동형 분사구문(being+과거분사)이 되어야 한다. 이때 being은 생략할 수 있으므로, Filling을 Being filled나 Filled로 써야 한다.
│해석│ ⓐ Ellie를 기다리면서 나는 차를 좀 끓였다.

ⓑ 자부심에 가득 차서 그는 무대를 향해 걸었다.

16 ① 지갑을 잃어버린 주체가 I이므로 that절의 동사는 능동태가 되어야 한다. (had been lost → had lost)
 ② 과거완료의 부정은 「had not+과거분사」의 형태로 쓴다. (had been not → had not been)
 ③ 그리스에 간 과거보다 스페인에서 살았던 것이 더 이전에 있었던 일이므로 과거완료 시제로 써야 한다. (has lived → had lived)
 ⑤ 과거완료 시제는 「had+과거분사」의 형태로 쓴다. (had wait → had waited)

|해석| ① 나는 잃어버렸던 지갑을 찾았다.

② 그는 1997년도 전에 케이프타운에 가 본 적이 없었다.

③ 그녀는 그리스로 가기 전에 스페인에서 살았었다.

④ 파도는 우리가 만든 모래성을 무너뜨렸다.

⑤ Tom이 도착했을 때 그녀는 두 시간 동안 기다렸었다.

17 ④ 주어진 문장의 분사구문은 문맥상 '이유'를 나타내므로, 이유를 나타내는 접속사 because나 as 등이 생략되었다고 추측할 수 있다. 주절의 주어가 I이므로 생략된 주어는 I이고, 시제는 과거이다. 따라서 의미가 같은 문장은 ④이다.

|해석| 아파서 나는 하루 종일 집에 머물렀다.

① 나는 아플 때 하루 종일 집에 머문다.

② 나는 아프기 때문에 하루 종일 집에 머물 것이다.

③ 그녀가 아팠기 때문에 나는 하루 종일 집에 머물렀다.

⑤ 내가 아프다면 나는 하루 종일 집에 머물 텐데.

18 ④ 문맥상 시간을 나타내는 접속사 when이나 while 등이 쓰이는 것이 알맞다. 나머지는 모두 이유를 나타내는 접속사 because가 쓰이는 것이 알맞다.

|해석| ① 피곤해서 Tom은 나가지 않았다.

② 배가 고파서 그녀는 피자 한 판을 먹었다.

③ 치통이 있어서 나는 치과에 갔다.

④ 일기를 쓰면서 그는 라디오를 들었다.

⑤ 그가 거짓말을 하고 있는지 몰라서 나는 그를 믿었다.

19 ⑤ 기차를 타지 못한 과거보다 표를 가져오지 않은 것이 먼저 일어난 일이므로, 부사절에는 과거완료 시제가 쓰여야 한다. 과거완료는 「had+과거분사」의 형태로 쓴다. (→ hadn't brought)

|해석| ① 할 일이 많아서 나는 외출할 수 없었다.

② 그때쯤에 나는 Helen에게 일주일 동안 이야기하지 않았다.

③ 책을 읽으며 Ann은 소파에서 온전히 하루를 보냈다.

④ 내가 도착했을 때 표는 이미 매진이었다.

⑤ 나는 표를 가져오지 않아서 기차를 탈 수 없었다.

20 ⓑ와 ⓓ가 옳은 문장이다.

ⓐ 분사구문의 부정은 현재분사 앞에 not을 써서 나타낸다. (Knowing not → Not knowing)

ⓒ 과거보다 먼저 일어난 일을 나타낼 때는 과거완료 시제를 써야 하는데, 과거완료는 「had+과거분사」의 형태로 쓴다. (rode → ridden)

|해석| ⓐ 무엇을 해야 할지 몰라서 나는 경찰에게 전화했다.

ⓑ 폭설로 덮여 있어서 도로가 매우 위험했다.

ⓒ 그는 그 이전에는 말을 타 본 적이 전혀 없었다.

ⓓ Harry 삼촌은 몇 달 동안 아픈 후에 병원에 갔다.

21 부사절을 분사구문으로 바꿀 때 접속사를 생략하고, 주절의 주어와 같은 경우 부사절의 주어를 생략한 뒤, 부사절의 동사를 현재분사로 바꾼다. 분사구문의 부정은 not을 현재분사 앞에 쓴다. 수동형 분사구문에서 being은 생략할 수 있다.

|해석| (1) 내 여동생은 그 소식을 들었을 때 울고 싶어 했다.

(2) 그는 몸이 좋지 않아서 침대에 머물렀다.

(3) 나는 영화에 흥미가 있어서 적어도 한 달에 두 번씩 영화관에 간다.

22 분사구문은 부사절의 접속사와 주어가 생략되고 동사가 현재분사로 변

형된 형태이다. 접속사는 문맥상 (1)은 이유의 접속사 because, (2)는 시간의 접속사 when, (3)은 조건의 접속사 if를 쓰는 것이 알맞다. 부사절의 주어는 주절의 주어와 동일하게 쓰고 동사는 주절의 시제에 맞춰 쓴다.

|해석| (1) 돈이 전혀 없어서 나는 그 가방을 살 수 없다.

(2) 설거지를 할 때 나는 노래를 부른다.

(3) 지금 떠나면 너는 그 기차를 탈 수 있다.

23 과거완료는 「had+과거분사」의 형태로 과거에 일어난 일보다 먼저 일어난 일을 나타낼 때 쓴다.

|해석| (1) Tom이 문을 열었을 때, Alex는 이미 식물에 물을 주었다.

(2) Tom이 문을 열었을 때, 세호는 이미 칠판을 닦았다.

(3) Tom이 문을 열었을 때, Kate는 이미 사과를 다 먹었다.

24 (1) up to that time은 과거의 시점이고, 그를 만나 본 적이 없는 것은 그보다 더 과거의 일이므로 과거완료 시제로 쓴다.

(2) 그들이 말한 것(과거)보다 그가 아팠던 것이 먼저 일어난 일이므로, 과거완료 시제로 쓴다.

(3) 집에 간 시점(과거)보다 Mary가 떠나 버린 것이 먼저 일어난 일이므로, 과거완료 시제로 쓴다.

Ⓡ Reading 빈칸 채우기   pp. 108~109

01 a normal morning   02 to read   03 caught his eye

04 What is this   05 Reading the article

06 couldn't take his eyes off   07 his own death

08 had died   09 Am I dead   10 kept reading

11 even more shocked   12 described him as

13 had become   14 couldn't believe his eyes

15 one of his many inventions   16 think of him as

17 was deeply disappointed   18 How could

19 unbelievable   20 a merchant of death

21 be remembered   22 made the world better

23 decided to change   24 mistakenly reported

25 had, died   26 to contribute   27 to create

28 there were   29 was added   30 rather than

Ⓡ Reading 바른 어휘 · 어법 고르기   pp. 110~111

01 was   02 to read   03 While   04 What   05 Reading

06 off   07 death   08 had died   09 dead   10 Catching

11 even   12 him   13 that   14 eyes   15 one   16 of

17 disappointed   18 be   19 unbelievable   20 not

21 be remembered   22 who   23 change

24 mistakenly   25 was   26 to contribute   27 decided

28 Originally   29 was added   30 rather than

R Reading 틀린 문장 고치기　　　　pp. 112~113

01 ×, That → It　　02 ×, sitting → sat
03 ×, During → While　　04 ×, Where → What
05 ×, peace → surprise　　06 ×, could → couldn't
07 ○　　08 ×, had been died → had died
09 ×, death → dead　　10 ×, to read → reading
11 ×, less → more　　12 ×, safe → dangerous
13 ×, poor → rich　　14 ○　　15 ×, much → many
16 ×, with → as　　17 ×, slightly → deeply　　18 ○
19 ×, believable → unbelievable　　20 ×, life → death
21 ×, same → different　　22 ×, worse → better　　23 ○
24 ×, correctly → mistakenly　　25 ×, whom → who
26 ×, doing → to do　　27 ×, to win → to create
28 ×, was → were　　29 ○　　30 ×, since → when

R Reading 실전 TEST　　　　pp. 116~119

01 ⑤　　02 ⑤　　03 ②　　04 in　　05 ③, ⑤　　06 ③　　07 ②
08 ④　　09 merchant　　10 ②　　11 ⑤　　12 ②　　13 ①　　14 ②
15 ⑤　　16 ①　　17 ②　　18 ④　　19 ⑤　　20 ③

[서술형]
21 Reading the article
22 surprised, death
23 Catching his breath, Nobel kept reading.
24 France, heart attack, dynamite, war, rich
25 (1) Alfred Nobel's death was mistakenly reported (in a French newspaper).
　 (2) He decided to use his money to create the Nobel Prize.

01 ⓐ와 ⓔ의 to부정사는 목적을 나타내는 부사적 용법으로 쓰였다.
　① 명사적 용법 (목적어)　② 형용사적 용법 (앞의 명사 수식)
　③ 명사적 용법 (보어)　④ 명사적 용법 (진주어)
　|해석| ① 그는 상을 타길 원했다.
　② 그녀는 설거지할 접시가 많다.
　③ 그의 꿈은 사진작가가 되는 것이다.
　④ 거기에서 혼자 수영하는 것은 위험하다.
　⑤ 그는 회의에 제시간에 참석하기 위해 일찍 떠났다.
02 신문을 읽다가 눈길을 끈 것으로, '죽음의 상인, Alfred Nobel 사망하다'를 나타내는 것은 headline(기사 표제)이다.
03 흐름상 '기사를 읽으며'를 뜻하는 분사구문이므로, 때를 나타내는 부사절 ②와 의미가 같다. 시제는 주절과 동일한 과거 시제가 알맞다.
04 in surprise: 놀라서
05 ③ Alfred Nobel이 '죽음의 상인'이라고 기사의 제목으로 실렸다는 내용은 있지만, 그가 상인이 되고 싶었다는 것은 글의 내용과 일치하지

않는다.
　⑤ can't take one's eyes off는 '~에서 눈을 뗄 수 없다'라는 뜻으로, Alfred Nobel이 신문에서 눈을 뗄 수 없었다는 내용은 있지만 그가 눈을 뜰 수 없었다는 것은 글의 내용과 일치하지 않는다.
06 기사가 쓰인 것보다 죽음이 더 먼저 일어난 일이므로, 주절은 과거(said) 시제로 나타내고 명사절은 과거완료(had died) 시제로 나타내는 것이 알맞다.
07 ② catch one's breath는 '숨을 고르다'라는 뜻이므로 ⓑ는 '숨을 고른 후'가 되어야 한다.
08 ④ very는 비교급(more shocked)을 수식할 수 없다. 나머지는 모두 '훨씬'이라는 뜻으로 비교급의 의미를 강조한다.
09 '상품을 대량으로 사고파는 것이 직업인 사람'을 뜻하는 단어는 merchant(상인)이다.
10 ② 자신이 심장 마비로 사망했다는 기사를 읽었고, 이것 때문에 큰 충격을 받기는 했지만 실제로 심장 마비를 일으키지는 않았다.
11 첫 번째 문장에서 Nobel이 실망을 했다고 했고, 마지막 문장에서 그는 자신에 대한 사람들의 견해를 바꾸기로 결심했다는 것으로 보아, 주어진 글의 앞에는 ⑤가 나올 것임을 추측할 수 있다.
12 (A) Nobel이 실망한 상태이므로 '믿을 수 없다(unbelievable)'고 말하는 것이 알맞다.
　(B) '다른(different) 방식으로 기억되고 싶다'가 되는 것이 알맞다.
　(C) '세상을 더 좋게(better) 만든 사람으로 기억되고 싶다'고 하는 것이 알맞다.
13 a person을 선행사로 하는 주격 관계대명사 who가 들어가는 것이 알맞다.
14 우리말을 영어로 옮기면 He decided to change people's opinions about him.이 되므로, 네 번째로 오는 단어는 change이다. decide는 to부정사를 목적어로 쓴다.
15 ⑤ 주어가 A sixth award이므로, '추가되었다'라는 뜻의 수동태 was added가 되는 것이 알맞다.
16 (A) thanks to: ~ 덕분에
　(B) contribute to: ~에 공헌(기여)하다
17 originally는 '처음에는'이라는 뜻으로, at first와 바꿔 쓸 수 있다.
18 '다이너마이트보다는 노벨상을 떠올린다'라는 뜻이 되는 것이 자연스러우므로, '~보다는'을 뜻하는 rather than이 들어가는 것이 알맞다.
19 ⑤ 노벨상은 원래는 다섯 종류였는데 1968년에 한 종류가 추가되어 여섯 종류의 상이 있다.
20 ⓑ 1888년에 한 프랑스 신문이 Alfred Nobel의 죽음을 보도했지만 그것은 오보였으며, 주어진 글을 통해서는 그가 죽은 연도를 알 수 없다.
　ⓒ Ludvig와 Alfred Nobel은 형제지간이었다.
　|해석| ⓐ 한 프랑스 신문이 Alfred Nobel의 죽음을 보도했다.
　ⓑ Alfred Nobel은 1888년에 죽었다.
　ⓒ Ludvig는 Alfred Nobel의 아버지였다.
　ⓓ Alfred Nobel은 그의 돈을 노벨상을 만드는 데 사용했다.
21 부사절을 분사구문으로 바꿀 때, 접속사를 생략하고 주절과 부사절의 주어가 같은 경우 부사절의 주어를 생략한 후, 동사를 현재분사로 바꿔 쓴다.

22 |해석| 어느 날 아침, Alfred Nobel은 자신의 죽음에 대한 기사를 읽고 놀랐다.

23 분사구문은 부사절과 주절의 주어가 같을 경우 부사절의 접속사와 주어를 생략하고, 동사를 현재분사로 써서 나타낸다. '숨을 고르다'는 catch one's breath로 쓰고, '계속 ~하다'는 「keep+동명사」로 쓴다.

24 |해석| Alfred Nobel이 어제 프랑스에서 심장 마비로 사망했다. 그는 전쟁에 쓰이는 다이너마이트와 다른 위험한 물건들의 발명가였다. 그는 다른 사람들의 죽음으로 인해 부유해졌다.

25 (1) Alfred Nobel의 죽음이 한 프랑스의 신문에 실수로 보도되었다.
(2) Alfred Nobel은 자신의 돈을 노벨상을 만드는 데 사용하기로 결정했다.
|해석| (1) 1888년에 무엇이 실수로 보도되었는가?
(2) 1895년에 Alfred Nobel은 무엇을 하기로 결정하는가?

 기타 지문 **실전 TEST** p.121

01 ⑤ **02** ① **03** ③ **04** ③ **05** ② **06** (1) he had died (yesterday in France) from a heart attack (2) he had become rich from the deaths of others

01 (A) catch one's eye: 눈길을 끌다
(B) can't take one's eyes off: ~에서 눈을 뗄 수 없다
(C) can't believe one's eyes: 자신의 눈을 의심하다, 자신의 눈을 믿을 수 없다

02 ① '올해를 뒤돌아보니'라는 뜻의 분사구문이 되는 것이 알맞다. 분사구문에서 생략된 주어가 주절의 주어(I)와 같으므로, Looked가 아니라 Looking이 되어야 한다.

03 '기부하기 전에는 가끔 접시에 음식을 남겼는데 이제는 음식을 감사히 여긴다'는 내용이 되는 것이 알맞으므로, 빈칸에는 '~하기 전에'를 뜻하는 접속사 Before가 들어가는 것이 알맞다.

04 ③ 글쓴이는 돈을 모으려고 한 달 동안 간식을 사지 않았다.

05 Alfred Nobel이 만든 다이너마이트를 비롯한 위험한 물건들로 인해 많은 사람들이 죽었다는 내용이므로, 그를 '죽음(death)의 상인'으로 묘사하는 것이 알맞다.

06 (1) 기사는 Alfred Nobel이 심장 마비로 죽었다고 했다. 보도된 것보다 그가 죽은 것이 먼저 일어난 일이므로 과거완료 시제로 쓴다.
(2) 기사는 그가 다른 사람들의 죽음으로 인해 부유해졌다고 했다. 보도된 것보다 그가 부유해진 것이 먼저 일어난 일이므로 과거완료 시제로 쓴다.
|해석| A: 너는 Alfred Nobel의 죽음에 관한 기사를 읽었니? 그는 왜 죽었니?
B: 응. 기사에는 그가 (어제 프랑스에서) 심장 마비로 사망했다고 쓰여 있었어.
A: 그는 부유했잖아, 그렇지 않니?
B: 맞아. 기사에는 그가 다른 사람들의 죽음으로 인해 부유해졌다고 쓰여 있었어.

STEP B

W Words 고득점 맞기 pp.122~123

01 ⑤ **02** ⑤ **03** ① **04** ⑤ **05** ③ **06** ④ **07** ④
08 report **09** ① **10** ① **11** ① **12** ③ **13** ③ **14** ⑤

01 ⑤ unbelievable(믿을 수 없는, 믿기 어려운)은 형용사이고, 나머지는 모두 명사이다.
|해석| ① 습관 ② 발명(품) ③ 졸업(식) ④ 청중, 관중

02 '어떤 일이 일어나도록 돕다'는 contribute(기여하다, 공헌하다)의 설명이다.
|해석| ① 후회하다 ② 기술하다, 묘사하다 ③ 졸업하다 ④ 고맙게 생각하다

03 첫 번째 빈칸에는 '방울'이라는 뜻의 명사 drop이 들어가고, 두 번째 빈칸에는 '떨어뜨리다'라는 뜻의 동사 drop이 들어가는 것이 알맞다.
|해석| • 나는 빗방울을 느낀 것 같았다.
• 그 접시를 떨어뜨리지 않도록 주의해 주세요.

04 ⑤ Thomas Edison이 '발명품(inventions)'을 만들었다고 해야 알맞다. inventor는 '발명가'라는 뜻이다.
|해석| ① 다음 버스는 몇 시에 예정되어 있니?
② 나는 주스를 온 책상에 쏟았다.
③ 그 책은 처음에는 1935년에 출판되었다.
④ 그건 내 잘못이다. 나는 그에게 너의 메시지를 전하는 걸 잊어버렸다.
⑤ Thomas Edison은 일생 동안 1,000개 이상의 발명가를(→ 발명품을) 만들었다.

05 shocked는 '충격을 받은'이라는 뜻으로, '매우 놀란(surprised)'이라는 뜻풀이가 되는 것이 알맞다.

06 ④ originally는 '원래(는), 처음에는'이라는 뜻이고 finally는 '마침내, 마지막으로'라는 뜻이므로 알맞지 않다.
|해석| ① 내가 원하는 것은 오직 평범한 삶을 사는 것이다.
② 나는 사람들의 친절함에 정말 감동받았다.
③ 더 많은 사람들이 선거에 참여해야 한다.
④ 그 건물은 원래는 감옥으로 사용되었다.
⑤ 그 보고서는 실수로 컴퓨터에서 지워졌다.

07 ④ 두 문장 모두에서 move는 '감동시키다'라는 뜻의 동사로 사용되었는데, 수동태로 쓰였으므로 '감동받다'라는 의미가 된다.
① 잠깐 / 순간 ② 선 / (연극, 영화의) 대사
③ 내려 주다 / 떨어뜨리다 ⑤ 유감 / 후회하다
|해석| ① 잠깐 기다려주실래요?
마지막 순간까지 그걸 내버려두지 마.
② 그는 결승선을 향해 달렸다.
나는 전체 연극에서 오직 두 마디의 대사만 있었다.
③ 내가 너를 모퉁이에서 내려 줄게, 알겠지?
내가 선글라스를 떨어뜨려서 그것이 부서졌다.
④ 나는 그 영화에 대단히 감동받았다.

관중은 그의 연설에 크게 감동받았다.

⑤ 그녀는 Virginia의 죽음에 유감을 표했다.

나는 모자들이 할인 중일 때 더 사지 않은 것을 후회한다.

08 첫 번째 빈칸에는 '보도하다'라는 뜻의 동사 report가 알맞고, 두 번째 빈칸에는 '기사, 보도'라는 뜻의 명사 report가 알맞다.

|해석| • 저널리스트들은 뉴스를 창작하지 말고 보도해야 한다.

• 뉴스 보도에 따르면, 시청은 화재로 전소되었다.

09 빈칸 ⓐ에는 appreciate(고맙게 생각하다), ⓑ에는 graduation(졸업), ⓒ에는 merchant(상인), ⓓ에는 disappointed(실망한, 낙담한)가 들어가는 것이 알맞다. 쓰이지 않는 단어는 spill(쏟아지다, 흐르다, 쏟다)이다.

|해석| ⓐ 너의 모든 도움에 정말 고맙게 생각해.

ⓑ 그것은 졸업 후 나의 첫 번째 직업이었다.

ⓒ 그 상인은 거리에서 과일을 팔고 있다.

ⓓ 방문객들은 그 박물관이 닫힌 것을 알고 실망했다.

10 ① in surprise는 '놀라서'라는 뜻으로 쓰인다.

② catch one's breath: 숨을 고르다

③ hang out with: ~와 어울려 지내다

④ keep in touch with: ~와 연락하고 지내다

⑤ stay up: (늦게까지) 안 자다, 깨어 있다

|해석| ① Tom은 놀라서 그의 엄마를 쳐다봤다.

② 나는 숨을 고르기 위해 달리기를 멈춰야 했다.

③ 나는 Eric이 누구와 어울려 지내는지 정말 모른다.

④ 너는 학교 친구들과 연락하고 지내니?

⑤ 나는 TV로 올림픽을 보기 위해 늦게까지 깨어 있었다.

11 첫 번째는 due(~하기로 되어 있는(예정된))의 뜻풀이고, 두 번째는 regret(후회하다)의 뜻풀이다.

|해석| • 특정한 때에 일어나도록 기대되는

• 당신이 하거나 하지 않은 어떤 것에 대해 유감이나 불만족스러움을 느끼다

12 thanks to: ~ 덕분에 / give up: 포기하다 / rather than: ~보다는

|해석| • Sandy 덕분에, 나는 과학 프로젝트를 끝낼 수 있었다.

• 힘든 시간이었지만 우리는 결코 포기하지 않았다.

• 나는 동물보다는 사람의 사진을 찍는 것을 선호한다.

13 첫 번째 빈칸에는 describe(기술하다, 묘사하다)가 들어가고, 두 번째 빈칸에는 spill(쏟다)의 과거형이 들어가며, 세 번째 빈칸에는 deeply (깊이, 크게)가 들어간다.

|해석| • 내가 어떻게 느끼는지 묘사하는 것은 어렵다.

• Jake는 바닥에 팝콘을 모두 쏟았다.

• Monica는 그녀의 남동생에게 했던 말을 크게 후회했다.

14 '당신이 바라던 어떤 일이 일어나지 않아 기쁘지 않은'은 disappointed (실망한, 낙담한)의 영어 뜻풀이로, ⑤의 문장에 쓰였다.

|해석| ① 우리는 너무 충격을 받아서 말을 할 수 없었다.

② 그 도서관 책들은 언제 반납 예정이니?

③ 우리는 그녀의 실제 태어난 날을 모른다.

④ 나는 그 소설의 결말이 약간 믿기 어렵다고 생각한다.

⑤ 나는 그녀가 내 생일 파티에 오지 않았을 때 크게 실망했다.

---

01 ③ **02** ④ **03** ⑤ **04** ⑤ **05** (B)-(A)-(D)-(C) **06** ⑤

[서술형]

07 (1) I failed the test. (2) have studied hard

08 I hope you win the contest.

09 (1) the singing contest (2) a really nice voice
(3) do my best

10 I shouldn't have put it off until the last moment.

11 ⓑ → Jiho finished his history project last night.

12 (모범답) Yes. I should have been more active in classes.

---

01 왜 수업에 늦었는지 묻자 배가 아팠다고 했으므로, B는 ③ '나는 어젯 밤에 덜 먹었어야 했어.'라고 후회하는 말을 하는 것이 알맞다.

|해석| ① 나는 네가 곧 낫길 바라.

② 너는 의사한테 꼭 가 봐.

④ 너는 물을 더 자주 마셔야 해.

⑤ 나는 어제 너에게 전화하지 말았어야 했어.

02 축구를 할 거라는 상대방에게 '네가 골을 넣기를 바라.'라고 기원하는 말을 하는 것이 알맞다. 기원하는 말은 I hope you ~. 등으로 하는데, ④ I wonder ~.는 궁금함을 표현하는 말이므로 알맞지 않다.

03 ⑤ A가 많은 학교 행사에 참여하지 않았던 것을 후회하고 있으므로, B는 A에게 고등학교에서는 많은 학교 행사에 참여하길 바란다고 기원 하는 말을 하는 것이 알맞다. (→ I hope you take part in ~.)

04 '나는 ~했어야 했다.'라는 뜻으로 과거 사실에 대한 후회를 나타낼 때는 「I should have+과거분사 ~.」로 표현한다. 따라서 I should have taken an umbrella.가 되어야 하므로 must는 쓰이지 않는 단어이다.

05 친구들이 자신의 미소를 좋아한다고 써 주었다는 말 뒤에 다른 건 없냐 고 묻는 말(B)이 이어지고, 친구들과 충분히 어울리지 않았다고 했다는 말(A)에 상대방을 옹호해 주는 말(D)이 이어진 후, 친구들과 더 많은 시 간을 보냈어야 했다는 후회의 말(C)이 오는 것이 자연스럽다.

06 ⑤ 친구들과 충분히 어울리지 못했다는 상대방에게 졸업 후에도 친구 들과 연락하고 지내라고 기원하는 것이 알맞다.

|해석| ① 학급 친구들에게 메시지를 받다

② 가족과 더 많은 시간을 보내다

③ 견학 여행에서 즐거운 시간을 보내다

④ 선생님들과 충분히 어울려 지내다

⑤ 졸업 후에 학급 친구들과 계속 연락하다

07 (1) 무슨 일이 있는지 묻는 말에 소라는 '시험에서 떨어졌다'라고 답하는 것이 알맞다.

(2) 후회를 나타내는 표현인 「I should have+과거분사 ~.」를 사용하 여 '나는 열심히 공부했어야 했다.'라는 뜻의 문장을 완성한다.

|해석| 소라는 낙담한 듯 보인다. 그녀는 시험에서 떨어졌다. 그녀는 열 심히 공부하지 않은 것을 후회한다.

08 '나는 네가 ~하기를 바란다.'라는 뜻으로 상대방에게 기원하는 말을 할 때는 I hope you ~.를 쓴다.

09 (1) 재민이는 노래 경연 대회를 포기하려고 했다.

(2) Tina는 재민이에게 정말 멋진 목소리를 가졌다며 격려의 말을 해

주었다.

(3) 재민이는 Tina의 격려에 힘을 얻어 대회에서 최선을 다하겠다고 했다.

|해석| 나는 노래 경연 대회를 포기할까 생각 중이었다. 그런데 Tina는 내가 정말 멋진 목소리를 가졌다고 생각한다고 내게 말했다. 나는 그녀의 말을 정말 고맙게 생각한다. 그녀 덕분에 나는 경연 대회에서 최선을 다할 것이다.

10 밑줄 친 말은 '나는 그것을 마지막 순간까지 미룬 것을 후회해.'라는 뜻으로, '나는 ~하지 말았어야 했다.'를 뜻하는 「I shouldn't have+과거분사 ~.」를 사용하여 바꿔 쓴다.

11 ⓑ 지호가 어젯밤에 한 일은 역사 과제를 끝낸 것이었다.

|해석| ⓐ 지호는 어젯밤에 늦게까지 깨어 있어서 피곤하다.

ⓑ 지호는 어젯밤에 컴퓨터 게임을 했다.

ⓒ 역사 과제는 오늘까지이다.

ⓓ 지호는 그의 나쁜 습관을 고치고 싶어 한다.

12 '나는 ~했어야 했다.'라는 뜻으로 후회를 나타낼 때는 「I should have+과거분사 ~.」로 쓴다.

|해석| 당신은 중학교 생활에서 후회하는 것이 있는가?

G Grammar 고득점 맞기   pp. 128~130

01 ⑤   **02** ④   **03** ②, ③   **04** ③   **05** ①, ④   **06** ③   **07** ④
08 ②, ③   **09** ⑤   **10** ⑤   **11** ②   **12** ②   **13** ①

[서술형]

14 (1) returned, had finished
(2) happened, had worked
(3) thanked, had done

15 (1) Not knowing the way, she had to ask for directions.
(2) Returning to my hometown, I found everything had changed.
(3) (Being) Shocked by the news, all the students started to ask the teacher questions.

16 (1) had already cleaned the house
(2) had just finished her homework
(3) had just gone to sleep

17 (1) let, had changed
(2) found, had lost

18 ⓐ → Not having any friends, he was very lonely.
ⓓ → (Being) Chosen to be the class president, he was proud of himself.

---

01 첫 번째 문장에서 미안해했던 상황보다 이야기를 말해 주지 않았던 일이 먼저 일어난 일이므로, that절의 동사를 과거완료(had+과거분사) 시제로 써야 한다. 두 번째 문장에서 모델이 도착한 시점이 그녀가 그림을 그리기 시작한 시점보다 나중이므로, 부사절은 과거 시제로 써야 한다.

|해석| • Bob은 내게 그 이야기를 말해 주지 않았던 것을 미안해했다.

• 그녀는 모델이 도착했을 때 이미 그림을 그리기 시작했었다.

02 부사절의 주어가 주절의 주어와 일치하므로, 부사절에서 접속사와 주어를 생략하고 동사 fell을 현재분사 falling으로 바꿔 쓴다.

|해석| Alice는 토끼 굴 아래로 떨어지는 동안 그녀의 삶에 대해 생각했다.

03 이유를 나타내는 분사구문으로 시작하는 문장이 되는 것이 알맞다. 분사구문에서 생략된 주어는 주절의 주어(the book)와 같으므로, 「being+과거분사」 형태의 수동형 분사구문이 되어야 하는데, being은 생략할 수 있다.

|해석| 쉬운 영어로 쓰여 있어서 그 책은 읽기 쉽다.

04 ③ 연습을 하지 않았던 것이 경기에서 진 것보다 먼저 일어난 일이므로, 부사절은 과거완료 시제가 되는 것이 알맞다. (→ had)

05 우리말을 분사구문을 포함하여 영어로 옮기면 Not having enough time, I took a taxi.가 된다.

06 ⓑ와 ⓒ의 분사구문은 동시 동작을 나타내므로 접속사 while을 쓰는 것이 알맞다. ⓐ와 ⓓ의 분사구문은 이유를 나타낸다.

|해석| ⓐ 집에 머무는 것을 좋아하지 않아서 그는 집에서 나왔다.

ⓑ 잔디에 앉아서 우리는 케이크를 먹고 커피를 마셨다.

ⓒ 기뻐서 소리를 지르며 Janet은 깡충깡충 뛰었다.

ⓓ 할 일이 아무것도 남지 않아서 Julie는 집에 갔다.

07 ④ 분사구문을 부사절로 바꿀 때 주절의 시제(과거)에 일치시켜야 하므로, don't를 didn't로 고쳐야 한다.

|해석| 내 여권을 잃어버리고 싶지 않아서 나는 그것을 아버지께 드렸다.

08 ②와 ③은 옳은 문장이다.

① 수동형 분사구문은 「being+과거분사」로 쓰므로, Been tired를 Being tired로 고쳐야 한다.

④ 결과를 안 시점보다 예상했던 것이 더 이전의 일이므로, have expected를 과거완료(had expected) 시제로 고쳐야 한다.

⑤ '콘서트가 시작하기 전에 표가 모두 팔렸다.'라는 뜻이 되는 것이 알맞으므로, 부사절은 과거(had begun → began) 시제가 되고 주절은 더 이전의 과거를 나타내는 과거완료(sold out → had sold out) 시제가 되어야 한다.

|해석| ① 피곤해서 그는 쉬려고 앉았다.

② 남동생을 봤을 때 그녀는 손을 흔들었다.

③ Tim은 Freddy가 그 방을 이미 청소했다고 말했다.

④ 내 시험 결과는 내가 예상했던 것보다 훨씬 더 좋았다.

⑤ 콘서트가 시작하기 전에 표가 모두 팔렸다.

09 ⓒ 분사구문에서 생략된 주어가 주절의 주어(I)와 같으므로, Opened를 Opening으로 써야 한다.

ⓓ 어머니가 돌아가신 시점보다 책을 쓴 것이 먼저 일어난 일이므로, 주절을 과거완료(wrote → had written) 시제로 쓰고 부사절을 과거

(had died → died) 시제로 써야 한다.

|해석| ⓐ 그녀는 우리가 만든 음식을 모두 먹었다.

ⓑ 버스 정류장으로 달려갈 때 그녀는 열쇠를 잃어버렸다.

ⓒ 봉투를 열었을 때 나는 콘서트 표 두 장을 발견했다.

ⓓ 우리 어머니께서는 돌아가시기 전에 세 권의 책을 쓰셨다.

10 ⑤는 '어젯밤 Kate는 처음으로 오페라를 봤다.'라는 뜻으로 주어진 문장과 같은 의미로 쓰였다.

|해석| Kate는 어젯밤 전에는 오페라를 본 적이 없었다.

① Kate는 오페라를 보고 싶어 하지 않는다.

② Kate는 아직 오페라를 본 적이 전혀 없다.

③ Kate는 여러 번 오페라를 본 적이 있다.

④ Kate는 어젯밤에 오페라를 보지 않았다.

⑤ 어젯밤 Kate는 처음으로 오페라를 봤다.

11 ⓐ가 옳은 문장이다.

ⓑ 과거완료 의문문은 「Had+주어+과거분사 ~?」의 형태가 되어야 한다. (starting → started)

ⓒ 과거완료의 부정은 「had+부정어+과거분사」로 쓴다. (never had seen → had never seen)

ⓓ 분사구문에서 생략된 주어가 주절의 주어(he)와 같으므로, 수동형 분사구문이 되어야 한다. (Hitting → (Being) Hit)

|해석| ⓐ 그를 몰라서 나는 인사하지 않았다.

ⓑ 네가 떠나기 전에 눈보라가 시작되었니?

ⓒ 나는 아프리카에 가기 전에 사자를 본 적이 전혀 없었다.

ⓓ 차에 부딪혀서 그는 병원으로 실려 갔다.

12 ② 분사구문에서 생략된 주어가 주절의 주어(she)와 같으므로, Not been tall enough를 Not being tall enough로 써야 한다.

|해석| 키가 충분히 크지 않아서 그녀는 롤러코스터 타는 것이 허락되지 않는다.

13 ① 상대방이 떠난 것이 내가 여기에 온 것보다 먼저 일어난 일이므로, 주절은 과거(came) 시제가 되고 부사절은 과거완료(has left → had left) 시제가 되는 것이 알맞다.

|해석| ① 네가 떠난 후에 내가 여기에 왔다.

② 나는 그가 책을 두고 떠났다는 것을 알아차렸다.

③ 그의 번호를 몰라서 나는 그에게 전화할 수 없다.

④ 그의 파티에 초대받아서 그녀는 정말 행복했다.

⑤ 나는 전에 그것을 경험한 적이 있어서 무엇을 해야 할지 알고 있었다.

14 (1) 책을 다 읽은 것이 반납한 것보다 먼저 일어난 일이 되는 것이 알맞으므로, 주절은 과거(returned) 시제로 쓰고 부사절은 과거완료(had finished) 시제로 쓴다.

(2) 간호사로 일했던 것이 사고가 있었던 것보다 먼저 일어난 일이 되는 것이 알맞으므로, 주절은 과거완료(had worked) 시제로 쓰고 부사절은 과거(happened) 시제로 쓴다.

(3) 내가 한 일이 그들이 고마워한 상황보다 먼저 일어난 일이 되는 것이 알맞으므로, 주절은 과거(thanked) 시제로 쓰고 관계대명사절은 과거완료(had done) 시제로 쓴다.

|해석| (1) 그녀는 그 책을 읽는 것을 끝냈을 때 그것을 반납했다.

(2) 그 사고가 일어나기 전에 Sam은 간호사로 9년 동안 일했었다.

(3) 그들은 내가 한 일에 정말 고마워했다.

15 (1) '길을 몰라서 길을 물어야 했다'라는 뜻의 문장이 되는 것이 알맞다. 분사 앞에 부정어(not)를 넣어 문장을 쓴다.

(2) '고향으로 돌아왔을 때 모든 것이 변했다는 것을 알았다'라는 뜻의 문장이 되는 것이 알맞다.

(3) '그 소식에 충격을 받아서 질문하기 시작했다'라는 뜻의 문장이 되는 것이 알맞다. 주어가 All the students이므로 수동형 분사구문 (Being) Shocked로 시작하는 문장을 쓴다.

|해석| 〈A〉 (1) 그녀는 길을 몰랐다.

(2) 나는 고향으로 돌아왔다.

(3) 모든 학생들이 그 소식에 충격을 받았다.

〈B〉 ・모든 학생들은 선생님께 질문하기 시작했다.

・그녀는 길을 물어야 했다.

・나는 모든 것이 변했다는 것을 알았다.

16 (1) 부모님이 집에 도착한 것보다 수지가 청소를 한 것이 먼저 일어난 일이므로, 주절을 과거완료 시제로 쓴다.

(2) 남동생이 집에 온 것보다 수지가 숙제를 끝낸 것이 먼저 일어난 일이므로, 주절을 과거완료 시제로 쓴다.

(3) Williams 씨가 전화한 것보다 수지가 잠을 자러 간 것이 먼저 일어난 일이므로, 주절을 과거완료 시제로 쓴다.

|해석| (1) 수지의 부모님이 오후 6시에 집에 도착했을 때, 그녀는 이미 집을 청소했었다.

(2) 수지의 남동생이 6시 40분에 학교에서 집에 왔을 때, 그녀는 막 숙제를 끝냈었다.

(3) Williams 씨가 수지에게 9시 10분에 전화했을 때, 그녀는 막 잠을 자러 갔었다.

17 (1) 시간을 변경한 것이 알려주지 않은 일보다 먼저 일어난 일이므로, 주절은 과거(let) 시제로 쓰고 that절은 과거완료(had changed) 시제로 쓴다.

(2) 시계를 잃어버린 것이 그것을 찾은 것보다 먼저 일어난 일이므로, 주절은 과거(found) 시제로 쓰고 that절은 과거완료(had lost) 시제로 쓴다.

|해석| (1) 그들은 시간을 변경했다. 아무도 내게 알려주지 않았다.

→ 그들이 시간을 변경했다는 것을 아무도 내게 알려주지 않았다.

(2) Tom은 버스에서 그의 시계를 잃어버렸다. 그는 그것을 찾았다.

→ Tom은 버스에서 잃어버린 그의 시계를 찾았다.

18 ⓐ 분사구문의 부정은 분사 앞에 부정어(not)를 써서 나타낸다.

ⓓ 주절의 주어가 he인 것으로 보아, 「being+과거분사」 형태의 수동형 분사구문이 되는 것이 알맞다. 수동형 분사구문에서 being은 생략할 수 있다.

|해석| ⓐ 친구가 아무도 없어서 그는 매우 외로웠다.

ⓑ 그는 지난주까지 축구를 해 본 적이 전혀 없었다.

ⓒ 나의 새로운 일은 내가 정확히 기대했던 것이었다.

ⓓ 학급 회장으로 뽑혀서 그는 자신이 자랑스러웠다.

01 ② 02 ④ 03 ③ 04 ① 05 ⑤ 06 ④ 07 ② 08 ③
09 ⑤ 10 mistakenly 11 ② 12 ④
[서술형]
13 (1) While he was drinking his coffee, a headline caught his eye
　(2) Reading the article, he dropped his cup in surprise.
14 (1) 나는 세상을 더 좋게 만든 사람으로 기억되고 싶어.
　(2) 오늘날 우리가 Alfred Nobel을 생각할 때, 우리는 다이너마이트보다는 노벨상을 떠올린다.
15 (1) A French newspaper mistakenly reported his death.
　(2) He decided to use his money to create the Nobel Prize.
16 (1) kept to read → kept reading
　(2) very more shocked → even more shocked
　(3) It said what → It said that

01 ⓐ와 ②의 While은 '~하는 동안'이라는 뜻의 접속사로 쓰였다.
　①, ④ '잠시, 잠깐'이라는 뜻의 명사
　③, ⑤ '~인 반면에'라는 뜻의 접속사
　|해석| ① 잠시 동안 여기에서 머무는 게 어떠니?
　② 내가 자고 있는 동안에 우리 아빠는 저녁을 만드셨다.
　③ 다른 것들은 큰 반면에 이 사과는 매우 작다.
　④ 잠시 후에 우리는 그 책에 대해 이야기하기 시작했다.
　⑤ 내 남동생은 영화 보는 것을 좋아하는 반면에 나는 책 읽는 것을 좋아한다.
02 (A) '눈길을 끌었다'라는 뜻의 caught his eye가 되는 것이 알맞다.
　(B) '놀라서 컵을 떨어뜨렸다'라고 해야 자연스러우므로, in surprise (놀라서)가 되는 것이 알맞다.
　(C) '커피가 쏟아졌다'라고 해야 자연스러우므로 spilled가 알맞다.
03 ⓑ와 ③은 때를 나타내는 분사구문으로 쓰였다.
　①, ⑤ 목적어로 쓰인 동명사 ②, ④ 주어로 쓰인 동명사
　|해석| ① 나는 주말에 집에 머무는 것을 더 좋아한다.
　② 가장 좋은 답을 찾는 것은 쉽지 않다.
　③ 문을 열었을 때 그녀는 그녀의 개가 자고 있는 것을 발견했다.
　④ 식사를 하지 않는 것은 체중을 줄이는 데 도움이 되지 않는다.
　⑤ 나는 어렸을 때 인형을 가지고 놀았던 것을 기억한다.
04 (A)에는 목적어 역할을 하는 명사절을 이끄는 접속사 that이 알맞고, (B)에는 진주어인 명사절을 이끄는 접속사 that이 알맞다.
05 ⑤ 기사가 쓰인 것보다 Nobel이 부유해진 것이 먼저 일어난 일이므로, 목적어절은 과거완료 시제가 되어야 한다. (→ had become)
06 ④ '용기 밖으로 갑작스럽게 흘러나오다'를 뜻하는 단어인 spill(쏟아지다, 흐르다)는 쓰이지 않았다.
　①은 invention(발명품), ②는 shocked(충격을 받은), ③은 describe (기술하다, 묘사하다), ⑤는 merchant(상인)의 뜻풀이다.
　|해석| ① 새로운 장치 같은 발명된 것
　② 매우 놀란

③ 무언가에 대해 설명하다
④ 용기 밖으로 갑작스럽게 흘러나오다
⑤ 상품을 대량으로 사고파는 것이 직업인 사람
07 앞에서 실망했다고 했고, '어떻게 이럴 수가 있지?'라는 문장이 있는 것으로 보아, ②는 '믿을 수 없는'을 뜻하는 unbelievable이 되는 것이 알맞다.
08 (A)와 ③의 as는 '~로서'를 뜻하는 전치사로 쓰였다.
　① '~처럼'을 뜻하는 전치사 ② 때를 나타내는 접속사
　④ '~함에 따라'를 뜻하는 접속사 ⑤ 이유를 나타내는 접속사
　|해석| ① Tom은 평소처럼 늦었다.
　② 내가 서 있을 때 문이 열렸다.
　③ 우리는 돌을 의자로 사용했다.
　④ 그녀는 나이가 들어감에 따라 더 약해졌다.
　⑤ 어두웠기 때문에 아무도 나를 거리에서 볼 수 없었다.
09 ⑤ Nobel은 그에 대한 사람들의 견해를 바꾸기로 결심했다.
　|해석| ① 누가 Nobel을 실망시켰는가?
　② Nobel은 죽음의 상인이라고 누가 말했는가?
　③ Nobel의 직업은 무엇인가?
　④ 사람들은 왜 Nobel을 죽음의 상인이라고 불렀는가?
　⑤ Nobel은 무엇을 하기로 결심했는가?
10 '고의가 아닌 또는 실수로'를 뜻하는 단어는 mistakenly(실수로)이다.
11 신문에 오보가 실렸다는 내용과 그 덕분에 Nobel이 세상에 공헌하기 위해 무언가를 하기로 결심했다는 내용은 역접의 접속사 however로 연결되는 것이 자연스럽다.
12 ④ 'Marie Curie는 1903년에 노벨 물리학상을 수상했다.'라는 뜻의 문장은 노벨상이 만들어진 때를 설명한 전체 글의 흐름과 관계없다.
13 (1) '~하는 동안'은 접속사 while을 쓴다.
　(2) '기사를 읽으며'는 분사구문 Reading the article로 쓴다.
14 (1) be remembered as는 '~으로 기억되다'라는 뜻을 나타낸다. who가 이끄는 관계대명사절이 앞의 명사 a person을 수식하도록 해석한다.
　(2) when은 '~할 때'라는 뜻의 접속사로 해석하고, rather than은 '~보다는'이라고 해석한다.
15 (1) 한 프랑스 신문이 실수로 Alfred Nobel의 죽음을 잘못 보도했다.
　(2) Alfred Nobel은 그의 돈을 노벨상을 만드는 데 사용하기로 결심했다.
　|해석| (1) 1888년에 Alfred Nobel에 대해 무엇이 보도되었는가?
　(2) Alfred Nobel은 그의 돈을 어떻게 사용하기로 결심했는가?
16 (1) keep은 동명사를 목적어로 써서 '계속 ~하다'를 나타내므로, to read를 reading으로 고쳐 써야 한다.
　(2) very는 비교급 more shocked를 수식할 수 없으므로, very를 even 등으로 고쳐 써야 한다.
　(3) It said 다음에 목적어절을 이끄는 접속사가 와야 하므로, what을 that으로 고쳐 써야 한다.

서술형 100% TEST

01 Originally

02 (모범답) People were deeply moved by his movie.

03 I hope you win the contest.

04 (모범답) He ate too much last night.

05 I should have taken part in many school events.

06 I hope you take part in many school events

07 (1) like your smile (2) didn't hang out enough

08 I hope you keep in touch with your classmates after graduation.

09 (1) Playing soccer, Ben hurt his left knee.

(2) Feeling hungry, Ann opened the refrigerator.

10 (1) arrived, had already left

(2) woke up, had stopped

11 (1) Tom fell over when he came up the steps.

(2) If you look up, you can see the stars.

(3) Because I don't have enough money, I can't enjoy shopping.

12 (1) Watching TV, they ate dinner together.

(2) Feeling tired, my grandmother went to bed early.

(3) Going home, she stepped in dirty water.

13 (1) I had not eaten Indian food before I turned 10.

(2) When I arrived at the theater, the play had just ended.

14 (1) had just finished, got

(2) enjoyed, had not gone

15 ⓐ → Not wanting to go out, I stayed home all weekend.

ⓓ → Being nervous on the stage, the actor forgot his lines.

16 (1) 이유: 커피를 마시는 사람인 Alfred Nobel이 주절의 주어인 a headline과 일치하지 않으므로, 주어를 생략한 분사구문으로 쓸 수 없다.

(2) → While he(Alfred Nobel) was drinking his coffee

17 he couldn't take his eyes off the newspaper

18 (1) He sat in his chair to read the newspaper.

(2) He drank his coffee.

(3) He dropped it(his cup) in surprise.

19 It said Nobel had died in France from a heart attack.

20 (1) dynamite and other dangerous objects for war

(2) the deaths of others

(3) the merchant of death

21 ⓐ → disappointed ⓑ → mistakenly ⓒ → was added

22 (1) I want to be remembered as a person who made the world better.

(2) to contribute to the world

(3) my money to create the Nobel Prize

01 빈칸에는 '처음에는'이라는 뜻으로 쓰이는 부사 originally가 알맞다.

|해석| 처음에는 그것은 침실이었는데, 우리는 그것을 서재로 바꿨다.

[조건] 1. 그 단어는 'o'로 시작한다.

2. 그 단어는 철자가 10개이다.

3. 그 단어는 '처음에는'이라는 뜻이다.

02 주어진 문장의 move는 '감동시키다'라는 뜻의 동사로 쓰였다.

|해석| 그는 그들의 따뜻한 말에 감동받았다.

03 말하기 대회에 나간다는 상대방에게 기원하는 말을 해 주는 것이 알맞다. '나는 네가 ~하기를 바란다.'라는 뜻으로 상대방에게 기원하는 말을 할 때는 I hope you ~.를 사용한다.

04 Mike가 어젯밤에 덜 먹었어야 했다고 후회하는 것으로 보아, 그가 어젯밤에 많이 먹었음을 알 수 있다.

|해석| Mike는 어젯밤에 무엇을 했는가?

05 ⓐ는 '나는 많은 학교 행사에 참여하지 않은 것을 후회해.'라는 뜻으로, '나는 ~했어야 했다.'를 뜻하는 「I should have+과거분사 ~.」를 사용하여 바꿔 쓴다.

06 상대방에게 기원하는 말을 하는 표현인 I hope you ~.를 사용하여 문장을 완성한다.

07 Linda의 학급 친구들이 Linda에게 쓴 졸업 메시지는 그들이 그녀의 미소를 좋아한다는 것과 그녀가 그들과 충분히 어울리지 않았다는 것이다.

|해석| Linda에게 보내는 졸업 메시지

(1) Linda, 우리는 네 미소를 좋아해.

(2) 네가 우리와 충분히 어울리지 않아서 유감이야.

08 기원하는 표현은 I hope you ~.를 쓴다. keep in touch with는 '~와 연락하고 지내다'라는 뜻이다.

09 분사구문은 부사절의 접속사와 주어를 생략하고, 동사를 현재분사로 써서 나타낸다.

|해석| (1) Ben은 축구를 했을 때 왼쪽 무릎을 다쳤다.

(2) Ann은 배가 고파서 냉장고를 열었다.

10 (1) 역에 도착한 것을 과거 시제로 쓰고 기차가 떠난 것을 과거완료 시제로 쓴다. 과거완료는 「had+과거분사」의 형태로 쓴다.

(2) 잠에서 깬 것을 과거 시제로 쓰고 비가 그친 것을 과거완료 시제로 쓴다.

|해석| (1) 내가 역에 도착했을 때, 기차는 이미 떠났었다.

(2) 내가 오늘 아침에 일어났을 때, 비가 그쳐 있었다.

11 분사구문을 부사절로 바꿀 때, 접속사는 문맥상 알맞은 접속사를 쓰고 주어는 주절의 주어와 동일하게 쓴 뒤, 동사를 주절의 시제에 맞춰 쓴다. (1)은 때를 나타내는 when, (2)는 조건을 나타내는 if, (3)은 이유를 나타내는 because를 쓰는 것이 알맞다.

|해석| (1) Tom은 계단을 오를 때 넘어졌다.

(2) 올려다보면 너는 별들을 볼 수 있다.

(3) 나는 충분한 돈이 없어서 쇼핑을 즐길 수 없다.

12 분사구문은 부사절과 주절의 주어가 같을 경우 부사절의 접속사와 주어를 생략하고, 동사를 현재분사로 써서 나타낸다.

13 (1) 10살이 된 것을 과거 시제로 쓰고, 그 전에는 인도 음식을 먹어 본 적이 없다는 내용을 과거완료 시제로 쓴다.

(2) 극장에 도착한 것을 과거 시제로 쓰고, 그 전에 연극이 끝난 것을 과거완료 시제로 쓴다.

14 (1) 회의 장소에 도착한 것보다 회의가 끝난 것이 먼저 일어난 일이므로, 주절은 과거완료 시제로 쓰고 부사절은 과거 시제로 쓴다.

(2) 어머니가 콘서트에 가서 즐긴 것은 어제 일이므로 과거 시제로 쓰고, 더 이전의 과거부터 최근까지 콘서트에 가지 못한 것은 과거완료 시제로 쓴다.

|해석| (1) 우리 아버지는 어제 회의를 놓치셨다. 그것은 그가 거기에 도착했을 때 막 끝났었다.

(2) 우리 어머니는 어젯밤에 콘서트에 가셨다. 그녀는 여러 해 동안 콘서트에 가지 않았기 때문에 그것을 아주 많이 즐기셨다.

15 ⓐ 분사구문의 부정은 현재분사 앞에 부정어를 써서 나타내므로 Wanting not을 Not wanting으로 써야 한다.

ⓓ 분사구문은 동사원형에 -ing를 붙여 현재분사로 쓰므로, Be를 Being으로 써야 한다.

|해석| ⓐ 외출하고 싶지 않아서 나는 주말 내내 집에 있었다.

ⓑ 비행기에서 보면 사람들이 개미처럼 보였다.

ⓒ 두 블록을 곧장 계속 가면 당신은 왼쪽에서 경찰서를 발견할 것이다.

ⓓ 무대에서 긴장해서 그 배우는 대사를 잊어버렸다.

16 while은 '~하는 동안'이라는 뜻의 접속사이다.

17 '~에서 눈을 뗄 수 없었다'는 couldn't take one's eyes off로 쓴다.

18 (1) Alfred Nobel은 신문을 읽으려고 의자에 앉았다.

(2) Alfred Nobel은 커피를 마셨다.

(3) Alfred Nobel은 놀라서 컵을 떨어뜨렸다.

|해석| (1) Alfred Nobel은 왜 의자에 앉았는가?

(2) Alfred Nobel은 무엇을 마셨는가?

(3) Alfred Nobel은 왜 컵을 떨어뜨렸는가?

19 기사가 쓰인 과거의 시점보다 기사에 실린 내용인 Nobel이 죽었다는 것이 먼저 일어난 일이므로, 목적어절은 과거완료 시제(had+과거분사)가 되어야 한다. (has died → had died)

20 (1) Nobel은 전쟁에 쓰이는 다이너마이트와 다른 위험한 물건들의 발명가라고 했다.

(2) Nobel이 다른 사람들의 죽음으로 인해 부유해졌다고 했다.

(3) Nobel은 사람들이 자신을 '죽음의 상인'으로 생각할 거라고 상상하지 못했다고 하였으므로, 기사에서는 '죽음의 상인'으로 Nobel을 기억할 것이라고 하는 것이 알맞다.

21 ⓐ Nobel이 '실망했다'고 해야 자연스러우므로, disappointed(실망한, 낙담한)가 되는 것이 알맞다.

ⓑ 문장의 동사는 reported이므로, 동사를 수식하는 부사 mistakenly(실수로)가 되는 것이 알맞다.

ⓒ 주어가 동사의 행위를 받는 대상이므로, 동사는 수동태인 was added로 써야 한다.

22 (1) Nobel은 세상을 더 좋게 만든 사람으로 기억되고 싶어 했다.

(2), (3) Nobel은 세상에 공헌하기 위해 무언가를 하기로 결심했고 자신의 돈을 노벨상을 만드는 데 사용하기로 결정했다고 했다.

|해석| 기자: Nobel, 당신은 어떤 사람으로 기억되고 싶나요?

Nobel: 저는 세상을 더 좋게 만든 사람으로 기억되고 싶어요.

기자: 당신은 무엇 때문에 노벨상을 만들었나요?

Nobel: 1888년에 한 신문이 제 죽음을 잘못 보도했어요. 그 보도 덕분에, 저는 세상에 공헌하기 위해 무언가를 하기로 결심했어요. 저는 제 돈을 노벨상을 만드는 데 사용하기로 결정했어요.

기자: 정말 훌륭한 일을 하셨군요!

모의고사

제 **1** 회 대표 기출로 내신 **적중** 모의고사   pp. 140~143

01 ① **02** ⑤ **03** ⑤ **04** ⑤ **05** ③ **06** (C)-(D)-(B)-(A)
07 ③ **08** ④ **09** I hope you take part in many school events in high school. **10** ⑤ → I shouldn't have put it off until the last moment. **11** ④ **12** (1) had met (2) had not eaten (3) had hidden **13** (1) Leaving the house (2) (Being) Bitten by the dog (3) Not feeling well **14** ①
15 ⑤ **16** ② **17** ⑤ **18** ③ **19** After he caught his breath **20** ① **21** ⓓ → He never imagined that the world would think of him as "the merchant of death."
22 I want to be remembered **23** ③ **24** ④ **25** (1) died (2) invented (3) rich (4) responsible

01 moment(순간)는 명사이고, create(창조하다), contribute(기여하다, 공헌하다), participate(참가하다), appreciate(고맙게 생각하다)는 동사이다.

02 ⑤는 '기억하다 – 잊다'라는 뜻으로 반의어 관계이고, 나머지는 모두 유의어 관계이다.

|해석| ① 잘못 ② 감동시키다 ③ 고맙게 생각하다, 고마워하다 ④ 보통의, 평범한

03 rather than: ~보다는

|해석| 나는 뜨거운 커피보다는 차가운 물 한 잔을 마실 것이다.

04 regret(후회하다)의 뜻풀이로 ⑤ '당신이 하거나 하지 않은 어떤 것에 대해 유감이나 불만족스러움을 느끼다'가 알맞다.

|해석| 그들은 그들이 한 선택을 후회하지 않았다.

① 무언가가 떨어지게 하다

② 무언가를 사슬로 매다

③ 용기 밖으로 갑작스럽게 흘러나오다

④ 경기나 시합에서 골을 넣거나 득점을 하다

05 ③ 피곤해 보인다고 무슨 일 있냐는 말에 '나는 네가 골을 넣길 바라.'라고 기원하는 말을 하는 것은 어색하다.

06 무슨 일이 있는지 묻는 말(C)에 자전거를 잃어버렸다(D)고 답하자 유감이라는 말(B)이 이어지고, 자전거를 체인으로 묶었어야 했다고 후회하는 말(A)이 나오는 것이 알맞다.

07 ③ 방학의 계획을 이야기하는 대화에서 조부모님을 찾아뵐 계획을 말하는 상대방에게 방학을 잘 보내라는 내용의 기원하는 말을 하는 것이 알맞다. 기원하는 말은 I hope you ~. 등의 표현을 쓴다.
| 해석 | ① 나는 방학이 걱정돼.
② 나는 방학을 가지지 못했던 것이 후회스러워.
③ 나는 네가 멋진 방학을 보내길 바라.
④ 나는 네가 방학을 어떻게 보냈는지 궁금해.
⑤ 나는 방학이 정말 만족스러웠어.

08 뒤에서 A가 많은 학교 행사에 참여했어야 했다며 후회하는 말을 하는 것으로 보아, '후회하다'를 뜻하는 regret가 들어가는 것이 알맞다.

09 상대방에게 기원하는 말을 하는 표현인 I hope you ~.를 사용하여 문장을 쓴다.

10 ⑤ '과제를 마지막 순간까지 미루지 말았어야 했다'는 후회를 나타내는 말이 되어야 하므로, 과거에 한 일에 대한 후회를 나타내는 「I shouldn't have+과거분사 ~.」의 문장으로 고쳐 써야 한다.

11 동물원에 가 본 경험이 생각한 시점보다 먼저 일어난 일이 되어야 하므로, 목적어절을 주절(과거)보다 이전의 일을 나타내는 과거완료(had+과거분사) 시제로 써야 한다.
| 해석 | Sarah는 이전에 저 동물원에 가 본 적이 있다고 생각했다.

12 (1) that절의 내용을 안 과거 시점보다 그 여자를 만난 것이 더 이전의 일이므로 과거완료 시제로 써야 한다.
(2) 과거완료의 부정은 「had not+과거분사」의 형태로 쓴다.
(3) 그들이 찾지 못한 과거 시점보다 그가 돈을 숨긴 것이 더 이전의 일이므로, 「had+과거분사」 형태의 과거완료 시제로 써야 한다.
| 해석 | (1) 나는 내가 이전에 어딘가에서 그 여자를 만났었다는 것을 알았다.
(2) 나는 정말 배가 고팠다. 나는 아침부터 아무것도 먹지 않았었다.
(3) 그들은 그가 그 돈을 어디에 숨겼는지 결코 찾지 못했다.

13 (1) 부사절을 분사구문으로 바꿀 때 부사절의 주어가 주절의 주어와 같으면 접속사와 주어를 생략하고, 부사절의 동사를 현재분사로 바꾼다.
(2) 수동태를 분사구문으로 바꿀 때 be동사는 현재분사 Being으로 쓰며, 이때 Being은 생략 가능하다.
(3) 분사구문에서 부정어 not은 현재분사 바로 앞에 쓴다.
| 해석 | (1) 그녀는 집을 나설 때 모든 전등의 스위치를 껐다.
(2) 나는 개에게 물렸을 때 아주 크게 소리를 질렀다.
(3) Jane은 몸이 좋지 않아서 실수를 많이 했다.

14 ① 분사구문에서 생략된 주어가 주절의 주어(the singer)와 같으므로, 수동형 분사구문 (Being) Surrounded가 되어야 한다.
| 해석 | 많은 팬들에게 둘러싸여서 그 가수는 정말 행복해하며 그들에게 손을 흔들었다.

15 신문에서 자신의 죽음에 관한 기사를 본 상황이므로 Alfred Nobel은 놀랐을(surprised) 것이다.

16 '기사를 읽으며'를 뜻하는 분사구문이 되는 것이 알맞다. 주어가 he인 것으로 보아 현재분사(Reading)로 시작하는 분사구문이 되어야 한다.

17 ⑤ Alfred Nobel은 신문을 버리지 않았고, 오히려 신문에서 눈을 뗄 수 없었다고 했다.
| 해석 | ① 의자에 앉은 것
② 신문을 읽은 것
③ 커피를 마신 것
④ 컵을 떨어뜨린 것
⑤ 신문을 버린 것

18 기사가 쓰인 시점보다 기사의 내용인 Nobel이 죽었다는 것과 다른 사람들의 죽음으로 부유해졌다는 것이 먼저 일어난 일이 되어야 하므로, 과거완료(had+과거분사) 시제가 되어야 한다. 빈칸 뒤에 과거분사 died와 become이 있으므로 빈칸에는 공통으로 had가 알맞다.

19 '숨을 고른 후'를 뜻하는 분사구문이므로, 접속사 after를 사용하여 부사절로 바꿔 쓴다.

20 ⓑ와 ①의 it은 각각 that절과 to부정사를 진주어로 하는 가주어이다.
② 시간을 나타내는 비인칭 주어
③, ④ '그것'을 뜻하는 지시대명사
⑤ 날씨를 나타내는 비인칭 주어
| 해석 | ① 진정한 사랑을 찾는 것은 어렵다.
② 너무 늦어서 우리는 나가지 않았다.
③ 나는 이 가방이 너무 무거워서 그것을 옮길 수 없다.
④ 이 차는 너무 오래되어서 그것은 고속도로를 갈 수 없다.
⑤ 만약 오늘 밤 눈이 내리면 나는 내일 일하러 가지 않을 것이다.

21 ⓓ Nobel은 세상이 그를 '죽음의 상인'으로 생각할 거라고 상상하지 못했었다.
| 해석 | ⓐ Nobel은 무슨 병을 가지고 있었는가?
ⓑ Nobel은 얼마나 많은 발명품을 만들었는가?
ⓒ Nobel은 언제 부자가 되었는가?
ⓓ Nobel은 무엇을 결코 상상하지 못했는가?

22 '기억되다'는 수동태인 be remembered로 쓴다.

23 Nobel이 죽음의 상인으로 기억되고 싶지 않다고 하면서 자신에 대한 사람들의 견해를 바꾸기로 결심했다고 한 것에서, 사람들의 견해가 Nobel을 죽음의 상인이라고 생각하는 것임을 알 수 있다.

24 '여섯 번째 상이 1968년에 추가되었다.'라는 뜻의 주어진 문장은 '원래는 다섯 종류의 상만 있었다.'를 뜻하는 문장 뒤인 ④에 들어가는 것이 알맞다.

25 (1) 'Alfred Nobel이 죽었다(died)'고 하는 것이 자연스럽다.
(2) 다이너마이트 등은 그가 '발명한(invented)' 것이다.
(3), (4) 그는 다른 사람들의 죽음으로 인해 '부유해졌으므로(rich)' 그들의 죽음에 '책임이 있다(responsible)'고 하는 것이 자연스럽다.

01 ① **02** ② **03** ③ **04** ③ **05** ③ **06** I hope you win the contest. **07** (1) (It's) Because he didn't think he was a good singer. (2) She thinks Jaemin has a really nice voice. **08** ⑤ **09** I should have spent more time with my classmates **10** ⑤ **11** ⑤ **12** ② **13** (1) had waited for her for an hour when she came (2) couldn't find the book that he had lent me (3) said that he had not taken the box **14** (1) When(As) I took a walk (2) (Being) Written for children (3) Not knowing what to say **15** ④ **16** ⑤ **17** ③ **18** ③ **19** ⓑ → Nobel was really shocked by the article. **20** ⓐ 크게, 깊이 ⓑ 믿을 수 없는 ⓒ 다르게 ⓓ 결심했다 **21** ①, ③ **22** ④ **23** (1) He decided to use his money to create the Nobel Prize. (2) Six awards are included in the Nobel Prize list. **24** ③ **25** ④

01 첫 번째 빈칸에는 '감동시키다'라는 뜻의 동사 move가 들어가고, 두 번째 빈칸에는 '이사하다'라는 뜻의 동사 move가 들어가는 것이 알맞다.
ㅣ해석ㅣ • 나는 네가 관중을 감동시키길 바라.
• 나는 내일 이사할 거라서 지금 짐을 싸고 있다.

02 spill(쏟아지다, 흐르다, 쏟다)의 뜻풀이는 '용기 밖으로 갑작스럽게 흘러나오다'가 되어야 하므로, 빈칸에는 flow(흐르다)가 알맞다.

03 ③ '미루다, 연기하다'를 뜻하는 put off가 되는 것이 알맞다.
ㅣ해석ㅣ ① 우리는 어려움에 처한 사람들을 돌봐야 한다.
② 나는 숨을 고르기 위해 잠깐의 시간이 필요하다.
③ 그들은 7월까지 결혼을 미뤄야 했다.
④ 그녀는 잠깐도 그 아기에게서 눈을 뗄 수 없었다.
⑤ 나는 엄마와 늦게까지 자지 않고 영화를 봤다.

04 B가 '나는 우산을 가져왔어야 했어.'라고 후회의 말을 하는 것으로 보아, ③ '나는 비를 맞았어.'라고 말하는 것이 알맞다.
ㅣ해석ㅣ ① 나는 자전거를 잃어버렸어.
② 나는 치통이 아주 심했어.
④ 나는 시험에서 떨어졌어.
⑤ 나는 춤 경연 대회에 나갈 거야.

05 ⓐ be ready for: ~에 준비가 되다
ⓑ I'm thinking of: 나는 ~을 생각 중이다

06 노래 경연 대회에서 최선을 다하겠다는 재민이에게 '나는 네가 대회에서 우승하기를 바라.'라고 기원하는 말을 하는 것이 알맞다. 기원하는 말을 할 때는 I hope you ~.를 쓴다.

07 (1) 재민이는 자신이 노래를 잘하는 것 같지 않아서 노래 경연 대회를 포기할까 생각했다.
(2) Tina는 재민이가 정말 멋진 목소리를 가졌다고 생각한다.
ㅣ해석ㅣ (1) 재민이는 왜 노래 경연 대회를 포기할 생각 중이었는가?
(2) Tina는 재민이의 목소리에 대해 어떻게 생각하는가?

08 ⓔ 앞에서 졸업 후에도 여전히 시간이 있다고 했으므로, 졸업 후(after graduation)에도 학급 친구들과 계속 연락하기를 바란다고 해야 자연

스럽다.

09 (A)는 '나는 학급 친구들과 더 많은 시간을 보내지 못해 후회스러워'라는 뜻으로 후회를 나타내는 말이다. 과거 사실에 대한 후회를 나타낼 때 「I should have+과거분사 ~」를 사용할 수 있다.

10 ⑤ 이유를 나타내는 분사구문이므로, 접속사 Because를 사용하여 부사절로 바꾸는 것이 알맞다.
ㅣ해석ㅣ 채식주의자이기 때문에 그는 고기를 먹지 않는다.

11 ⑤ 경찰이 도착한 것은 과거(arrived) 시제로 쓰고, 도둑이 도망간 것은 그 이전에 일어난 일이므로 과거완료(had run) 시제로 쓴다.

12 ② 더 이전의 과거 시점부터 지난달까지 베니스를 여행했다는 뜻의 문장이 되는 것이 알맞으므로, 과거완료 시제가 되어야 한다. (has traveled → had traveled)
ㅣ해석ㅣ ① 그는 이전에 방문해 본 적이 없었던 나라로 갔다.
② John은 지난달까지 베니스로 여행을 했다.
③ 나는 그 전날 봤던 셔츠를 사기 위해 그 가게에 갔다.
④ 그녀는 매우 열심히 공부했기 때문에 그 시험을 통과했다.
⑤ 내가 그 극장에 들어갔을 때 연극은 이미 끝나 있었다.

13 과거의 특정 시점보다 먼저 일어난 일이나 상태를 나타낼 때는 과거완료 시제를 쓴다.

14 (1) 때를 나타내는 분사구문이므로, 때를 나타내는 접속사 when 또는 as를 사용하여 부사절을 쓴다. 분사구문에서 생략된 주어는 주절의 주어와 같고, 시제는 주절에 따른다.
(2) 부사절을 분사구문으로 바꿀 때 접속사를 생략하고, 주절의 주어 (the book)와 같으므로 부사절의 주어를 생략한 뒤, 동사는 현재분사로 바꾼다. 수동형 분사구문 「Being+과거분사」에서 Being은 생략할 수 있다.
(3) 분사구문의 부정은 분사 앞에 부정어를 쓴다.
ㅣ해석ㅣ (1) 산책을 할 때 나는 다섯 마리 개를 데리고 있는 남자를 봤다.
(2) 그 책은 어린이들을 위해 쓰여서 이해하기 매우 쉬웠다.
(3) 나는 뭐라고 말해야 할지 몰라서 그저 그녀를 쳐다봤다.

15 ④ 신문을 읽다가 '놀라서(in surprise)' 컵을 떨어뜨렸다는 흐름이 되는 것이 알맞다.

16 ⑤ 신문을 읽다가 컵을 떨어뜨려 커피가 쏟아져도 신경을 쓰지 않을 정도로 놀랐지만 신문에서 눈을 떼지 못했다고 했으므로, 해당 기사의 내용이 이어지는 것이 알맞다.

17 ⓐ에는 about, ⓑ에는 from, ⓒ에는 as, ⓓ에는 for가 들어간다. up은 들어가지 않는다.

18 It은 앞에 나온 기사(The article)를 가리키는 지시대명사이다.

19 ⓑ Nobel이 기사를 읽으면서 충격을 받았다(shocked)고 했다.
ㅣ해석ㅣ ⓐ 기사는 Nobel의 죽음을 보도했다.
ⓑ Nobel은 그 기사에 정말 감동을(→ 충격을) 받았다.
ⓒ Nobel은 다이너마이트를 발명했다.
ⓓ Nobel은 세상이 그를 어떻게 생각하는지 몰랐다.

21 빈칸에는 a person을 선행사로 하는 주격 관계대명사 who나 that이 알맞다.

22 ⓐ 오보였던 '기사 덕분에(thanks to)' Nobel이 세상에 공헌할 방법으로 노벨상을 만들게 되었다는 내용이 되는 것이 알맞다.

ⓑ Alfred Nobel을 생각하면 '다이너마이트보다는(rather than)' 노벨상이 떠오른다는 내용이 되는 것이 알맞다.

23 (1) 세상에 공헌하기 위해 Alfred Nobel은 자신의 돈을 노벨상을 만드는 데 사용하기로 결정했다.

(2) 원래는 다섯 종류의 상만 있었는데 후에 여섯 번째 상이 추가되었다고 하였으므로, 현재 노벨상에는 여섯 종류의 상이 있음을 알 수 있다.

|해석| (1) 세상에 공헌하기 위해 Alfred Nobel은 무엇을 하기로 결정했는가?

(2) 현재 노벨상의 목록에 몇 개의 상이 포함되어 있는가?

24 주어진 글의 밑줄 친 분사구문은 때를 나타내는 분사구문이다. ③의 As가 때를 나타내는 접속사로 쓰였다.

|해석| ① 네가 오고 싶으면 와도 된다.

② 우리는 10살 때부터 서로 알아 왔다.

③ 나는 집에 걸어갈 때 소년이 노래하는 것을 들었다.

④ 어두워졌기 때문에 나는 집으로 가야 했다.

⑤ Sophia는 일을 끝낸 후에 점심을 먹으러 갔다.

25 ④ Ann은 간식 살 돈을 모아서 유니세프에 기부한 것이지, 유니세프에서 아르바이트를 한 것은 아니다.

01 ① **02** ② **03** ④ **04** ⑤ **05** ④ **06** ② **07** I shouldn't have put it off until the last moment. **08** ④ **09** ④ **10** (1) I'm going to visit my grandparents. (2) I hope you have a wonderful time. **11** ⑤ **12** (1) Turning to the left, you'll find the bookstore easily. (2) Not having a car, I had to find another way to go home. (3) Getting off a bus, my sister slipped and fell. **13** ③ **14** ⓑ → When I joined the club, I had practiced tennis for five years. ⓒ → Jina had already cleaned the board when Tom opened the door. **15** ② **16** ③ **17** ④ **18** ① **19** Catching his breath **20** he became even more shocked **21** ⑤ **22** ⑤ **23** a merchant of death **24** ③ **25** ⓐ → had actually died ⓓ → were

01 빈칸에는 '~하기로 되어 있는(예정된)'을 뜻하는 due가 들어가는 것이 알맞다.

|해석| 다음 기차는 5분 후에 예정되어 있다.

02 ② appreciate(고맙게 생각하다)의 뜻풀이는 to be grateful for something(무언가에 대해 고마워하다)이 알맞다.

|해석| ① 기여하다, 공헌하다: 어떤 일이 일어나도록 돕다

② 고맙게 생각하다: 무언가에 대해 설명하다

③ 상인: 상품을 대량으로 사고파는 것이 직업인 사람

④ (신문 기사 등의) 표제: 신문에서 이야기 위에 큰 글자로 쓰여 있는 제목

⑤ 보도하다: 신문이나 TV 등을 통해 어떤 것에 대해 정보를 주다

03 ④ in surprise: 놀라서

|해석| ① 나는 내가 한 말을 깊이 후회한다.

② 관중은 손뼉을 치고 환호하기 시작했다.

③ Sandy 덕분에 나는 이 훌륭한 아파트를 찾았다.

④ Kevin은 그의 여동생이 걸어 들어갈 때 놀라서 쳐다봤다.

⑤ 그 달리기 주자는 멈춰서 숨을 골랐다.

04 ⓐ에는 spilled(쏟아졌다), ⓑ에는 dropped(떨어뜨렸다), ⓒ에는 graduated(졸업했다), ⓓ에는 moved(감동시켰다)가 들어가는 것이 알맞다. invented(발명했다)는 들어가지 않는다.

|해석| ⓐ 우유가 온 바닥에 쏟아졌다.

ⓑ Alice는 내 손으로 동전 몇 개를 떨어뜨렸다.

ⓒ Jerry는 작년에 고등학교를 졸업했다.

ⓓ 나는 내 노래로 사람들을 감동시켰다.

05 「I should have+과거분사 ~.」는 '나는 ~했어야 했다.'라는 뜻으로 과거 사실에 대한 후회를 나타낼 때 사용하는 표현이다. 같은 뜻으로 쓰인 것은 ④이다.

|해석| ① 나는 다음번에는 더 먹을 거야.

② 나는 어젯밤에 덜 먹어서 후회스러워.

③ 나는 덜 먹길 원하지 않았지만, 덜 먹었어.

④ 나는 어젯밤에 덜 먹지 않은 것을 후회해.

⑤ 나는 어젯밤에 더 먹었어야 했어.

06 ② 또 컴퓨터 게임을 했는지 묻는 말에 이번에는 아니라고 답한 뒤 '나는 역사 과제를 끝내야 했어.'라는 주어진 문장이 이어지는 것이 알맞다.

07 '나는 그것을 마지막 순간까지 미루지 말았어야 했다.'는 말이 되도록 「I shouldn't have+과거분사 ~.」의 문장을 완성한다. put off는 it과 같이 대명사가 목적어로 오는 경우 「put+대명사+off」의 형태로 쓰는 것에 유의한다.

08 ④ Anna도 종종 할 일을 마지막 순간까지 미루는 문제점이 있다고 했다.

|해석| ① 지호는 피곤해 보인다.

② 지호는 어젯밤에 컴퓨터 게임을 하지 않았다.

③ 지호는 어젯밤에 역사 과제를 끝내기 위해 늦게까지 깨어 있었다.

④ Anna는 그녀의 과제들을 결코 미루지 않는다.

⑤ 지호는 그들의 나쁜 습관을 바꿔야 한다고 제안한다.

09 ④ 지민이의 말 I hope you ~.에서 지민이가 기호에게 기원하는 것을 알 수 있다.

10 (1) 계획을 말할 때는 I'm going to ~.로 표현한다.

(2) 상대방에게 기원하는 말은 I hope you ~.로 표현한다.

11 첫 번째 문장은 '제시간에 도착하지 못해서'라는 이유를 나타내는 분사구문이 되는 것이 알맞다. 분사구문의 부정은 분사 앞에 부정어를 써서 나타낸다. 두 번째 문장은 어려움을 겪었다는 과거 시점보다 여권을 잃어버린 것이 먼저 일어난 일이므로, 과거완료 시제가 되어야 한다.

|해석| · 제시간에 도착하지 못해서 그는 시험을 칠 수 없었다.

· 우리는 여권을 잃어버려서 많은 어려움을 겪었다.

12 각각 조건을 나타내는 분사구문, 이유를 나타내는 분사구문, 때를 나타내는 분사구문을 포함한 문장으로 쓴다.

13 ⓑ와 ⓒ가 옳은 문장이다.

ⓐ 분사구문에서 생략된 주어가 주절의 주어(I)와 같으므로, Turned를 Turning으로 고쳐야 한다.

ⓓ 분사구문의 부정은 분사 앞에 부정어를 써서 나타낸다. (Studying not → Not studying)

|해석| ⓐ TV를 켰을 때 나는 그것이 고장 난 것을 알았다.

ⓑ 잃어버린 아들을 만났을 때 Mary는 기뻐서 울었다.

ⓒ 배가 고파서 나는 쿠키를 좀 먹었다.

ⓓ 그의 시험에 대비해 충분히 열심히 공부하지 않아서 Ryan은 그것을 통과할 수 없었다.

14 ⓑ 내가 동아리에 가입한 시점이 과거이고 테니스를 연습해 온 것은 그 전에 계속 있었던 일이므로 과거완료 시제로 써야 한다. 과거완료는 「had+과거분사」의 형태로 쓴다.

ⓒ Tom이 문을 연 과거 시점보다 지나가 칠판을 다 닦아 놓은 시점이 더 이전의 일이므로 과거완료 시제로 써야 한다.

|해석| ⓐ 친구들이 도착했을 때 그들은 피자를 이미 다 먹었다.

ⓑ 내가 동아리에 가입했을 때 나는 테니스를 5년 동안 연습해 왔다.

ⓒ Tom이 문을 열었을 때, 지나는 이미 칠판을 닦았다.

ⓓ 그는 편지를 읽은 후에 그것을 태워버렸다.

15 ⓐ와 ②의 it은 시간을 나타내는 비인칭 주어이다.

①, ③, ⑤ '그것'을 뜻하는 지시대명사 ④ 가주어 it

|해석| ① 그것은 요즘 가장 인기 있는 영화이다.

② 아침 8시 30분이다.

③ 그 책상이 할인 판매 중이어서 그들은 그것을 샀다.

④ 소음 때문에 자는 것이 불가능했다.

⑤ 은행이 닫혀 있기 때문에 우리는 거기에 갈 수 없다.

16 (A) '커피를 마시는 동안'이라는 뜻이 되는 것이 자연스러우므로, '~하는 동안'을 뜻하는 접속사 while이 알맞다.

(B) '커피가 옷과 책상에 쏟아졌지만 신문에서 눈을 뗄 수 없었다'라는 뜻이 되는 것이 자연스러우므로, 역접의 접속사 but이 알맞다.

17 Alfred Nobel은 자신이 죽었다는 기사를 보고 커피를 쏟을 정도로 놀랐다.

18 ⓐ와 ⓑ는 Nobel이 보고 있는 '기사'를 가리킨다.

19 분사구문에서 생략된 주어가 주절의 주어(Nobel)와 같으므로, 수동형 분사구문 Caught ~가 아니라 현재분사로 시작하는 Catching ~이 되어야 한다.

20 비교급(more shocked)을 수식하는 even이나 much, far 등을 비교급 앞에 넣어 문장을 쓴다.

21 자신을 '죽음의 상인'이라고 부르는 기사를 읽고 Nobel은 '실망했다(disappointed)'고 하는 것이 알맞다.

22 Nobel이 세상을 더 좋게 만든 사람으로 기억되고 싶고, 자신에 대한 사람들의 견해를 바꾸기로 결심했다고 하였으므로, ⑤의 내용이 이어질 것임을 추측할 수 있다.

23 Nobel이 자신은 '죽음의 상인'이 아니며 다르게 기억되고 싶다고 하였으므로, '죽음의 상인으로 기억되고 싶어 하지 않았다'고 말할 수 있다.

24 뒤에 실제로 죽은 사람이 Alfred Nobel의 형이었다는 말이 이어지는 것으로 보아, 프랑스 신문이 Nobel이 죽었다고 실수로(mistakenly) 보도했다는 내용이 되는 것이 알맞다.

25 ⓐ Ludvig가 죽은 일이 신문에 보도된 시점보다 먼저 일어난 일이므로, 과거완료(had+과거분사) 시제가 되어야 한다.

ⓓ five awards가 주어이므로 복수 동사 were가 되어야 한다.

01 ⑤　02 (1) described (2) put off (3) water　03 ④　04 ⑤
05 put things off until the last moment　06 (1) move
the audience (2) sing in the school festival (tomorrow)
07 ④　　08 ③　　09 (1) middle school (2) graduate
(3) didn't take part in many school events (4) high school
10 ⑤　　11 ③　　12 (1) had (already) moved to Busan
(2) had visited Tom　(3) had come back from her trip
13 ⑤　　14 (1) 모범답 Feeling sad (2) 모범답 Left alone
15 ④　16 (Being) Surprised, the article　17 ③　18 ③
19 (A) Catching (B) shocked　20 ⑤　21 (1) The article
described him as the inventor of dynamite and other
dangerous objects for war. (2) It said that he had
become rich from the deaths of others.　22 a person
who(that) made the world better　23 모범답 Ian decided
to look for a new job.　24 ③　25 ④

01 ①은 originally(원래는, 처음에는), ②는 spill(쏟아지다), ③은 due
(~하기로 되어 있는(예정된)), ④는 disappointed(실망한, 낙담한)의
뜻풀이다. ⑤는 merchant(상인)의 뜻풀이로 주어진 단어에 없다.
|해석| ① 처음에는
② 용기 밖으로 갑작스럽게 흘러나오다
③ 특정한 때에 일어나도록 기대되는
④ 당신이 바라던 어떤 일이 일어나지 않아 기쁘지 않은
⑤ 상품을 대량으로 사고파는 것이 직업인 사람

02 (1)에는 describe(기술하다, 묘사하다)의 과거형이, (2)에는 put off
(미루다, 연기하다)의 과거분사형이, (3)에는 water(물을 주다)가 들어
가는 것이 알맞다.
|해석| (1) 그 남자는 어젯밤에 무슨 일이 일어났는지 자세히 묘사했다.
(2) 야구 경기가 비 때문에 연기되었다.
(3) 나는 내가 없는 동안 식물에 물을 줄 것을 내 이웃에게 부탁했다.

03 ④ 두 문장 모두에서 drop은 '떨어뜨리다'라는 뜻의 동사로 쓰였다.
① 잃어버리다 / (게임에서) 지다　② 움직이다 / 이사하다
③ 잠깐 / 순간 ⑤ 보고하다, 신고하다 / 보도하다
|해석| ① 그녀는 군중 속에서 그녀의 딸을 잃어버렸다.
　우리는 3점 차이로 경기를 졌다.
② 검은 구름들이 하늘을 가로질러 움직였다.
　우리 집은 요크셔에 있고 나는 이사하고 싶지 않다.
③ 그는 답장하기 전에 잠깐 동안 생각했다.
　나는 그녀에게 말할 적절한 순간을 기다리고 있다.
④ 나는 소파 뒤에 내 열쇠를 떨어뜨렸다.
　그녀는 가방을 들어 올렸다가 그것을 다시 떨어뜨렸다.
⑤ 많은 범죄가 경찰에게 신고되지 않는다.
　그 이야기는 모든 뉴스 채널에서 다르게 보도되었다.

04 ⓔ '나는 그것을 마지막 순간까지 미루지 말았어야 했다.'는 말이 되어
야 하므로, 「I shouldn't(should not) have+과거분사 ~.」가 되어야

05 두 사람은 자신들의 일을 마지막 순간까지 미루는 문제점이 있다.
|해석| Q: 그들은 어떤 문제를 공통적으로 가지고 있는가?
A: 그들은 일을 마지막 순간까지 미루는 경향이 있다.

06 B가 A의 기원하는 말에 이어 자신도 그러길 바란다고 하였으므로,
B가 바라는 것은 학교 축제에서 자신이 노래를 부를 때 관중을 감동시
키는 것이다.
|해석| 나도 내가 (내일) 학교 축제에서 노래를 부를 때 관중을 감동시키
길 바라.

07 ④ 중학교 생활에서의 후회하는 점을 말하는 세미에게 James는 고등
학교에서 다시 한 번 기회(chance)가 있다며 격려하는 것이 알맞다.

08 기원하는 말인 I hope you take part in many school events가
되는 것이 알맞다.

09 (1), (2) 곧 졸업을 한다는 것이 믿어지지 않는다고 하면서 중학교 생활
에서의 이야기를 하는 것으로 보아, 세미는 졸업을 앞두고 있는 중학생
임을 알 수 있다.
(3) 세미는 '많은 학교 행사에 참여했어야 했다'고 후회의 말을 하였으
므로, '많은 학교 행사에 참여하지 못한 것을 후회한다'고 하는 것이 알
맞다.
(4) 세미는 자신의 바람대로 고등학교에서는 많은 학교 행사에 참여하
려고 노력할 것이다.
|해석| 세미는 중학교 학생이다. 그녀는 곧 졸업할 것이다. 그녀는 많은
학교 행사에 참여하지 못한 것을 후회한다. 고등학교에서 그녀는 다르
게 하려고 노력할 것이다.

10 ⑤ 분사구문에서 생략된 주어가 주절의 주어(I)와 일치하므로, 분사구
문은 Getting으로 시작해야 한다.
|해석| ① 그녀의 아버지를 보자마자 그녀는 울기 시작했다.
② 나는 그의 사무실에 전화했지만 그는 이미 떠났었다.
③ 공원을 걷다가 Tom은 그의 열쇠를 잃어버렸다.
④ 그 환자는 의사가 도착하기 전에 죽었다.
⑤ 늦게 일어나서 나는 학교 버스를 잡기 위해 달렸다.

11 ⓐ와 ⓓ가 옳은 문장이다.
ⓑ 분사구문에서 생략된 주어가 주절의 주어(I)와 일치하므로, 수동형
분사구문 Not liked가 아니라 Not liking이 되는 것이 알맞다.
ⓒ 역에 도착한 시점보다 기차가 떠난 것이 먼저 일어난 일이므로, 주
절은 과거완료 시제가 되는 것이 알맞다. (has just left → had just
left)
|해석| ⓐ 내가 그곳에 갔을 때 표는 이미 매진이었다.
ⓑ 그의 아이디어가 마음에 들지 않아서 나는 그의 제안을 수락하지 않
　았다.
ⓒ 내가 역에 도착했을 때 기차는 막 떠났었다.
ⓓ 창밖을 봤을 때 나는 건물이 타고 있는 것을 보았다.

12 (1) Sue가 여행에서 돌아온 과거 시점보다 Tom이 부산으로 이사한
시점이 더 과거이므로 과거완료 시제로 쓴다.
(2) Jake가 Sue를 만난 과거 시점보다 Jake가 Tom을 방문한 것이
더 이전의 일이므로 과거완료 시제로 쓴다.
(3) Jake가 Sue를 만난 시점보다 그녀가 여행에서 돌아온 시점이 더

이전의 과거이므로 과거완료 시제로 쓴다.

|해석| (1) Sue가 여행에서 돌아왔을 때 Tom은 부산으로 (이미) 이사했었다.

(2) Jake가 Sue를 만나기 전에 그는 Tom을 방문했었다.

(3) Jake가 Sue를 만나기 전에 그녀는 여행에서 돌아왔었다.

13 ⑤ 축구 경기가 끝난 후에 저녁 식사를 했다는 의미의 문장이다.

|해석| ① 그는 그 전에 말을 타 본 적이 없었다.

② 급하게 쓰여서 그 편지에는 오류가 좀 있다.

③ 나는 누나에게 빌린 책을 잃어버렸다.

④ 나는 하와이에 가기 전에 그렇게 아름다운 해변을 본 적이 없었다.

⑤ 우리는 축구 경기가 끝난 후에 저녁 식사를 했다.

14 현재분사와 과거분사로 시작하는 분사구문을 주절과 어울리는 내용으로 쓴다.

|해석| (1) 슬퍼서 그는 아무것도 말할 수 없었다.

(2) 혼자 남겨지면 너는 외로움을 느낄지도 모른다.

15 ④ 분사구문에서 생략된 주어가 주절의 주어(he)와 같으므로, 수동형 분사구문 Being read가 아니라 Reading이 되어야 한다.

16 Alfred Nobel이 기사를 읽다가 놀라서 컵을 떨어뜨렸다고 하였으므로, '기사에 놀라서'를 뜻하는 분사구문으로 표현할 수 있다. surprise가 '놀라게 하다'라는 의미인데, 주어 Alfred Nobel이 놀라는 것이므로 수동형 분사구문 「Being+과거분사」를 쓴다. 이때 Being은 생략할 수 있다.

|해석| 기사에 놀라서 Alfred Nobel은 컵을 떨어뜨렸다.

17 ③ 커피를 마시는 동안 한 기사 제목이 눈길을 끌었다고 했다.

|해석| ① Alfred Nobel이 신문을 읽기 전까지 평범한 아침이었다.

② 그는 커피를 마시며 신문을 읽었다.

③ 신문에서 그의 관심을 끄는 것은 아무것도 없었다.

④ 신문은 Alfred Nobel의 죽음을 보도했다.

⑤ 그는 그의 커피가 쏟아진 것을 신경 쓰지 않았다.

18 ⓒ 진주어절을 이끄는 that이 되어야 한다.

19 (A) '숨을 고른 후'를 뜻하는 분사구문 Catching이 되는 것이 알맞다.

(B) '기사를 읽으면서 훨씬 더 충격을 받았다'를 뜻하는 것이 자연스러우므로, 과거분사형 형용사 shocked가 들어가는 것이 알맞다.

20 ⑤ 마지막 문장에서 Nobel은 세상이 자신을 '죽음의 상인'으로 생각할 거라고 상상하지 못했다고 하였으므로, Nobel이 자신에 대한 세상의 평가를 이미 알고 있었다고 볼 수 없다.

21 (1) 기사는 Alfred Nobel을 전쟁에 쓰이는 다이너마이트와 다른 위험한 물건의 발명가로 기술했다.

(2) 기사에는 그가 다른 사람들의 죽음으로 인해 부유해졌다고 쓰여 있었다.

|해석| 기사는 Alfred Nobel을 어떻게 묘사했는가? 두 문장을 쓰시오.

22 주격 관계대명사 who나 that을 사용하여 선행사 a person을 수식하는 말을 완성한다. '~을 …하게 만들다'는 「make+목적어+형용사」로 쓴다.

23 '무언가에 대해 선택을 하다'는 decide의 영어 뜻풀이다. decide는 to부정사를 목적어로 쓴다.

24 프랑스 신문이 Alfred Nobel이 죽었다는 오보를 냈는데(B), 실제로 죽은 사람은 그의 형이었고(D), 그 기사 덕분에 Nobel이 세상에 공헌하기로 결심한(C) 후, 노벨상을 만드는 데 자신의 돈을 사용하기로 결정했다(A)는 흐름이 되는 것이 자연스럽다.

25 ④ 노벨상 수상자가 어떻게 선정되는지에 대해서는 언급되지 않았다.

|해석| ① 1895년에 무슨 일이 일어났는가?

② Alfred Nobel은 그의 돈을 어떻게 쓰기로 결심했는가?

③ 1888년에 실제로 누가 죽었는가?

④ 노벨상 수상자는 어떻게 선정되는가?

⑤ 사람들은 Alfred Nobel에 대해 생각할 때 보통 무엇을 생각하는가?

Special Lesson
Picture the Future

STEP A

A 01 흔들리다, 흔들다
02 운전자가 (필요) 없는
03 편안한, 안락한
04 정밀 검사(촬영)하다
05 밝게
06 급히 움직이다(하다)
07 해결책
08 빛나다, 비추다
09 식료품 및 잡화
10 소리치다, 소리 지르다

B 11 step
12 usual
13 suddenly
14 select
15 save
16 whisper
17 drawer
18 bathroom
19 condition
20 press

C 01 ~ 덕분에
03 세탁하다
05 ~에 질리다, ~에 싫증이 나다

02 ~의 꼭대기에
04 식탁을 치우다

D 01 agree, 동의하다
03 rub, 문지르다, 비비다
05 deliver, 배달하다

02 remind, 상기시키다
04 sensor, 센서, 감지기

E 01 pay for
03 Thanks to
05 wash the dishes

02 clear the table
04 give a presentation

D |해석| 01. 같은 의견을 가지다
02. 누군가가 어떤 것을 기억하게 하다
03. 압력을 가하면서 표면을 따라 어떤 것을 움직이다
04. 열, 빛, 소리, 움직임 등을 감지하는 장치
05. 특히 물품이나 편지 같은 것을 한 장소로 가져가다

---

01 agree   **02** ②   **03** ④   **04** ③   **05** ④   **06** ④
07 on top of   **08** Thanks to

01 appear(나타나다)와 disappear(사라지다)는 반의어의 관계이므로 disagree(반대하다)의 반의어인 agree(동의하다)가 빈칸에 알맞다.

02 '압력을 가하면서 표면을 따라 어떤 것을 움직이다'는 rub(문지르다, 비비다)에 대한 설명이다.

03 ④ 문맥상 '속삭이다'라는 뜻의 동사 whisper의 과거형인 whispered를 쓰는 것이 자연스럽다.
|해석| ① 갑자기 전등들이 나가 버렸다.
② 운전자가 필요 없는 자동차는 사고를 덜 일으킬 것이다.
③ 그들의 가방들은 공항에서 정밀 검사를 받았다.
④ Chris는 나만 들을 수 있도록 무언가를 내 귀에 소리쳤다(→ 속삭였다).
⑤ 우리는 저녁 식사를 위한 식료품을 좀 사기 위해 시장에 갔다.

04 첫 번째 문장의 빈칸에는 '땅'이라는 뜻의 명사 land가 들어가고, 두 번째 문장의 빈칸에는 '착륙하다'라는 뜻의 동사 land가 들어가야 한다.
|해석| • 그는 땅을 좀 사서 집을 지었다.
• 그 비행기는 몇 시에 착륙할 예정인가?

05 '상기시키다'라는 뜻으로 쓰이는 단어는 remind이다.

06 ④ give a presentation은 '발표를 하다'라는 뜻이다.
|해석| ① 너는 오늘 세탁을 할 필요가 없다.
② 그들은 신용 카드로 식사 비용을 지불했다.
③ 내 보고서를 출력하기 위해 네 컴퓨터를 사용해도 될까?
④ 나는 다른 학생들 앞에서 발표를 할 것이다.
⑤ 나는 매일 같은 식당에서 음식을 먹는 것에 질린다.

07 '~의 꼭대기에'는 on top of로 쓴다.

08 '~ 덕분에'는 thanks to로 쓴다.

R Reading 핵심 구문 노트   p. 161

QUICK CHECK
1 (1) while   (2) Before   (3) 옳음
2 (1) to stop   (2) to return   (3) to watch

1 |해석| (1) Jim은 농구를 하다가 손가락이 부러졌다.
(2) 너는 에어로빅을 한 후에(→ 하기 전에) 준비 운동을 해야 한다.
(3) 너는 식사 전에 항상 손을 씻어야 한다.
2 |해석| (1) 경찰관은 그녀에게 차를 멈추라고 명령했다.
(2) 내게 이 책을 학교 도서관에 반납하는 것을 상기시켜 줘.
(3) 우리 부모님께서는 내가 주말마다 밤에 TV 보는 것을 허락하신다.

01 The bed shakes 02 stops shaking 03 be late for
04 rubs her eyes 05 the sun shines brightly 06 scans
07 Your health condition 08 comes out
09 After her shower 10 a drawer opens
11 for breakfast 12 The usual 13 a few buttons
14 prints out 15 rushes out 16 forgot my glasses
17 send a drone 18 Thanks a million 19 get into
20 comfortable chairs 21 to select
22 by putting her finger 23 will be delivered
24 on top of 25 will give a presentation
26 doesn't have to 27 feel like 28 dinner is ready
29 about their day 30 washes the dishes
31 called chess 32 agrees 33 appears
34 have lots of fun 35 whispers to
36 to take his glasses

R **Reading 바른 어휘 · 어법 고르기** pp.166~167

01 more 02 shaking 03 for 04 says 05 dark
06 scans 07 is 08 When 09 dries 10 gets 11 for
12 usual 13 a few 14 and 15 out 16 later 17 to
18 a 19 get 20 around 21 to select 22 them
23 be delivered 24 lands 25 with 26 go 27 to
28 comes 29 their 30 clears 31 called 32 Everyone
33 appears 34 lots of 35 before 36 Remind

R **Reading 틀린 문장 고치기** pp. 168~169

01 ×, yell → yells 02 ×, starts → stops
03 ×, Sudden → Suddenly 04 ×, Clears → Clear
05 ×, it → them 06 ×, Minji → Minji's
07 ×, excellently → excellent 08 ○
09 ×, Before → After 10 ×, Unless → When
11 ×, wanted → want 12 ○ 13 ×, button → buttons
14 ○ 15 ×, says hello → says goodbye 16 ○
17 ×, sending → send 18 ○ 19 ×, fly → flying
20 ×, uncomfortable → comfortable 21 ×, last → this
22 ×, put → putting 23 ×, It → They 24 ○
25 ×, take a presentation → give a presentation
26 ×, has to → doesn't have to 27 ×, different → same
28 ○ 29 ×, talking → talk 30 ×, Before → After
31 ×, play → to play 32 ×, agree → agrees
33 ×, disappears → appears 34 ○ 35 ×, of → to
36 ×, taking → to take

R **Reading 실전 TEST** pp. 172~173

01 ② 02 ④ 03 ③ 04 ⑤ 05 ④ 06 ⑤ 07 ③ 08 ⑤
09 ⑤ 10 ④

[서술형]
11 clearly → clear 12 침대가 흔들기를 멈춘다.
13 They will be delivered to her house.
14 She pays for them by putting her finger on a sensor.

01 ② 민지가 일어나지 않으려 하자 민지의 엄마가 벽 스크린에 '나타나' 깨우는 것이 자연스럽다. 따라서 '사라지다'를 뜻하는 disappear 대신 '나타나다'를 뜻하는 appear가 오는 것이 알맞으며, 3인칭 단수 주어 (Minji's mom)에 맞춰 appears로 써야 한다.

02 문맥상 '침대가 흔들리는 것을 멈추다'가 되어야 하므로 동명사 shaking 이 알맞다. 동사 stop은 '~하는 것을 멈추다'의 의미로 쓰일 때 동명사를 목적어로 쓴다.

03 주어진 문장이 '샤워 후에'로 시작하므로, 민지가 샤워실로 발을 디디는 문장 다음인 ③에 오는 것이 자연스럽다.

04 print out: (프린터로) 출력하다
rush out: 급히 나가다

05 ④ 민지의 아빠가 요리 기계의 버튼 몇 개를 누르자 아침 식사인 베이컨, 달걀, 빵이 만들어진다.
① 욕실에서 빨간 빛이 민지의 건강 상태를 검사한다.
② 자동으로 열리는 서랍에는 이미 오늘의 옷이 있다.
③ 민지는 아침으로 늘 먹던 것을 먹고 싶어 한다.
⑤ 민지의 아빠는 작별 인사를 하고 급히 먼저 나간다.

06 ⑤ thanks to는 '~ 덕분에'라는 뜻으로 쓰인다.

07 ⓐ는 민지의 엄마(Ms. Kim)와 민지를 가리키고, ⓑ와 ⓒ는 민지의 엄마가 고른 식료품을 가리키며, ⓓ는 민지와 Dona를 가리킨다.

08 ⑤ 민지의 발표 주제가 무엇인지는 나와 있지 않다.
|해석| ① 민지의 아버지는 무엇을 깜빡했는가?
② 민지의 엄마(Ms. Kim)는 민지의 아빠(Mr. Kim)의 안경을 어떻게 그의 사무실로 보낼 것인가?
③ 민지는 오늘 학교에서 무엇을 할 것인가?
④ Dona는 어디에 사는가?
⑤ 민지의 발표 주제는 무엇인가?

09 ⑤ remind는 목적격보어로 to부정사를 쓴다. (→ to take)

10 우리말을 영어로 옮기면 I learned a game called chess today. 가 되므로, 다섯 번째로 오는 단어는 called이다. 과거분사구인 called chess가 a game을 뒤에서 수식한다.

11 마지막 문장의 become은 '~(해)지다'라는 뜻의 동사로 뒤에 형용사 보어를 쓰므로, clearly를 clear(투명한)로 고쳐 써야 한다.

12 「stop+동명사」는 '~하는 것을 멈추다'라는 뜻이다.

13 '배달될 것이다'라는 뜻은 조동사가 포함된 수동태인 「조동사(will)+be+과거분사(delivered)」의 형태를 이용하여 쓴다.

14 민지의 엄마는 센서에 손가락을 올려서 식료품의 값을 지불한다.
|해석| Q: 민지의 엄마(Ms. Kim)는 어떻게 이번 주 식료품 값을 지불하는가?

STEP B

W Words 고득점 맞기   p. 174

01 ②   02 ②   03 ④   04 ③   05 ④   06 ⑤   07 pay for

08 am tired of

---

01 select와 choose는 '선택하다'라는 뜻이고 ② yell과 shout는 '소리 치다'라는 뜻으로 유의어 관계이다. 나머지는 모두 반의어 관계이다.

|해석| ① 맨 위, 꼭대기 – 맨 아래, 바닥

③ 일상의, 늘 하는 – 드문

④ 나타나다 – 사라지다

⑤ 동의하다 – 동의하지 않다

02 첫 번째 문장의 빈칸에는 '투명한'이라는 뜻의 형용사 clear가 들어가 고, 두 번째 문장의 빈칸에는 '치우다'라는 뜻의 동사 clear가 들어가 야 한다.

|해석| • 그 액체는 완벽하게 투명하고 색이 없다.

• 함께 축구를 하기 전에 식탁을 치우자.

03 '누군가가 어떤 것을 기억하게 하다'는 remind(상기시키다)에 대한 설 명이고, remind가 쓰인 문장은 ④이다.

|해석| ① Mike는 그의 옆에 있는 아이에게 속삭였다.

② 그 소포는 오늘 아침에 배달되었다.

③ 소방관들이 사고 현장으로 급히 갔다.

④ 퇴근 후에 식료품을 사 오라고 내게 상기시켜 줘.

⑤ 내가 하늘을 올려다봤을 때 별들이 밝게 빛나고 있었다.

04 comfortable(편안한)의 뜻풀이는 '당신이 느긋해지도록 하는'이 되는 것이 자연스러우므로, 빈칸에는 relaxed(느긋한, 편안한)가 알맞다.

05 빈칸에는 순서대로 drawer(서랍), rub(문지르다, 비비다), press(누 르다), condition(상태)이 들어간다. sensor는 '센서, 감지기'라는 뜻 으로 빈칸에 들어가지 않는다.

|해석| • 그 소년은 자신의 인형을 책상의 가운데 서랍에 숨겼다.

• 더러운 손으로 네 눈을 비비지 마라.

• 그 기계를 시작하기 위해서는 그냥 빨간색 버튼을 눌러라.

• 의사는 우리 할머니의 상태가 절망적이라고 말했다.

06 ⑤의 save는 둘 다 '절약하다'라는 뜻으로 쓰였다.

① 발을 내딛다 / 단계 ② 착륙하다 / 땅

③ (건물의) 층 / 이야기 ④ (the ~) 늘 먹던 것 / 일상의, 늘 하는

|해석| ① 진흙에 발을 내딛지 않도록 조심해.

그 과정에서 다음 단계는 무엇이니?

② 그 비행기는 안전하게 착륙할 것이다.

이 땅은 농작물을 키우기에 적합하지 않다.

③ 그들의 새 집은 네 개의 층으로 되어 있다.

그는 아이들에게 재미있는 이야기들을 읽어 주었다.

④ 저는 늘 먹던 걸로 할게요.

늘 하는 방법으로 토마토소스를 만들어라.

⑤ 만약 차로 가면, 너는 시간을 많이 절약할 수 있다.

만약 네가 에너지를 절약한다면, 너는 환경을 보호할 수 있다.

07 '(비용을) 지불하다'는 pay for로 쓴다.

08 '~에 질리다, ~에 싫증이 나다'는 be tired of로 쓴다.

R Reading 고득점 맞기   pp. 177~178

01 ⑤   02 ③   03 ⑤   04 ③   05 ⑤   06 ①, ④   07 ③

08 ⑤   09 ⑤

[서술형]

10 A drone will deliver Mr. Kim's glasses to his office.

11 The car lands at Minji's school on top of a 150-story building.

12 [1] I will give a presentation

    [2] in America

    [3] we are in the same classroom

---

01 ①은 usual(일상의, 늘 하는), ②는 agree(동의하다), ③은 whisper (속삭이다), ④는 driverless(운전자가 (필요) 없는), ⑤는 rub(문지르 다, 비비다)의 영어 뜻풀이다. 주어진 글에서 찾을 수 있는 단어는 rub 이다.

|해석| ① 평범하거나 보통의

② 같은 의견을 가지다

③ 아주 부드럽고 조용히 말하다

④ 운전자가 없는

⑤ 압력을 가하면서 표면을 따라 어떤 것을 움직이다

02 ③ 민지의 엄마는 벽에 있는 스크린에 나타나 민지를 깨운다.

03 주어진 문장의 They는 식료품을 가리키고 그것들이 배달될 것이라는 내용이므로, Ms. Kim이 식료품의 구입을 끝낸 후인 ⑤에 들어가는 것 이 알맞다.

04 to select는 '~하기 위해서'라는 뜻의 목적을 나타내는 부사적 용법의 to부정사로 쓰였고, 쓰임이 같은 것은 ③이다.

① 형용사적 용법 (앞의 명사구 수식) ② 명사적 용법 (진주어)

④ 명사적 용법 (목적격보어) ⑤ 부사적 용법 (감정의 원인)

|해석| ① 우리는 앉을 수 있는 의자가 세 개 더 필요하다.

② 나는 연설을 하는 것이 어렵다.

③ Alice는 오디션에 합격하기 위해 열심히 연습했다.

④ 선생님은 우리들에게 불을 끄라고 명령했다.

⑤ 나는 음식점에서 그를 보고 너무 놀랐다.

05 빈칸에는 각각 ⓐ scans, ⓑ dries, ⓒ presses, ⓓ rushes가 들어 간다. appears는 들어가지 않는다.

06 ① 민지의 건강 상태는 매우 좋다고 했다.

④ 민지의 아침 식사 메뉴는 베이컨과 달걀, 빵이다.

07 ③ 뒤에 이어지는 내용에서 함께 체스를 하는 것으로 보아, 체스를 하고 싶은지 묻는 말에 모두 동의해야 자연스럽다. 따라서 agrees가 되어야 한다.

08 (A) 문장의 주어가 the cleaning robot으로 단수이므로 동사는 washes가 알맞다.

(B) '~라고 불리는'이라는 뜻으로 뒤에서 명사 a game을 수식하는 과거분사 형태인 called가 알맞다.

(C) remind는 목적격보어로 to부정사를 쓰므로 to take가 알맞다.

09 ⓒ 청소 로봇은 식탁을 치우고 설거지를 한다고 했다.

ⓓ 민지는 오늘 체스라고 불리는 놀이를 배웠다.

|해석| ⓐ 민지의 가족은 몇 시에 집에 돌아오는가?

ⓑ 누가 저녁 식사를 만들었는가?

ⓒ 저녁 식사 후에 청소 로봇은 무엇을 하는가?

ⓓ 민지는 오늘 어떤 놀이를 배웠는가?

10 드론이 민지의 아빠(Mr. Kim)의 안경을 그의 사무실로 배달할 것이다.

|해석| Q: 무엇이 민지의 아빠(Mr. Kim)의 안경을 배달할 것인가? 안경은 어디로 배달될 것인가?

11 land(내려앉다, 착륙하다)를 문장의 동사로 쓴다. '~의 꼭대기에'는 on top of로 쓰고, '150층짜리 건물'은 하이픈으로 연결된 복합 형용사 150-story가 building을 수식하도록 쓴다.

12 (1), (2) 민지는 미국에 있는 학생 Dona와 함께 발표를 할 것이다.

(3) VR(가상 현실) 교실 덕분에 그들은 같은 교실에 있는 것처럼 느낄 것이다.

|해석| 엄마: 민지야, 너는 오늘 학교에서 무엇을 하니?

민지: 저는 Dona와 발표를 할 거예요.

엄마: Dona? 학급 친구니?

민지: 아니요, 그녀는 미국에 살아요. 그러나 VR(가상 현실) 교실 덕분에 우리는 같은 교실에 있는 것처럼 느낄 거예요.

모의고사

제 **1** 회 대표 기출로 내신 **적중** 모의고사   pp. 179~181

01 (1) rush (2) sensor (3) scan   **02** ③   **03** ④   **04** ④
05 ④   **06** ⓐ → The police officer ordered him to stop.
ⓔ → The phone rang while Kate was washing the dishes.
07 ③   **08** ⓐ → It starts to shake at 7 a.m.   ⓓ → She checks her health in the bathroom.   **09** ⑤   **10** ③   **11** ③
12 ②   **13** Remind Daddy to take his glasses tomorrow.
14 ③, ④   **15** Are you tired of doing the laundry?

01 (1) rush: 급히 움직이다(하다)

(2) sensor: 센서, 감지기

(3) scan: 정밀 검사(촬영)하다

|해석| (1) 어떤 것을 매우 빠르게 움직이거나 하다

(2) 열, 빛, 소리, 움직임 등을 감지하는 장치

(3) 정보를 얻기 위해 어떤 것을 주의 깊게 보다

02 on top of: ~의 꼭대기에

be tired of: ~에 질리다, ~에 싫증이 나다

|해석| • 새들이 탑의 꼭대기에 있다.

• 우리는 그녀가 전화하기를 기다리는 데 질렸다.

03 ④ 동사 land는 '착륙하다'라는 뜻이다.

|해석| ① 너는 세 가지 색깔 중 하나를 선택할 수 있다.

② 낯선 사람이 갑자기 출입구에 나타났다.

③ 그 남자는 부엌 창문을 통해 자신의 아이들을 보고 있었다.

④ 우리 비행기는 6시 40분에 시애틀에 착륙할 예정이었다.

⑤ 우리 식당은 손님들에게 맛있는 식사와 편안한 자리를 제공합니다.

04 expect는 목적격보어로 to부정사를 쓰므로 빈칸에는 to become이 알맞다.

|해석| 나는 그녀가 유명한 가수가 되는 것을 기대하지 않았다.

05 ④ 지각동사(see)는 목적격보어로 동사원형이나 현재분사를 쓰므로 빈칸에는 buy나 buying이 들어가야 한다. 나머지 동사(want, tell, allow, remind)는 모두 목적격보어로 to부정사를 쓰므로 빈칸에는 to buy가 들어간다.

|해석| ① 그녀는 내가 그 판타지 소설을 사기를 원했다.

② 나는 Terry에게 그의 여동생에게 노란색 드레스를 사 주라고 말했다.

③ 그는 Sally가 새로 나온 노트북을 사는 것을 허락했다.

④ 나는 그가 백화점에서 그 가방을 사는 것을 보았다.

⑤ Sam의 슈퍼마켓에서 물 한 병을 사라고 내게 상기시켜 줘.

06 ⓐ order는 목적격보어로 to부정사를 쓰므로 stop을 to stop으로 고쳐 써야 한다.

ⓔ during은 전치사이므로 뒤에 주어와 동사가 있는 절이 올 수 없다. 따라서 접속사인 while로 고쳐 써야 한다.

|해석| ⓐ 경찰관은 그에게 멈추라고 명령했다.

ⓑ 나는 그녀에게 밤에 혼자 나가지 말라고 충고했다.

42 정답 및 해설

ⓒ 전쟁 후에 많은 군인들이 스페인에 머물렀다.

ⓓ Anderson 씨는 내가 일정을 바꾸는 것을 허락하지 않았다.

ⓔ Kate가 설거지를 하는 동안에 전화기가 울렸다.

07 ⓐ '갑자기'라는 뜻으로 문장 전체를 수식하는 부사 Suddenly가 알맞다.

ⓑ become은 '~(해)지다'라는 뜻의 동사로 뒤에 형용사 보어 clear가 와야 한다.

08 ⓐ 오전 7시에 침대가 흔들리기 시작한다.

ⓓ 욕실에서 빨간 빛이 민지의 몸을 정밀 검사한다.

|해석| ⓐ 민지의 침대는 몇 시에 흔들리기 시작하는가?

ⓑ 민지의 엄마는 어떻게 생겼는가?

ⓒ 민지는 학교에 어떻게 가는가?

ⓓ 민지는 그녀의 건강을 어디에서 체크하는가?

09 ⑤ VR(가상 현실) 교실 덕분에 민지와 Dona는 같은 교실에 있는 것처럼 느낄 것이라고 했으므로, 민지가 미국에 가야 한다는 흐름은 어색하다. '~할 필요가 없다'를 뜻하도록 doesn't have to가 되어야 한다.

10 (A) '선택하기 위해서'라는 뜻의 목적을 나타내는 부사적 용법의 to부정사인 to select가 알맞다.

(B) 전치사 by의 목적어로 동명사인 putting이 와야 한다.

(C) '~ 덕분에'라는 의미의 표현은 thanks to가 알맞다.

11 ③ 민지의 엄마는 센서에 손가락을 올려서 식료품 값을 지불한다.

|해석| ① 민지의 엄마(Ms. Kim)는 직접 비행 자동차를 운전할 필요가 없다.

② 민지의 엄마(Ms. Kim)는 비행 자동차에서 식료품을 주문한다.

③ 민지의 엄마(Ms. Kim)는 자신의 신용 카드로 식료품 값을 지불한다.

④ 민지의 학교는 150층짜리 건물의 꼭대기에 있다.

⑤ 민지는 Dona와 함께 발표를 할 것이다.

12 (A) '민지의 가족이 집에 돌아오자'의 뜻이 되도록 때를 나타내는 시간의 접속사 When이 알맞다.

(B) 앞에 저녁을 먹는 내용이 나오므로 '맛있는 저녁 식사 후에'라는 의미가 되도록 After가 알맞다.

(C) 민지가 자러 가기 직전에 자신의 손목시계에 속삭인다는 의미가 되어야 하므로 before가 알맞다.

13 「remind+목적어+목적격보어(to부정사)」 형태가 되도록 문장을 쓴다.

14 ③ 민지 가족의 저녁 식사 후 청소 로봇은 식탁을 치우고 설거지를 한다.

④ 민지는 체스를 배웠다고 했다.

15 '~에 질리다, ~에 싫증이 나다'는 be tired of로 쓰고, '세탁하다'는 do the laundry로 쓴다.

|해석| 당신은 세탁하는 것이 지겨운가요? 여기 해결책이 있습니다. 바로 〈Super Clean Shirt〉입니다. 버튼을 누르세요, 그러면 셔츠가 몇 분 안에 세탁될 것입니다.

---

01 ⑤ **02** ① **03** (1) print out (2) give a presentation (3) pay for (4) clear the table **04** ①, ② **05** ① **06** ③ **07** ③ **08** ② **09** He presses a few buttons on the cooking machine. **10** ⓑ → I learned a game called chess today. **11** ③ **12** They will be delivered to her house. **13** ⑤ **14** ②, ⑤ **15** (1) The doctor advised her to exercise regularly. (2) I will meet Andy before I go to the exhibition. / Before I go to the exhibition, I will meet Andy. (3) Let's play badminton after lunch. / Let's play badminton after we have lunch.

01 ①은 agree(동의하다), ②는 whisper(속삭이다), ③은 comfortable (편안한, 안락한), ④는 remind(상기시키다), ⑤는 rub(문지르다, 비비다)의 뜻풀이로, 주어진 단어 중 rub을 찾을 수 없다.

|해석| ① 같은 의견을 가지다

② 아주 부드럽고 조용히 말하다

③ 당신이 느긋해지도록 하는

④ 누군가가 어떤 것을 기억하게 하다

⑤ 압력을 가하면서 표면을 따라 어떤 것을 움직이다

02 ⓐ의 빈칸에는 '밝게 빛난다'고 해야 알맞으므로 shine(빛나다, 비추다), ⓑ의 빈칸에는 '버튼을 누르기 위해'라고 해야 알맞으므로 press (누르다), ⓒ의 빈칸에는 '괜찮은 상태'라고 해야 알맞으므로 condition (상태)이 들어간다.

|해석| ⓐ 가로등이 아주 밝게 빛난다.

ⓑ 버튼을 누르기 위해 손가락 대신 팔꿈치를 사용해라.

ⓒ 그녀는 병원으로 즉시 옮겨져서 지금은 괜찮은 상태이다.

03 (1) print out: (프린터로) 출력하다

(2) give a presentation: 발표를 하다

(3) pay for: (비용을) 지불하다

(4) clear the table: 식탁을 치우다

|해석| (1) 이 문서를 출력하는 데 오래 걸리지 않을 것이다.

(2) 나는 과학 시간에 지구 온난화에 대해 발표해야 한다.

(3) Andrew는 주거와 음식 등의 비용을 지불하기 위해서 시간제 일을 구하고 있다.

(4) 아침 식사 후에 네가 식탁을 치울 차례야.

04 목적격보어로 to부정사(to go)가 왔으므로 지각동사 saw와 사역동사 made는 빈칸에 올 수 없다. 지각동사는 목적격보어로 동사원형이나 현재분사를 쓰고, 사역동사는 목적격보어로 동사원형을 쓴다. 동사 want (원하다), expect(기대하다, 예상하다), remind(상기시키다)는 목적격보어로 to부정사를 쓴다.

05 ① order는 목적격보어로 to부정사를 쓰므로 be를 to be로 고쳐야 한다.

|해석| ① 그 선생님은 그들에게 조용히 하라고 명령했다.

② 내가 자는 동안 너는 무엇을 했니?

③ 우리 부모님은 내가 금요일 밤에 영화를 보러 가는 것을 허락하셨다.

④ David는 그 축구 경기 동안 두 골을 넣었다.

⑤ 나는 숙제를 끝낸 후에 내가 가장 좋아하는 TV 프로그램을 보았다.

06 주어진 문장은 민지의 아빠가 작별 인사를 하고 문 밖으로 급히 나간다는 내용이므로, 몇 분 후에 안경을 깜빡했다며 스크린에 나타난다는 문장 앞인 ③에 오는 것이 알맞다.

07 ③ 민지의 아빠가 집에 두고 온 안경을 민지의 엄마가 드론을 이용해서 사무실로 보내준다고 했으므로, 아빠는 고맙다는 말을 하는 것이 알맞다.

ㅣ해석ㅣ ① 저는 그렇게 생각하지 않아요.

② 천만에요.

③ 정말 고마워요!

④ 정말 안됐네요.

⑤ 제가 당신을 도울게요.

08 ⓐ 민지의 아빠가 민지에게 무엇을 먹고 싶은지 묻자, 민지는 늘 먹던 것으로 먹고 싶다고 했다.

ⓒ 민지의 아빠는 집에 안경을 두고 갔다.

ⓑ와 ⓓ는 주어진 글의 내용과 일치한다.

ㅣ해석ㅣ ⓐ 민지는 오늘 아침에 아침 식사를 하고 싶어 하지 않는다.

ⓑ 민지는 보통 아침으로 베이컨, 달걀, 빵을 먹는다.

ⓒ 민지의 아빠는 안경을 그의 사무실에 두고 왔다.

ⓓ 민지의 아빠는 드론에 의해 그의 안경을 받을 것이다.

09 민지의 아빠는 베이컨, 달걀, 빵을 얻기 위해 요리 기계의 버튼 몇 개를 누른다.

ㅣ해석ㅣ 민지의 아빠(Mr. Kim)는 베이컨, 달걀, 빵을 얻기 위해 무엇을 하는가?

10 ⓑ '체스라고 불리는'이라는 뜻의 과거분사구 called chess가 명사 a game을 뒤에서 수식하는 형태가 되어야 한다.

11 ③ They have lots of fun.으로 보아 민지의 가족은 체스 놀이를 하며 즐거운 시간을 보냈음을 알 수 있다.

① 민지의 가족이 집에 오면 저녁이 준비되어 있다.

② 저녁 식사 후에 청소 로봇이 설거지를 한다.

④ 민지가 언제 잠자리에 들었는지는 알 수 없다.

⑤ 민지는 자기 전에 자신의 손목시계에 아빠께 내일 안경을 가져가시라고 상기시켜 드리라고 속삭인다.

12 식료품(they)이 민지의 엄마(Ms. Kim)의 집으로 배달될 것이라는 문장이 들어가는 것이 알맞다. '배달될 것이다'는 조동사 will이 포함된 수동태인 will be delivered로 나타낸다.

13 ⑤ 민지는 미국에 있는 학생 Dona와 함께 발표를 할 것인데 민지가 미국에 갈 필요가 없다고 했으므로, VR(가상 현실) 교실 덕분에 그들은 같은 교실에 있는 것 같아서 발표를 함께 할 수 있다는 흐름이 알맞다.

ㅣ해석ㅣ ① 집에 머물다

② 함께 점심을 먹다

③ 건물의 꼭대기에 있다

④ 세계를 여행하다

⑤ 같은 교실에 있다

14 ② 집에서 민지의 학교까지 비행 자동차로 걸리는 시간과 ⑤ 민지와 Dona의 발표 주제는 글에 나와 있지 않다.

15 (1) 「advise+목적어+목적격보어(to부정사)」의 형태로 문장을 완성한다.

(2) '~하기 전에'라는 뜻의 접속사 before를 이용하고, 시간의 부사절에서는 현재 시제가 미래 시제를 대신한다는 점에 유의한다.

(3) '~ 후에'라는 뜻의 전치사나 접속사 after를 이용하고, '~하자'는 「Let's+동사원형」의 형태로 쓴다.